우리가
몰랐던
이순신

우리가 몰랐던 이순신

2021년 9월 25일 초판 인쇄
2021년 9월 30일 초판 발행

지은이 고광섭·최영섭 | 그림 고광섭 | 교정교열 정난진
펴낸이 이찬규 | 펴낸곳 북코리아 | 등록번호 제03-01240호
전화 02-704-7840 | 팩스 02-704-7848
이메일 sunhaksa@korea.com | 홈페이지 www.북코리아.kr
주소 13209 경기도 성남시 중원구 사기막골로 45번길 14 우림2차 A동 1007호
ISBN 978-89-6324-811-0 93990
값 22,000원

38년 해양인재 양성 교수와 6·25 해전 영웅,
30년 터울 해군대령(예) 2인의 연구 결실

우리가 몰랐던 이순신

420년 이상 숨겨진 이순신의 비밀 탐사·연구·추적
해전 과정 동영상 강의 유튜브 공개
백의종군과 명량해전 행적을 서사시로 스케치

고광섭·최영섭 지음

북코리아

머리말

이 책은 충무공 이순신의 해전과 리더십, 전략·전술 및 정신을 살펴보고 이해하고자 하는 독자들을 위해 출판했다. 책의 성격은 학술도서, 교양 및 역사서의 성격이 혼합되어 있다.

책의 구성은 크게 2부로 나뉘어 있다. 1부는 최영섭의 2007년도 기출판 서적《민족의 성지 고하도》에서 해전 부분을 근간으로 수정·보완·추가하여 공동으로 쓴 내용이다. 특히 생사의 갈림길에서 직접 6·25 해전에 참전하여 적선을 격파하고 수많은 실전에 참전한 경험이 있는 해전 영웅이 직접 쓴 해전 과정을 보다 알기 쉽게 현대 지도 위에 순차적으로 도시함으로써 독자들이 오늘날의 지리적 감각으로 이순신이 누볐던 바다와 전투를 간접 경험토록 노력했다. 주요 해전에 대한 동영상 강의 콘텐츠를 유튜브에 공개하여(키워드: '고광섭 교수', '왜구 후손 격파기', '우리가 몰랐던 이순신' 등) 독자들의 해전 이해도를 극대화하고자 했다.

2부는 필자가 단독으로 쓴 내용으로 이순신의 리더십, 전략·전술 및 정신을 다루었다. 핵심적인 내용으로는 이순신 사후 420여 년 이상 밝혀지지 않았거나 그동안 많은 전문가가 시도했으나 뚜렷한 성과를 보여주지 못한 사안이 포함되어 있다. 여기에는 이순신의 항명 비밀, 안편도 수군 기지 비밀, 절이도해전의 비밀 및 12~13척 전선의 비밀을 밝히는 내용을 서술했다. 이 내용은 최근까지 필자가 연구한 결과를 세상에 공개한 후 큰 화제가 된 것들이다. 또 이순신의 생애 중 가장 힘든 고난의 시기로 볼 수 있는 '백의종군기부터 명량해전 후까지'의 행적을 필자가 쓴 27편의 서사시와 해설로 표현한 내용을 담았다.

이 책에서 난중일기 인용 부분은 이은상이 쓴 《난중일기》를 참고하였다. 그 외 필요한 참고자료는 본문 내용에 식별할 수 있도록 기록했다. 필자의 연구 결과를 기본으로 서술한 부분은 본문에 참고문헌을 생략했다.

충무공 이순신은 생전에 군인으로서 공직자로서 정의로운 삶과 희생을 몸소 실천했다. 이순신은 조선의 바다와 강토를 불법 침입하여 온갖 만행과 분탕질을 저지른 왜군들에 대하여 '섬나라 오랑캐', '간교한 적도' 및 '왜구 후손' 등으로 칭하며 철천지 원수로 인식했다. 이순신은 이러한 적들을 조선 바다에서 쫓아내기 위해 온 몸을 던져 전투에 임했고, 심지어 철군하는 적을 한 명도 남기지 않고 수장시키겠다는 비장한 각오로 노량해전에 참전하여 해전을 승리로 이끌고 장렬히 전사했다.

충무공 이순신이 살았던 과거와 오늘날의 시대는 정치, 외교, 경제, 문화, 사회 및 과학기술 등 세상의 제반 환경이 다르다. 그럼에도 한 가지 변하지 않는 것은 '우리나라가 있어야 우리도 존재한다'라는 것이다. 충무공 이순신이 우리에게 남긴 불변의 교훈이다.

아무쪼록 이 책이 독자들에게 충무공 이순신의 삶과 숭고한 정신을 이해하는 데 도움을 주고, 더불어 충무공 이순신이 남긴 교훈을 새기는 기회가 되기를 기대한다.

끝으로 이 책이 나오기까지 많은 협조를 해주신 북코리아 이찬규 사장님 및 편집 관계자 모두에게 감사의 말씀을 올린다. 아울러 수년 동안 충무공 이순신의 해전지, 사적지 및 오지의 섬과 답사지를 함께 누볐던 도일, 민석의 어머니이자 건우, 예리, 건호 할머니 김인옥 여사께도 감사의 말씀을 올린다.

2021년 8월
고광섭 쓰다

목차

II. 이순신의 리더십·전략·정신

I. 이순신의 해전과 전술

1장

임진왜란 이전의 국내외 정세

1. 조선의 정세

● 건국이념과 사대부 세력에 의한 통치

조선은 태조 이성계가 군사력으로 왕조를 건설하고, 사대부의 힘으로 권력을 장악하여 건국 초에 사대부 세력과 함께 통치체제를 정비하기 시작했다. 국정 운영의 기본 철학은 유교사상을 근간으로 했다. 조선 초기의 유교사상에서 중요하게 여긴 것은 왕도정치 사상이었는데, 유교적 사상에 기반하여 덕으로써 다스리고 인정을 베풀며 양반 사대부뿐만 아니라 일반 백성에게도 생활화된 정치를 말한다. 조선왕조 초기에는 유교사상을 정치철학으로 내세웠지만, 정치기구와 통치체제를 유교철학에 기반하여 제대로 정비하지는 못했다. 왜냐하면 건국 초기에는 정치기구와 통치체제를 정비하여 국가의 안정과 왕권의 강화를 최우선적으로 실행해야 했기 때문이다.

조선시대의 유교정치는 집현전을 둔 세종 대에 발전했는데, 지방제도와 군사제도를 정비하여 유교에 철학을 두고 정치를 하고자 했다. 세종은 다양한 편찬 사업을 통해 정치에 필요한 제도를 알리고 완성해갈 수 있었다. 집현전을 통해 유교적 소양을 갖춘 학자를 양성하고 관료체제가 정비되어가면서 건국 정치철학인 유교정치의 기반을 마련했다.

한편 건국 초부터 조선왕조 권력의 핵심이던 사대부는 관직을 얻으면 문반(동반)이나 무반(서반)이 되어 양반의 신분을 갖게 되었다. 결국 양반계층의 신분을 갖는 사대부가 조선사회의 정치는 물론 경제·문화를 이끌어갔다. 양반은 세습되고 각종 국역을 면제받는 등 신분 간의 차별이 심화되어 시간이 갈수록 조선의 정치·경제 등 사회 전반에 영향을 끼쳤고, 그 폐해도 점점 드러나게 되었다.

● 붕당 출현으로 인한 국론 분열

태조 이성계를 도운 세력으로 정치적 실권을 가진 귀족, 관료 및 학자 등의 훈구파가 왕조사회를 이끌어갔으며, 왕조 초기에는 이들에 의해 지배체제를 확립할 수 있었다. 그러나 훈구파의 득세와 권력남용은 심화되었으며, 성리학의 도학사상을 제반 사회질서의 기반으로 설정해야 한다고 강조한 신진 정치 세력인 사림파와 훈구파가 정치적 마찰을 빚게 된다. 결국 훈구세력은 연산군 대에 무오사화와 갑자사화를 일으켜 사림세력을 숙청했다. 이어서 훈구세력은 중종 때 기묘사화, 명종 때 을사사화를 일으켰다. 조선은 선조 대 이전부터 잦은 사화를 겪으면서 정치·경제·사회적으로 큰 혼란을 겪게 되었다. 즉 신분제도의 붕괴, 군역의 불균형, 직권을 이용한 농지확대, 공납제도의 교란 등 사회의 기본질서가 흔들리게 되었다. 명종의 뒤를 이어 선조가 등장한 후 사림세력이 정국을 주도하게 되었지만, 동인과 서인으로 분열되고 동인은 다시 남인과 북인 등 붕당으로 분열되어 정치적 및 학문적으로 서로 반목하고 대립함으로써 국론 분열이 심화되었다.

국방·군제와 지휘권

조선 건국 후 시급히 정비해야 할 일은 사병제도를 혁신하여 중앙집권적 군사조직으로 개편하는 일이었다. 조선 초기에는 제대로 정비되지 못했지만, 왕조의 안정과 더불어 세조 때 왕권 호위를 위한 금군, 중앙군의 5위제 지방군의 진관체제로 정비되었다. 중앙군의 중추적 군사적 기능을 하는 병종은 갑사였다. 갑사는 왕실의 사병이었지만, 사병혁파 후 중앙군에 예속되어 녹봉과 과전을 지급 받았다. 갑사는 아무나 될 수 없었으며, 국가가 요구하는 일정한 신분과 경제적 조건이 갖추어진 자에 한해 갑사가 될 수 있었다.

지방군의 경우 각 도에는 병영과 수영을 두고 병마절도사와 수군절도사를 두어 지휘권을 행사하도록 했으며, 관찰사가 병사와 수사를 겸하도록 했으나 주요 병영과 수영에는 전임의 병마절도사와 수군절도사를 상주토록 했다. 기본적으로 병영과 수영은 각 도에 하나씩 두었지만 함경도와 경상도, 전라도에는 여진족과 왜구를 막기 위해 병영과 수영을 둘씩 두었다. 그 예로 수군의 경우 전라도와 경상도에 각각 좌·우수영을 두고 별도의 수군절도사를 둔 것이 대표적이다. 육군의 병마절도사와 수군의 수군절도사가 있는 병영과 수영을 '주진'이라 했고, 그 예하에 크고 작은 진을 두었다. 이러한 진들은 목사, 군수 등의 지방관리가 겸임하여 군사권을 행사하기도 했다. 이와 같은 지방관리의 군사 지휘권 행사는 이순신의 함대가 해전 출전 시 상당수 장수들이 지방관리였던 예에서도 알 수 있다. 지방의 진영에 복무하는 군인은 의무병으로 일명 '정병'이었다. 이들은 양인인 농민들이 교대로 입번하여 군대에 복무하고 하번 때는 농사에 종사하는 병농일치 제도였다.

● 명 및 일본과의 외교

조선 왕조 건국 이래 명나라와는 우호적인 관계를 유지해왔다. 조선은 건국 초기부터 명나라가 멸망하기까지 친명정책으로 사대정책을 추구했다. 조선은 중국에 조공을 보내고, 그 대신에 중국은 조선의 왕을 책봉했다. 이는 정치적 및 군사적인 상호 긴장관계를 완화하고 공존하기 위한 약소국가로서의 불가피한 선택이었다. 조선은 매년 조공사절을 명에 보내고, 명은 조선의 국왕이 즉위할 때마다 책봉사절을 파견했다. 이러한 조선과 명나라의 관계는 임진왜란 때 명나라의 참전 명분을 주었고, 이에 따라 명군은 조선에 원군을 파병했다.

조선은 건국 이래 일본과 공식관계는 맺지 않는 대신 왜구 대책으로 회유책과 외교정책에 기반을 둔 교린정책을 추구했다. 왜구는 일본의 해적집단으로 한반도 연안은 물론 중국 연안을 침범하여 약탈을 일삼았다. 왜구의 피해는 고려를 멸망하게 하는 주요 요인 중의 하나가 되기도 했다. 조선 건국 이후 남방정책의 핵심은 왜구 문제였다. 특히 태조 이성계는 조선을 건국하기 전에 왜구 정벌 경험이 많았다. 조선 초기에도 왜구의 조선 연안 침범은 지속되었다. 특히 대마도 왜인은 자신들의 토지에서 생산되는 식량으로 충족할 수 없었기 때문에 해적의 습성을 버릴 수 없었다. 조선은 1419년(세종 원년) 이종무로 하여금 대마도를 정벌하여 왜구의 근거지를 소탕하기도 했으며, 대마도주는 조선에 사신을 보내어 사죄의 뜻을 표하기도 했다. 조선은 이들에게 무역을 허가하고 웅천, 동래, 울산 등 삼포에 왜관을 두기도 했으나, 1510년(중종 5) 삼포에 거주하는 왜인이 난을 일으켜 삼포를 폐쇄하기도 하고 일부 왜관을 개방하는 등 당근과 채찍 정책을 추구했다. 왜구 대책 외에 일본과는 별다른 공식적인 교류가 없었다.

2. 14~16세기 유럽의 상황

조선 건국 시기부터 임진왜란이 발발한 16세기 말까지 지구 반대편에는 무슨 일들이 있었을까. 이 시기에 유럽에는 문화와 예술은 물론 정치, 경제 및 사회구조 등에 변혁이 일어났다. 르네상스는 15세기를 전후하여 유럽에서 일어난 문예부흥이다. 역사적 관점에서 보면 중세시대의 막을 내리고 근세시대로 넘어가는 과도기 현상이라 할 수 있었다. 특히 이 시기에 인쇄술의 발명은 학문과 예술, 과학기술에 관한 정보 등이 확산되는 데 큰 역할을 했고, 발달한 항해술 덕분에 동방을 비롯한 세계로 시야를 넓히기 시작했다. 1492년 콜럼버스의 신대륙 발견, 1497년 바스쿠 다가마의 인도 항해, 1519년 페르디난트 마젤란의 세계일주 항해 등 16세기에 유럽의 세력은 전 세계적으로 급팽창했다. 특히 이 시기에 아프리카와 남아메리카는 유럽의 주된 정복과 착취의 대상이 되었고, 유럽 국가들은 막대한 부를 얻게 되었으며, 그들의 눈을 동방으로까지 돌리고 있었다. 1600년에는 영국이 동인도회사를 설립했다.

3. 명의 정세

명은 1368년 건국 후 대내적으로는 전제왕정을 강화하는 한편, 대외적으로는 자국을 중심으로 한 국제 질서를 형성해나갔다. 명은 주변 여러 나라를 중화주의에 입각한 조공·책봉 체제로 편입시켰다. 조선은 국제적으로 왕권의 정통성을 인정받고 왕의 권력을 강화하고자 명의 조공·책봉 체제를 받아들였다. 명이 멸망할 때까지 조선은 매년 서너 차례에 걸쳐 조공 사절단을 파견했다. 조공 무역은 조선에 더 이익이 많았는데, 이는 조공 횟수를 둘러싼 양국 간 주장을 보면 드러난다. 명이 조선에 3년 1공, 즉 3년에 1회의 조공 무역을 주장했는데 조선은 거꾸로 명에 1년 3공, 즉 1년에 3회의 조공 무역을 주장했다. 조선이 이렇게 주장한 이유는 다음과 같다.

조공 무역은 제후국에서 제국에 일방으로 갖다 바치는 것이 아니었다. 일단 제후국에서 조공품을 바치면 제국에서는 그에 상응하는 회사품을 하사하는 게 원칙이었다. 회사품은 조공품보다 귀하고 많아야 하는 게 관례이자 원칙이었다. 더불어 사절단의 체재비와 물품 운반비를 명 측에서 모두 부담했다. 이는 상국으로서 체면을 유지하려는 방도였다.

4. 일본의 정세

조선 건국 해인 1392년 이후 임진왜란 발발 해인 1592년까지 200여 년 동안 큰 전란이 없었던 데는 주변국과의 외교정책인 사대교린정책이 큰 도움이 되었다. 그러나 일본과의 교류가 소원한 사이 일본은 급변하고 있었다. 포르투갈 선원 멘데스 핀토 일행의 1543년 방문을 계기로 일본에 서양문물이 전파되기 시작했다. 특히 포르투갈 상인을 통해 조총을 비롯한 근대 무기를 도입하고 제작기술도 터득하게 되었다. 또한 1549년 프란치스코 사베리오 신부의 방문을 계기로 천주교가 전파되기도 했다. 더욱이 100여 년에 걸친 내란이 종식되고 도요토미 히데요시에 의해 통일을 이루게 되었다. 조선이 바깥 세상에 어두운 사이에 일본에는 강력한 군주가 탄생했고, 그는 신무기로 무장하여 대륙 정복의 야욕을 꿈꾸고 있었다.

도요토미 히데요시(이하 '히데요시'로 칭함)는 1582년 오다 노부나가가 아케치 미쓰히데에게 암살당한 후 8년에 걸친 내전 끝에 60여 주를 평정하고 일본을 통일했다.

조선과 명나라를 정복하려는 히데요시의 망상은 1585년경에 시작되었다. 히데요시는 일본을 통일한 후 조선반도, 중국, 인도 등 해외로 눈을 돌리며 대제국 건설을 꿈꾸고 있었다. 1585년 명나라를 정벌하기 위해 선교사 코에로호에게 포르투갈 군함 두 척을 수입해달라는 부탁을 하기도 했다. 히데요시는 선교사를 비롯한 해외 견문이 넓은 승려나 상인들과 접촉하면서 문화의 근원지이며 부귀한 명나라를 정복하여 대륙을 장악할 야욕을 불태우고 있었다. 1591년 7월 25일, 포르투갈의 인도 부왕에게 "내가 명나라를 다스리고자 한다. 명나라를 정복하는 일은 손바닥을 들어 올리는 것같이 쉽다. 명나라를 정벌한 후 귀국 길에 인도에 가보겠다"라며 대제국 건설 야욕을 노골적으로 드러내기도 했다. 히데요시는 결국 1587년(임진왜란 5년 전) 대마도주와 도주 아들을 만나 "명을 치고자 하니(1589년 3월로 기록, 박종평) 조선은 길을 열어주고 조선왕을 입조시키라"라는 명을 내렸다. 대마도주는 조선에 특사를 파견하여 일본 국내 사정의 변화를 설명하고 통신사 파견을 요청했으나 조선은 일본의 요청을 거부했다. 아버지가 죽은 후 아들 소 요시토시는 1588년 대마도주가 되었고, 1589년 6월(선조 22) 조선에 건너와 조선 정부와 협상했다. 조선과 일본 사이에서 난처해진 소 요시토시는 히데요시의 명을 숨기고 통신사 파견을 원한다고 전했다. 조선은 왜구의 길 안내자와 피랍된 조선인을 귀환시켜주는 조건으로 1590년 3월 일본에 통신사를 파견하게 되었다.

5. 일본의 침략 야욕과 조선의 대응 자세

선조는 1589년 11월 18일 통신사 정사로 황윤길, 부사로 김성일, 서장관으로 허성을 임명하고, 문사 차천락이 동행했다. 이들은 1590년 3월 6일 한성을 떠나 7월 22일 일본의 수도 교토에 도착했다. 그러나 통신사는 히데요시가 출전 중이어서 바로 만나지 못하고 11월 7일 만나 그에게 국명을 전달하고, 1591년 3월(박종평의 《난중일기》 부록에는 1월 부산으로 돌아온 것으로 기록)에 돌아와 조정에서 귀국 보고를 했다. 이 자리에서 상사인 황윤길은 "히데요시는 눈빛이 반짝반짝 빛나고 담력과 지혜가 있는 사람입니다. 그는 대대적인 침략을 해올 것입니다"라고 말했다. 그러나 이어서 부사 김성일이 "히데요시의 눈 생김새는 꼭 쥐와 같았으며, 사람이 변변치 못하니 두려워할 필요가 없습니다. 히데요시는 결코 쳐들어오지 않을 것입니다"라고 말하여 황윤길의 말을 부정했다. 이 두 사람의 보고를 받은 조정 대신들은 서로 의견이 갈라져 동인은 같은 동인인 김성일의 말이 옳다고 하고, 서인은 같은 서인인 황윤길의 말을 지지하며 논쟁을 벌였다. 선조는 자신의 입맛에 맞춘 김성일의 말을 믿고 그를 '선사'라고 칭찬하며 오히려 당상관 직위로 높여주었다. 그리고 각 도에 내렸던 방비명령을 취소했다. 이즈음 히데요시는 전선 제작과 병력 차출을 지시하고 나고야에 전쟁지휘부를 설치 중이었다.

한편 일본은 이와 같이 히데요시의 침략 의지가 확고하고 전쟁준비를 서두르고 있는데, 조선 조정은 동인과 서인으로 패가 갈려 당리당략에 갑론을박하며 허송세월을 보내고 있었다. 조선은 통신사가 일본에 갔다 온 결과를 명나라에 어떻게 알릴 것인가를 놓고 고민했다. 이에 대해 동인과 서인으로 갈려 치열한 논쟁 끝에 조선의 통신사가 일본에 가서 외교적 접촉을 했다는 사실은 숨긴 채 히데요시의 침략 징조가 있다는 정보는 대마도에 잡혀 갔다가 돌아온 사람에게서 얻은 것으로 하자는 결론을 내렸다. 선조는 성절사로 김응남을 임명하여 명나라로 보냈고, 김응남은 임무를 마친 후 11월 2일 명나라 황제의 칙서를 받들고 돌아왔다.

한편 선조는 임진왜란 발발 4개월여 전인 1591년 12월 1일 각 도 감사에게 해민지금을 시달하기까지 했다. 이는 백성에게 해가 되는 일을 금하라는 명령인데, 그 핵심은 적의 침공에 대비하여 방비를 튼튼히 하기 위해 성곽 쌓기나 제방이나 방죽을 구축하는 등의 방어공사를 일체 하지 말라는 지시였다. 더욱 한심한 일은 1592년 2월 초 전국의 부대에 대한 군비 점검을 마치고 돌아온 이일과 신립 장군이 조정에 안이한 보고를 하는 등 조정의 이와 같은 조치는 전쟁의 먹구름이 밀려오는 상황에서 국방정책을 포기한 것과 같았다. 결국 국제 정세에 둔감하고 당쟁의 물결에 휩쓸려 판단력마저 흐려진 선조는 국가 위기에 대처하지 못해 백성을 전란 속으로 몰아넣었다.

6. 히데요시의 치밀한 전쟁준비

● 히데요시의 조선 침공계획

히데요시는 1591년 3월 주요 제신들을 오사카성에 소집하여 조선 침략과 더불어 명나라까지 진격할 것이라는 점을 밝혀 실질적인 출전이 결정되었고, 이어서 선박 확보 및 병력동원령 등 작전계획을 밝혔다. 그 주요 내용은 다음과 같다.

> 첫째, 각 지방 제후에게 전선의 규격과 선종별로 건조 척수를 할당하고, 1592년 봄까지 건조 완료하여 추후 지정하는 항구에 계류시키고, 전선에 태울 수군 승조원을 확보할 것
>
> 둘째, 전국의 제후에게 출정할 병력을 할당하고, 별도 지시하는 날까지 오사카에 집결시키고, 1591년 8월 23일 나고야에 전쟁지휘부를 설치할 것
>
> 셋째, 소 요시토시(대마도주)에게 침공군이 대마도 집결 시 필요한 군량미 1만 석, 백은 1천 매, 병기·화약 등을 보급하고, 대마도주는 침공군의 선봉에 서서 조선의 상륙 해안까지 안내할 것

이 외에도 히데요시는 그해 9월 3일 이키섬과 대마도에 전선사령부 설치를 명령하고 사령부를 건설할 사람을 지명했다. 12월 8일에는 출정군이 출발할 항구 인근에 출정 군대가 숙박할 임시 막사 설치를 명했을 뿐 아니라 출정군에 대한 군수물자, 군마, 무기 및 군량 등에 대한 선박적재 요강은 물론 전군에 부대별 선박 탑재 계획을 시달했다. 12월 말에는 48만 명 출정군에 대한 식량과 마량을 출항지에 집결시키는 등 체계적인 작전계획을 시달했다.

● 히데요시의 포고령

히데요시가 침략 전쟁을 개시한 1592년 정월, 전 부대에 내린 '반포조령'의 주요 내용은 다음과 같다.

> 첫째, 출전부대에서 도망한 자와 이에 연관된 자는 참수함
>
> 둘째, 선원들을 징용하여 출전용 배에 차출하고, 교토의 모든 제후는 자기 영지로 돌아가서 출동준비를 할 것
>
> 셋째, 출정군의 선봉장으로 고니시 유키나가 장군과 가토 기요마사 장군을 포상하고 선봉장으로 명함

이 외에도 연락 및 통신용으로 사용할 마필과 선박 준비, 출동할 항구에 대한 지원 조치, 출전할 장수들의 처와 자식들을 오사카에 거주하도록 조치, 전국의 도로와 교량에 대한 정비, 보수 등을 포함했다.

● 침공군 편성 및 규모

1592년 1월 5일 히데요시는 침공군을 조직 편성했다. 육군 16개 사단, 사령부 직속 부대 2만 9천 명, 예비부대 3만 명, 수군 9,200명 등 총병력 약 33만 명을 동원했다. 육군은 16개 번대, 즉 16개 사단으로 편성했고, 수군부대 4개 전단 9,200명을 편성했다. 전체 출동 병력

은 28만 7,060명이었다. 선봉 부대는 1, 2, 3, 4번대로 3월 1일부터 나고야를 출발해 대마도로 향했다. 그 외 번대별로 나고야 집결 날짜를 지정 시달했다. 전국의 각 장수들은 1월 5일자 히데요시의 명령대로 지정된 날짜에 부대를 이끌고 나고야에 집결 완료했다. 1번대 고니시 부대는 2월 상순 나고야를 출발하여 2월 12일 대마도에 도착했으며, 2번대 가토 부대와 3번대 구로다 부대는 3월 20일 나고야를 출발, 대마도로 향했다. 또 히데요시는 1592년 3월 18일자로 일반 명령을 내려 침공군 선발대 부대를 편성했으며, 구체적인 작전지침을 내렸다.

병력은 침공군 제1진 1번대에서 9번대, 요즘 편제 개념으로 보면 9개 사단으로 총병력은 15만 8,700명으로 구성했고, 일본 국내 대기 병력은 11만 8,300명으로 했다. 부산으로 침공할 때 8번대 1만 명은 대마도에, 9번대 1만 1,500명은 이키섬에 잔류시켜 조선에 침공한 병력은 15만 8,700명 중 13만 7,200명이었다. 이 중 최초로 부산에 침공한 선봉 부대는 1번대 고니시 사단 1만 8,700명, 2번대 가토 사단 2만 2,800명, 3번대 구로다 사단 1만 1천 명 등 도합 5만 2,500명이었다. 1592년 3월 18일자 일반 명령에는 히데요시의 다음과 같은 작전지침이 포함되었다.

첫째, 모든 출동 부대는 정해진 순서대로 조선으로 출동하라. 단, 순풍이 없을 때는 맑은 날을 택해 연안을 따라 도해할 것이며, 만약 해상 상태가 나쁠 때 무리하게 항해하다가 한 명의 군사나 말을 잃거나, 또는 날씨가 좋은데도 도해하지 않고 머뭇거릴 때는 문책할 것이다.

둘째, 마필은 적지 해안에 교두보를 구축한 후에 건너가도록 하라.

셋째, 모든 부대는 작전사령부 선박참모에게 선박 기록을 제출하고 그의 지시를 받을 것이며, 각 부대는 조선에 상륙한 후 자대 선박에 관리책임자를 한 명씩 임명하여 대마도로 보내 후속부대 소송 임무를 수행하라.

넷째, 조선왕이 상륙을 승낙하면 서열 순서에 따라 상륙할 것이나, 만일 불응하면 모든 선박을 부산 앞바다 섬에 집결시키고 각 부대장이 협의하여 규정한 서열에 관계없이 전군이 적 해안에 일시에 상륙하고, 교두보를 확보한 후 축성공사를 견고히 하라. 이러할 경우 후속부대와 수군을 한꺼번에 투입한다.

● 히데요시의 작전 구상

히데요시는 침공군 선발대를 한 번에 수송할 수 있는 선박을 확보하고, 이 선박을 대마도, 이키섬, 시모노세키, 하카다 및 나고야항에 준비했으며, 선발 상륙군은 후속부대가 도착할 때까지 부산 상륙 지점에 교두보를 확보하고 진지를 구축하고자 했다. 히데요시는 작전의 성패가 선박 확보와 그 운영에 달려 있다고 보고 작전사령부에 선박 참모를 임명하여 선박의 건조·배치·운용을 전담시켰다. 또 수송선단의 호위를 위해 수군장 구키 요시다카, 와키자카 야스하루, 도도 다카도라, 가토 요시아키를 출동시켜 수군 작전을 수행하게 했다. 작전 수행에 병참 물자 보급이 중요한 요건임을 강조하고 무기, 탄환, 화약 등은 본국에서 공급하고자 했으며, 수송량이 막대한 군량미는 점령지에서 현지 조달할 계획으로 조선 각 도에 일본인 장관을 임명해 민정을 실시하기로 계획하고 실제로 한성을 점령한 후 실행에 들어가기도 했다. 히데요시는 조선 점령 후를 대비한 조선 8도의 민정장관을 침공군의 지휘관으로 임명했다.

히데요시는 침공 작전 준비와 지시를 끝내고 나고야 작전사령부에서 국정과 작전 전반에 걸쳐 총지휘를 했다. 일본군은 1592년 4월 13일 고니시를 선봉장으로 부산포에 입항 및 정박했고, 4월 14일 부산성을 함락한 데 이어 15일에는 동래성을 함락했다. 7년에 걸친 조일전쟁이 시작된 것이다.

2장

이순신의 탄생과 생애

1. 이순신의 출생과 가문

이순신은 조선 인종 원년(1545) 3월 8일(4.28)에 한성부 건천동(서울 중구 명보극장 부근)에서 태어났다. 건천동은 당시 장안의 변두리에 있는 가난하고 한적한 동네였다. 이순신의 가문인 덕수 이씨 가계는 고려시대부터 시작된다. 1세와 2세는 무관직, 3세와 4세는 문과에 급제한 문관이었다. 5세에서는 벼슬이 없고, 6세도 무관으로 진출했다. 고려시대 이순신의 선조는 무반에서 시작하여 문반과 무반을 교차하며 내려왔다. 조부인 백록은 중종 29년(1534) 성균관 생원이었으나 음직으로 중종 말년에 평시서 봉사를 지냈다. 그는 당시 개혁정치가 조광조와 뜻을 같이하며 추종하다가 1519년 훈구파에 의해 조광조 등의 사림파가 축출당하는 기묘사화에 연루되어 고초를 겪는 바람에 이때부터 집안이 기울기 시작했다.

이순신의 부친 정은 병절교위라는 명예직의 하급 무관벼슬을 받기도 했으나, 부친(백록)의 불우한 말년을 목격하고 정치에 대한 환멸을 느껴 일찍 벼슬을 단념했다. 그래서 명색만 양반일 뿐 평민과 다름

없는 처지로 집안이 상당히 가난했다. 아들 4형제와 딸 하나를 두었는데, 아들들의 이름을 고대 중국의 전설에 나오는 성군의 이름을 따서 첫째를 희신, 둘째를 요신, 셋째를 순신, 넷째를 우신으로 지었다. 요컨대 항렬자인 '신' 자를 돌림으로 하고, 중국 고대의 훌륭한 임금인 순의 이름을 따서 '순신'이라 지었다.

이순신의 조카 이분이 지은 《행록》에는 충무공의 출생과 관련된 또 다른 이야기가 나온다. 어머니 변씨가 충무공을 낳을 때 시아버지인 백록이 꿈에 나타나 "그 아이는 반드시 귀하게 될 것이니 이름을 순신이라 하라"라고 일렀다는 것이다. 또 이순신이 태어났을 때 점쟁이가 찾아와 "이 아이는 50세가 되면 북방의 대장이 될 것이오"라고 일러주었다고도 한다.

이순신과 비슷한 시기에 덕수 이씨 집안에서 걸출하게 활동한 사람으로는 율곡 이이(1536~1584)가 있다. 율곡은 13세 손으로 촌수로 따지면 이순신과 19촌쯤 되는데, 두 집안 사이에 교류는 없었다. 그리고 이순신보다 약간 나중에 활약한 사람은 택당 이식(1584~1647)이 있는데, 그는 15세 손으로 이순신의 증손 뻘이 된다. 이식도 충무공과 직접적인 교분은 없었다. 따라서 기울 대로 기운 충무공의 집안을 뚜렷하게 도와줄 친척이나 친구는 거의 없었다.

조선시대에는 관례를 치르면 서로 호칭할 때 이름보다 흔히 자를 썼다. 이순신의 자는 '여해'로 이 역시 《서경》에서 따왔다.

이순신의 형제에 관한 기록은 별로 남아 있지 않아 희신과 요신의 행적에 대해서는 알 수 없다. 더구나 희신과 요신은 일찍 세상을 떠났다. 그리하여 이순신은 30대부터 두 형님 집안의 가장 역할까지 하게 되었다.

이순신은 1589년 정읍 현감으로 부임할 때 조카들도 부임지로 데려갔다. 임진왜란 중에는 큰형 희신의 아들 분과 완도 함께 참전했으며, 아우 우신과 자기 아들, 그리고 조카들에게 아산 본가에서 어머니를 모시게 하고 수시로 왕래하며 연락했다.

이순신은 슬하에 다섯 아들과 딸 셋을 두었는데, 이 중 셋째인 면은 정유재란이 일어나던 해인 16세 때 아산 본가에서 일본군 가토 특공대와 맞서 싸우다 전사했고, 서자인 훈은 인조 2년(1624) 이괄의 난 중에, 신은 정묘호란 중에 전사했다.

맏형 희신의 둘째 아들 분은 임진왜란이 일어나자 성천으로 피난 갔다가 그곳 부사에게 글공부를 배웠다. 그 후 정유재란을 겪으면서 이순신의 막하로 들어가 활동했다. 오늘날 이순신의 행적을 상세히 알 수 있는 것은 그가 지은《행록》이 전해오기 때문이다. 그는 선조 32년(1599) 무과에 합격한 후 충청병사를 거쳐 인조 2년(1624) 의주 부윤이 되었고, 인조 5년(1627) 정묘호란 중에 전사했다. 완은 이순신이 노량해전에서 전사할 때 그 곁을 지켰다.

이순신의 조카 이분이 쓴《행록》에 따르면, 소년 순신은 어릴 적 이웃 아이들과 더불어 항상 전쟁놀이를 즐겼고, 그때마다 아이들은 순신을 대장으로 삼았다고 한다. 순신은 늘 활과 화살을 지니고 다녔다고 한다.

생계가 막연해진 이순신의 부친은 부인 변씨의 친정인 아산 송곡리로 이사했다. 현재 현충사 안에는 옛집 터에 사랑채와 안채로 된 간결한 구조의 옛집이 세워져 있다. 터는 옛터로되 집은 옛집이 아니지만, 대문 앞 왼쪽에 수령 500년이 된 은행나무 두 그루가 서 있다. 말없이 서 있는 은행나무는 소년 이순신이 이 나무 그늘에서 책도 읽고 활도 쏜 것을 알고 있을 것이다.

선조에게 이순신을 천거한 사람은 유성룡이다. 선조는 유성룡에게 이순신이 어떤 인물이냐고 묻자, 유성룡은 이렇게 답했다.

"이순신은 한 동네 사람이어서 신이 어려서부터 아는데, 직무를 잘 수행할 사람이라 생각합니다. 그는 평소에 대장이 되기를 희망했습니다. 또 성품이 강인하고 굳세어 남에게 굽힐 줄 모릅니다."

이 말은 유성룡이 어렸을 적부터 이순신과 교분이 있었다는 것을 의미한다.

선대로부터 물려받은 많지 않던 가산도 거의 없어지자 생계가 막연해진 이순신의 부친 이정은 가족들을 이끌고 충남 아산 송곡리로 이사했는데, 이때 이순신의 나이는 정확하게 알려져 있지 않으나 대략 13세 전후일 것으로 추측된다. 왜냐하면 유성룡이 고향 안동에서 서울로 올라온 시기가 15세 때였으므로 세 살 연하인 충무공의 나이 12세에 유성룡과 만난 것으로 추정된다. 후일 유성룡과의 친분을 고려해볼 때 두 사람이 적어도 1년 이상은 서울에서 같이 살며 교제를 나누었을 것으로 보고, 이순신은 아마도 13세 이후에 아산으로 이사한 것이 아닌가 생각된다.

아산 송곡리는 이순신의 모친 변씨 부인의 친정 마을이었다. 아산으로 이사한 후 이순신은 사대부 가문의 가풍을 따라 글을 읽기 시작했다. 그의 문학적 자질은 임진왜란 중에 쓴《난중일기》와 그 밖의 여러 시문 등에도 잘 나타나 있다.

이순신은 21세를 전후하여 혼인했다. 아내 방씨는 보성군수를 지낸 방진의 딸이었다. 방씨는 현숙하고 영리한 부인이었다. 혼인할 때 방씨의 나이는 19세였는데, 다음의 기록을 볼 때 방씨의 현명함을 짐작할 수 있다.

> 방씨가 시집오기 전 어느 날, 도둑들이 그녀의 집 안마당으로 들어왔다. 방씨의 아버지는 도둑에게 활을 쏘다가 화살이 떨어지자 어서 화살을 가져오라고 소리쳤다. 도둑들은 그 집의 계집종들과 미리 내통하여 집 안의 화살을 모두 없애버린 뒤였다. 이때 방씨는 침착하게 "아버님, 여기 있습니다" 하고 급히 다락에서 베를 짤 때 사용하는 댓가지를 한아름 안아다가 방바닥으로 던졌다. 그 떨어지는 소리가 마치 화살을 다발째 내려놓는 듯했다.

방씨의 아버지는 본래 활을 잘 쏘기로 널리 알려진 사람이었다. 그것을 두려워한 도둑들은 화살이 아직도 많이 있는 줄 알고 그만 꽁지가 빠지게 줄행랑을 쳤다고 한다. 방씨의 순발력 있는 기지를 엿볼 수 있는 대목이다.

이순신은 방씨와 혼인한 후 무관 출신인 장인의 영향을 받아 22세 때부터 본격적으로 활을 잡고 무인이 되려 했다. 그가 무예에 입문한 동기는 본인의 선택과 무관 출신인 장인 방진의 권유가 어우러져 무관의 길을 택했다고 본다.

무예에 입문한 지 6년 후 28세 때인 1572년(선조 5) 훈련원 별과 시험에 응시했지만, 낙마하는 바람에 낙방했다. 당시의 사실을 다음의 기록에서 알 수 있다.

> 가을에 훈련원 별과시험을 볼 적에 말을 달리다가 말이 거꾸러지자 공이 떨어져 왼편 다리뼈가 부러지니 보는 사람들은 공이 죽었다고들 했는데, 공이 한쪽 발로 일어서서 버드나무 가지를 꺾어 껍질을 벗겨 싸매니 모두가 장하게 여기었다.

그로부터 4년 후인 1576년(선조 9) 32세 때 봄에 식년 무과시험에 응시하여 병과 4등으로 합격했다. 당시 무과 합격자는 모두 29명이었는데, 성적순에 따라 갑과 3, 을과 5, 병과 21명으로 이순신은 병과 4등이었기 때문에 전체 29명 중 12등의 성적으로 합격했다. 당시 무과시험 갑과 합격자는 초임 품계가 종6품, 을과 합격자는 종8품이었고, 이순신이 합격한 병과는 종9품이었다. 이때 2등으로 합격한 박종남은 임진왜란 때 이순신의 막하에서 조방장으로 6개월 동안 이순신을 모시고 근무했다.

2. 무인으로 출발

1576년 2월 무과에 합격한 이순신은 10개월간 발령을 기다렸다가 그해 12월 동구비보의 권관으로 임명되어 첫 부임지인 함경도로 갔다. 이순신은 과거에 급제했지만, 그해 12월이 되도록 발령을 받지 못했다.

이순신이 첫 부임지로 발령을 받은 함경도 삼수갑산은 일등 귀양지로 평가되는 척박한 오지로 근무 여건이 매우 좋지 않았지만, 이순신은 맡은 바 소임을 훌륭히 수행하여 당시 곤장 감사로 소문난 이후백의 칭송을 받았다.

그때부터 1598년 11월 19일 노량해전에서 전사할 때까지 만 23년간(274개월) 공직 생활을 했다.

동구비보의 권관으로 만 2년간의 근무를 마치고 35세 2월에는 훈련원 봉사(종8품) 생활을 했다.

훈련원이란 당시 병조의 산하기관으로 군사의 인사, 고시, 훈련, 교육 등에 관한 일을 맡은 장무관이었다. 어느 날 상관인 병조정랑(정5품) 서익이 정9품인 자기의 친지 한 사람을 순서를 뛰어넘어 참군(종7품)으로 진급시키려고 서류를 작성해오라고 명령했는데, 이에 이순신은 순서를 지키지 않으면 진급할 사람이 못하게 되므로 공정하지 않다고 하면서 거절했다. 이에 서익은 매우 불쾌해했는데, 이러한 소문이 퍼지자 주변 사람들은 이순신의 앞날을 걱정했다. 반면에 당시 병조판서였던 김귀영은 그의 올곧은 근무태도에 감동하여 이순신에게 자신의 서녀를 첩으로 보내려고 했지만, 이순신은 "권세 있는 집안에 의탁하여 출세를 도모하는 것은 사나이가 취할 바 아니다"라며 거절했다.

이순신은 35세 되던 해 10월에 충청도 병마절도사의 군관으로 전출되어 충청도 해미에서 근무하게 되었다.

이순신의 나이 36세이던 1580년(선조 13) 7월에 최초로 수군 생활을 했는데, 바로 전라 좌수영 관하의 발포 수군만호(종4품) 직이었다.

수군만호는 오늘날의 해군 소령급이 담당하는 기지장급으로 당시 직급상 무려 6단계나 진급하니 많은 사람들이 험담했고, 감사에게 투서까지 하는 상황이었다. 이에 당시 전라 감사였던 손식은 이순신을 불러 만호직을 수행할 수 있는지 실력을 테스트해보았다. 진서 강독과 학진도를 그리라는 명령에 이순신이 능숙한 솜씨로 응하자, 나라의 동량을 해칠 뻔했다면서 오히려 칭찬했다.

이순신이 발포에 근무한 지 2년이 되어갈 무렵인 38세 되던 해 3월(1582, 선조 15), 과거 훈련원 시절 상관이던 서익이 군기경차관의 신분으로 발포를 방문했다. 군기경차관이란 군기와 관련된 분야를 특명으로 지방에 파견하여 실무를 검사케 하던 벼슬로, 오늘날 합참의 전비태세 검열단장에 비유된다.

서익은 도착하자마자 과거의 앙심을 드러내어 다짜고짜 "발포 만호 이순신은 군기를 보수하지 않았으므로 파직해야 한다"라고 보고서를 올려 이순신은 억울하게 파직되고 말았다.

하지만 이순신은 그해 여름에 복직되어 계급이 강등된 채 훈련원 봉사(정8품)로 근무했다. 틈만 나면 활 쏘는 연습을 게을리하지 않았는데, 어느 날 같이 활을 쏘던 한성 판윤 유전(1585년 우의정)이 이순신의 전통을 탐내어 은근히 상납을 요구했다.

이때 이순신은 "전통을 대감께 드리는 것은 어려운 일이 아니나, 다만 전통 하나 때문에 대감과 제가 더러운 말을 들을까 봐 두렵습니다"라고 하면서 완곡히 거절하자, 유전도 "그대 말이 옳다"라며 오히려 칭송했다.

이순신이 갖고 있던 전통은 장인인 방진이 선물로 준 것이었다. 또한 당시 같은 문중의 이율곡이 이조판서였는데, 주위에서 이순신에게 만나보라고 권유했지만 이순신은 "그가 이조판서로 있는 동안에는 만나보는 것이 옳지 못하다"라고 하면서 거절했다. 인사권을 가진 율곡을 만나면 오해를 살 우려가 있다고 판단한 것이다.

이순신은 39세 되던 해 7월에 남병사 이용의 군관으로 근무하다가 그해 10월에 함북 두만강 변의 경원군 관내에 있는 건원보 권관으로 보직되었다. 이 지역은 여진족이 자주 출몰하는 곳으로, 이순신은 유인작전을 펼쳐 오랑캐 두목 울지내를 사로잡는 큰 공을 세웠다. 그래서 조정에서 큰 상을 내리려고 했지만, 당시 북병사 김우서는 자기에게 미리 보고하지 않고 작전을 수행했다는 이유를 들어 오히려 벌을 줘야 한다는 보고를 함으로써 이순신은 정기 승급인 훈련원 참군(종7품)으로 승진하는 데 그쳤다.

그해 11월 15일 부친 정이 향년 73세로 사망했다. 이순신은 이 소식을 다음해 1월에 듣고 즉시 고향으로 달려갔는데, 당시 함경도 순찰사였던 우찬성 정언신이 그의 몸을 걱정하여 뒤를 보살펴주도록 지시했다고 한다.

한편, 1월 16일에는 율곡 이이도 사망했는데, 이순신은 한 번도 만나보지 못한 점에 대해 매우 애석해했다.

만 2년 동안 상을 치르고, 42세 1월 사복사에 주부(종6품)로 임용되었다가 16일 만에 함경도 조산보 만호(경흥 고을, 종4품)에 부임했는데, 이는 유성룡의 추천에 의해서였다. 조산보는 두만강 하구 어귀에 위치했고, 당시 함경도 수군진 3개소 중 북도의 유일한 수군진이었는데, 이순신은 발포에 이어 두 번째로 수군직을 맡았다.

1년 후인 43세 되던 해(1587, 선조 20) 8월엔 두만강 하구 녹둔도의 둔전관을 겸직했다. 둔전은 관과 민이 합력하여 미개간지를 개간하여 농사를 지은 후 소출을 배메기하는 제도다. 녹둔도는 비옥한 땅이라 1583년 함경도 감사 정언신이 군량미를 확보하기 위해 둔전을 설치하여 운영해왔는데, 추수 때가 되면 오랑캐의 침입이 잦은 곳이었다. 이순신은 녹둔도 둔전관을 겸직한 이후 녹둔도를 수비하기 위해서는 얼마간의 병력이 더 필요함을 북병사 이일에게 자주 건의했지만 번번이 묵살당했다.

결국 그해 9월 추수기에 오랑캐의 침입을 받아 큰 피해를 입게 되었다. 당시 시전에 사는 콜간 우디캐족의 대추장 하오랑아가 우디캐족을 이끌고 불시에 침략하여 우리 군사 10여 명을 죽이고 농민 160여 명을 사로잡아갔다.

이순신은 부하들을 거느리고 오랑캐 진영으로 들어가 잡혀간 백성들을 60여 명이나 구출해왔다. 워낙 큰 피해를 입었는지라 이순신은 책임을 떠안고 하옥되었는데, 특히 이일은 이순신을 죽이려고 죄를 시인할 것을 요구했다. 하지만 이순신이 이에 불복하자 옥에 가두고 모든 책임을 이순신에게 덮어씌워 조정에 보고하는 바람에 결국 이순신은 '백의종군'이라는 처벌을 받게 되었다.

여기서 백의종군이란 나라에서 주어진 일체의 관직을 박탈당한 채 평복으로 군에 종군하는 것을 말한다. 이순신은 44세 되던 해인 1588년 1월에 벌어진 시전부락(두만강 건너편 오랑캐의 근거지) 전투에 참전하여 공을 세움으로써 백의종군을 사면 받은 채 낙향했다.

한편, 당시에는 '불차탁용'이라는 인재 충원제도가 있었는데, 이는 일정한 차례를 따지지 않고 비변사의 관료가 뽑아 쓸 만한 사람을 천거할 경우 그 순위에 따라 인재를 등용하는 제도로, 이순신은 천거 순위 3위로 뽑혀 등용되었다.

그리하여 낙향한 지 10개월 만인 45세 되던 해 2월(1589)에 전라도 감사 이광의 특청으로 군관 겸 전라도 조방장의 임무를 수행했다. 그러다가 그해 11월에 군관 겸 선전관(전령, 출납 등)으로 일시 한성에 근무하다가 45세 되던 해 12월 정읍 현감직에 제수되었다.

당시 이순신에게는 부양가족이 많았다. 두 형이 작고함으로써 많은 조카들(뇌·분·번·완 및 충·해)과 자신의 아들들(회·열·면, 서자 훈·신, 서녀 2명)을 포함하여 무려 20여 명이나 되는 대식구를 부양하게 됨으로써 비판을 받기도 했다. 그러나 이순신은 비판을 받을지언정 불쌍한 조카들을 버릴 수 없다고 하면서 오히려 자신의 아들들보다 더욱 정성으로 보살폈다. 또한 이순신은 인근 태인 현감의 업무도 겸했는데, 능숙하고 공정하게 정사를 돌봄으로써 백성으로부터 존경을 받았다.

다음해인 46세 되던 해 7월에 평안도 고사리진 병마첨절제사(종3품)로 임명되었다가 사간원의 반대로 취소되었고, 다시 46세 되던 해 8월에 평안도 만포진 수군첨절제사(종3품)로 임명되었으나 또다시 취소되어 정읍 현감에 유임되었다.

그러다가 47세 되던 해 2월에 진도 군수로 발령받았다가 부임하기도 전에 완도 가리포진 첨사로 발령되었지만, 결국 이순신의 나이 47세 되던 해인 1591년 2월 13일 전라좌도 수군절도사로 임명되었다. 전라좌수사는 정3품직으로 오늘날의 함대사령관직과 유사하며, 당시 유성룡의 추천으로 부임하게 되었다.

3. 인간 이순신

이순신은 임진왜란 시기에 조선 수군을 지휘하면서 중앙 정부의 소극적인 지원을 탓하지 않았다. 전선, 무기, 탄약, 화약, 군량을 스스로 마련하여 전비태세를 강화하고 적과 싸워 승리했다. 전쟁 중 정치권의 모략과 중상에 시달렸으며, 모친과 자식을 잃고 통곡하며 자신의 처지를 비관하기도 했다. 무엇보다 조정과 임금으로부터 받는 스트레스는 이순신의 육신을 힘들게 했다.

그가 쓴 《난중일기》에서 아프고 괴로운 날은 7년 동안 180여 일로 나타난다. 그는 1년에 30일 이상을 병으로 고생했다. 그럼에도 그는 이 모든 난관을 강한 정신력으로 이겨냈다.

이순신은 임진왜란 7년 동안 전쟁을 치르면서 오직 구국의 신념으로 조선 수군을 이끌며 군사들에게 엄한 군율을 적용했으나 군사들의 사기를 높이기 위해 수시로 오락을 베풀기도 했다.

그의 일기에 보면 7년 동안 군법 적용 횟수가 123회 적혀 있고, 그 내용은 체형 28회, 처벌 36회, 곤장 44회, 구속 15회 등으로 나타나 엄격한 군기를 확립했음을 알 수 있고, 또 수시로 오락과 회식을 베풀어 사기 진작에도 각별히 신경써 싸우면 이길 수 있는 수군으로 전력을 강화했다.

이순신은 어머니를 가까이에서 모시고자 전라좌수사 부임 후 2년 4개월째 되던 1593년 여름 여수 고음내에 어머니를 모실 거처를 마련했다. 이순신은 '효'를 인생 최고 가치의 한 축으로 삼았다. 그의 일기에는 어머니에 대한 애틋한 효심이 구구절절 배어 흐르고 있다.

이순신은 어머니에 대한 효성이 지극했다. 7년간 쓴 일기에 어머니에 대한 애절한 마음을 담은 날이 75여 일이다. 어머니를 애절하게 생각한 날이 13회, 문안드린 날이 50회, 편지 올린 날이 13회, 선물 보낸 날이 4회다. 이순신은 어머니 생신날에는 잊지 않고 꼭 챙겨드렸다. 직접 찾아뵙지 못하면 축수 잔을 올리기 위해 사람을 보내거나 선물을 싸서 보내곤 했다. 전쟁의 소용돌이 속에서도 어머니를 그리며 애틋한 마음을 담은 일기의 구절구절에는 감동의 사모곡이 가득 담겨 있다. 좀 더 구체적인 이순신의 효심에 대해서는 이 책의 마지막 장 '이순신의 효'에서 별도로 다루기로 한다.

또 이순신은 전쟁 수행에서 원균과 견해를 달리하여 갈등도 많았고 언쟁하는 일도 있었으나, 자식들에게는 다음과 같이 가르치고 훈계했다.

> 만일 누가 원균에 대하여 묻는 이가 있거든 너희들은 그의 공로 있음을 말해야 한다. 결코 그의 단점과 허물을 말해서는 안 된다. (이항복, 충민사)

이순신이 수군에서 근무한 기간은 공직 생활 기간의 절반에 약간 미치지 못하며, 수군으로 근무했을 때의 주요 직책은 전라도 고흥반도의 최남단에 위치한 발포 만호, 전라좌수사, 삼도수군통제사, 백의종군하다가 재임명된 삼도수군통제사였다. 근무지는 남해안이었다.

이순신의 공직 생활은 순탄했다고 볼 수 없다. 상당 기간은 무보직 상태였다. 첫 번째 경우는 무과에 급제한 후 발령받을 때까지 대기한 시기였다. 두 번째는 직속상관인 전라좌수사 성박의 모함 때문에 조정에서 조사관으로 내려온 군기경차관 서익의 장계에 의해 수군인 발포 만호로 근무하다가 파직된 시기였다. 그 밖에 북병사 이일의 모함에 의한 첫 번째 백의종군을, 두 번째 백의종군은 삼도수군통제사 관직을 박탈당하고 투옥 후 출소되어 도원수 권율 휘하에서 했다.

이순신의 부인은 3명이었던 것으로 보인다. 본부인 상주 방씨와 측실인 해주 오씨는 덕수 이씨의 족보에 분명히 기록되어 있다. 나머지 한 명은 족보에는 기록되어 있지 않고 일기에만 나타난다. 조선 시대의 족보는 측실과 서자나 서녀에 대해 차별이 심했다. 일반적으로 그들은 족보에 기록되지 못 했으며, 측실이 기록되었더라도 묘지나 그 자식들이 기록되어 있지 않는 경우도 많았다. 이순신의 일기는 족보에 없는 사실을 많이 알 수 있게 해주는데, 측실에 대해서도 그렇다. 1594년 8월 2일 일기에 다음과 같은 문구가 있다.

> "한밤중에 꿈을 꾸니, 부안사람이 아들을 낳았다. 달수로 따져보니 낳을 달이 아니었으므로 꿈이지만 내쫓아버렸다." 아들을 낳고 내쫓았다는 것은 같이 살았다는 것을 뜻하기 때문에 부안사람을 두 번째 측실로 생각할 수 있다.

최근에 이순신을 소재로 한 소설들에서 '여진'이라는 여자와 잤다는 문구가 등장하고, "여진과 잤다"라는 번역문이 포함되어 있는 일기 번역서도 발간되었다. 그러자 일기에 누가 와서 자고 갔다는 표현만 있으면 무조건 그 여자와 이순신이 잤다고 해석하는 사람들마저 나타났다. 이에 대해 김주식은 《이순신, 옥포에서 노량까지》에서 다음과 같이 설명하고 있다.

> '여진'이라는 문구가 나오는 부분은 대체로 계속 이어져 있는 문구들과 달리 본문과 한참 떨어진 곳에 쓰여 있으며, '여진' 다음에 쓰여 있는 글자도 다른 글자로 해석할 여지가 많다. '여진'이 계집종이나 기생을 지칭하는지도 불확실하다. 이런 여러 이유로 '여진'은 이순신의 여인이 아니라 이순신이 자기만 아는 축약어, 상징어, 또는 나중에 다시 참고하기 위해 기록해둔 사항 중 하나로 보인다. 이순신은 다른 사람들로부터 손가락질 받을 수 있는 언행을 하지 않았으며, 사랑을 바탕으로 가족을 잘 보살폈고, 여성에 대한 윤리와 도덕을 잘 지켰다.

4. 이순신의 사후 평가

인류 역사는 전쟁의 역사라고 해도 과언이 아니다. 이와 같은 많은 전쟁을 겪는 동안 자기 나라를 위해 전쟁을 승리로 이끈 칭기즈칸, 나폴레옹, 프레드릭, 한니발, 넬슨 등 수많은 명장이 있었다. 그러나 이러한 명장들도 항상 이기는 전쟁만 한 것이 아니라 지는 전쟁도 했다. 칭기즈칸은 20번 싸워 2번 패했고, 나폴레옹은 23번 싸워 4번 패했고, 프레드릭은 12번 싸워서 3번 패했고, 한니발은 5번 싸워 1번 패했다. 넬슨은 전승을 거두었으나 여섯 번밖에 싸우지 않았고, 알렉산더는 이겼지만 피해도 막대했다.

이순신은 임진왜란 발발 당시 전라좌수사, 즉 전라좌도의 함대사령관이었다. 당시 이순신함대는 다른 사령부보다 함정 척수가 적었다.

임진왜란 전 경상우수사(원균)와 경상좌수사(박홍)는 70여 척 이상, 전라 우수사(이억기)는 30여 척을 보유하고 있었는데, 이순신은 25척뿐이었다. 또한 임진년을 비롯한 주요 해전을 치를 때는 삼도수군통제사로 임명되기 전으로, 이억기나 원균 수사와 대등한 계급이었음에도 뛰어난 리더십을 발휘하여 모든 해전을 승리로 이끌었다. 이순신은 26회 싸워 단 한 번도 패하지 않고 26회를 다 이겼다(이순신의 해전 횟수는 기준에 따라 다르게 셈하기도 한다: 부록 참조).

이순신을 명장 중 명장이라고 할 수 있는 것은 전 세계의 이름난 명장들은 무기·장비·군수지원은 물론이고, 국가와 국민의 전폭적인 지원을 받으면서 군사 지휘권을 갖고 마음껏 싸웠다. 그러나 이순신은 국가의 지원은 고사하고 임금과 조정 대신 일부의 질시와 견제를 받으면서 미약한 군사력으로 막강한 적과 힘겹게 싸워야 했다. 7년 전쟁에서 모든 악조건을 스스로 감내하면서 스스로 해결했고, 오직 구국의 일념으로 최후의 전쟁터에서 승리하여 적을 물리쳐 전쟁을 끝냈으며, 마지막 해전을 승리로 이끌고 현장에서 장렬히 전사했다.

세상 사람들은 이러한 이순신을 어떻게 보고, 어떻게 생각하고, 어떻게 평가했을까? 몇 가지 자료를 통해 조명해보고자 한다.

● 이은상

《이충무공 전서》를 국역한 노산 이은상은 "이 충무공은 우리 역사를 통해 밝은 길, 바른 길, 사는 길, 흥하는 길의 유일한 계시 그것이요, 또 그대로 생명의 원천이기 때문에 공을 결코 우리의 추상적·관념적 애국심의 표적이거나, 또 단순히 제사나 받는 우상적 존재로 볼 것이 아니라 어디까지나 현대적·과학적 방법에 의해 우리의 현실생활 속에 들어와서 생동하고 실천되어야 할 사상노선으로 인식하지 않으면 안 될 것이다"라고 하면서 《이충무공 전서》는 민족교본이라고 말했다.

그리고 이어서 "나는 이렇게 살고 이렇게 죽었다는 공의 태산 같은 모습과 엄숙한 호령을 접할 수 있어 오늘의 이 혼란한 사상계에 피와 눈물로써 이끌던 구국제민의 대정신이 주 조류를 이루게 되기 바랄 뿐이다"라고 했다.

유성룡

이순신보다 세 살 위이고, 소년 시절 서울 건천동에서 몇 해 동안 같이 지낸 것으로 추정되는 유성룡은 임진왜란 중 영의정을 지냈다. 그가 이순신의 인품, 지도력, 충성심을 익히 알고 있어 국난에 대처하는 데 적합한 인물로 보고 임진왜란 발발 1년 전에 전라좌수사로 천거한 것은 하늘의 섭리라고 보아야겠다.

유성룡은 이순신을 이렇게 평했다.

> 이순신은 백 번 싸운 장군으로서 한 손으로 친히 무너지는 하늘을 붙든 사람이었다. 그리고 이순신은 재질을 가지고도 운수가 없어 백 가지 재능을 한 가지도 풀어보지 못한 사람이었다.

이순신이 있었기에 무너져 넘어가는 나라를 붙들어 조선이 멸망하지 않고 존립할 수 있었다는 것이다.

이덕형

다음은 이순신이 마지막 전투인 노량해전에서 전사할 당시 좌의정이었던 이덕형이 이순신에 대해 포장을 상신한 글이다.

> 이순신의 사람됨을 신이 직접 확인해본 적이 없었고 한 차례 서신을 통한 적밖에 없었으므로 그가 어떠한 인물인지 알지 못했습니다. 전일에 원균이 그의 처사가 옳지 못하다고 한 말만 듣고, 그는 재간은

있어도 진실성과 용감성은 남보다 못할 것이라고 여겼습니다. 그런데 신이 본도에 들어가 해변 주민들의 말을 들어보니 모두가 그를 칭찬하며 한없이 아끼고 추대했습니다. 또 듣건대 그가 금년에 고금도로 들어갔는데, 모든 조치를 매우 잘했으므로 겨우 3~4개월이 지나자 민가와 군량의 수효가 지난해 한산도에 있을 때보다 더 많았다고 합니다. 그제야 그의 재능이 남보다 뛰어난 줄 알았습니다. 그리고 유 제독이 힘껏 싸우는 데 뜻이 없다는 것을 간파한 뒤에는 국가의 대사를 전적으로 수병에 기대하지 않을 수 없었습니다. 그리하여 신이 주사에 자주 사람을 보내어 이순신으로 하여금 기밀의 일을 주선하게 했더니, 그는 성의를 다해 나라에 몸 바칠 것을 죽음으로써 맹세했고, 영위하고 계획한 일들이 모두가 볼 만했습니다. 따라서 신은 나름대로 생각하기를 '국가가 주사의 일에 있어서만은 훌륭한 주장을 얻어서 우려할 것이 없다'라고 여겼습니다.

그런데 불행하게도 그가 전사했으니 앞으로 주사의 일을 책임 지워 조치하게 하는 데 있어 그만 한 사람을 구하기가 어려울 것입니다. 참으로 애통합니다. 첩보가 있던 날 군량을 운반하던 인부들이 이순신의 전사 소식을 듣고서 무지한 노역자라 할지라도 대부분 눈물을 흘리며 서로 조문하기까지 했으니, 이처럼 사람을 감복시킬 수 있었던 것이 어찌 우연한 일이겠습니까?

이덕형은 이순신을 잘 모르고 있었다. 다만 원균이 이순신을 비난하는 말만 듣고 별수 없는 사람으로 여기고 있었는데, 현지 사찰을 갔을 때 모든 백성이 이순신에 대해 칭송이 자자했고, 군비 또한 한산도 수준을 능가할 만큼 축적한 것을 보고 그제야 이순신이 뛰어난 인물임을 알았다. 명나라 유정 제독이 싸우려는 의지가 희박함을 보고 이제 수군, 즉 이순신만이 나라를 구할 수 있다고 판단한 것이다. 그리고 이순신 전사 후 남녀노소, 귀천을 가리지 않고 애통해한 것은 이순신의 인품에 감복했기 때문이다.

● 이항복

백사 이항복은 이순신보다 한 살 연하였으며, 도원수 권율의 사위로, 선조가 의주로 피난했을 때 수행했다. 원균의 조선 수군이 칠천량에서 궤멸되고 이순신이 옥에서 풀려나 백의종군 중일 때 병조판서로서 이순신의 통제사 재임명을 선조에게 강력히 주장한 사람이다. 그가 쓴 '전라좌수영 대첩비'의 비문에는 다음과 같은 글이 있다.

> 이순신의 화평하고 어진 덕과 과단성 있게 일을 처리하는 재능, 그리고 상과 벌을 곧바로 주는 용기 같은 것은 만일 다른 사람이 이런 정도의 분이라면 백세에 이름을 날릴 사람이라 하겠지만, 이순신에게 있어서는 그저 당연히 해야 할 하찮은 일로 여겼을 뿐 공명을 바라지 않았던 그런 사람이었다.

이항복은 이순신의 뛰어난 인격을 천부적이라고 평한 것이다. 즉, 이순신을 하늘이 낸 사람이라고 평했다.

● 박승종

이순신보다 17세 연하로 광해군 때 영의정을 지냈다. 인조가 등극하자 스스로 목숨을 끊었다. 그가 《충민사기》에 쓴 글 중 몇 구절을 살펴본다.

> 아! 공으로 하여금 만일 그날에 죽지 않게 했다면 일개 공신에 지날 것이 없었는데, 이제 마침내 그 충성을 선양하고 절개를 표창함이 천지에 찬란하니, 비록 죽었어도 오히려 살았도다.
>
> 성을 버리고 군사를 패한 무리는 몸이 그대로 성하여 제 방 창문 아래서 늙어 죽는데, 이순신의 충렬은 마침내 몸을 버림에까지 이르렀으니, 하늘의 보답이 어찌 이리 공평치 못한고. 그러나 구차스레 제 목숨 보존한 자들은 저 나뭇잎 위에 붙은 먼지와 다를 것이 없거

> 니와, 이것으로써 저것에 비긴다면 하늘의 은총이 또한 풍족하다고도 할 것이다. 공의 충렬이 하늘에 별이 되고 땅의 강산이 되어 빛나고 번쩍이도다.

이순신이 죽을 '곳', 즉 바다의 전쟁터에서 죽을 '때', 다시 말해 마지막 전쟁에서 함대를 지휘하면서 나라를 건져내어 충성을 선양하고 장렬히 순국했으니, 관음포 하늘에 높이 떠 만세에 찬란히 빛난다고 말한 것이다.

이식

택당 이식은 이순신의 나이 40세 때 태어나 인조 때 대사헌, 예조판서, 이조판서를 지낸 사람이다. 그가 임금에게 이순신의 시호를 요청한 시장(諡狀) 중의 한 구절을 살펴본다.

> 이순신은 곧은 절개를 지켜 우뚝하니 벽처럼 선 사람이었다. 이순신은 몸을 꼿꼿이 하고 간 사람이며, 전쟁을 당하여서도 뜻이 조용하여 언제나 여유가 있는 사람이었다. 이순신은 온 군대가 한마음이 되어 감히 그의 명령을 어기는 사람이 없던 인물이었다. 비록 역사상 명장으로 백 년에 한두 사람밖에 나오지 않는 위인이라 할지라도 이순신보다 더 훌륭한 분이 있을 수 없다.

이식은 백 년에 한두 번 나올까 말까 하는 명장도 이순신을 능가할 명장은 없다고 했다. 즉 이순신 같은 명장은 과거에도 없었고, 앞으로도 찾기 어려울 것이라는 말이다.

숙종

조선 제19대 임금 숙종은 북방 국경에 정계비를 세워 청나라와의 국경분쟁을 해결하고, 일본 정부와 협상하여 일본인의 울릉도 출입을 금지했다. 그가 지은 '현충사 제문'은 다음과 같다.

> "절개에 죽는다는 말은 예부터 있지만, 제 몸 죽고 나라 살린 것, 이분에게서 처음 보네!"

● 정인보

구한말의 양명학·한학·문학의 대석학 위당 정인보는 이순신을 이렇게 보았다.

> "이순신은 그 몸이 그대로 국가요, 그 마음이 그대로 민족이니, 한갓 보천욕일로써 위대할 바가 아니다." 이순신은 당대의 사람들과 그 후 420년 이상의 세월이 흐르는 동안 수많은 사람이 그를 추모하고, 애도하고, 기리고, 평가했으나, 그 모든 것의 압권은 숙종과 박승종, 정인보가 짤막하게 압축한 글이 아니겠는가?

> 이순신은 그 몸이 국가요, 그 마음이 민족이었으며, 순국하여 나라 살린 성웅이요, 군신이었다. 비록 죽었어도 오히려 살았다.

이상으로 우리나라 사람들이 본 이순신에 대해 몇 가지를 적어보았는데, 전략을 전공하고 전쟁사를 연구한 외국 사람들은 이순신을 어떻게 평가했는지 살펴보고자 한다.

● 진린

이순신이 고하도에서 수군 전력을 재건하고 고금도로 사령부를 옮겼을 때 명나라 수군 사령관 진린 도독이 동정군 함대를 이끌고 고금도에 이르러 조선함대와 연합함대를 구성하여 왜교성에 대한 공격 및 봉쇄작전을 수행했다. 이어서 임진왜란 최후 전투인 노량해전에서 이순신과 같이 싸운 진린 도독이 선조에게 올린 글 가운데 다음과 같은 구절이 있다.

> 이순신은 천지를 주무르는 경천위지의 재주와 나라를 바로잡는 보천욕일의 공로가 있는 사람이다. 여기에 적힌 '경천위지'라는 것은 하늘을 날로 하고 땅을 씨로 하여 종횡하는 재주를 가졌단 뜻이요, '보천욕일'이라는 것은 옛날 중국 설화 가운데 여와 씨가 오색 돌을 갈아서 구멍 뚫린 하늘을 메웠다고 하여 '보천'이라는 문자가 생겼고, 희화라는 여신이 해 열 개를 낳아 감천에 목욕을 시켜 환하게 했다고 하여 '욕일'이라는 문자가 생겼다는 것인데, 바로 그 문자로써 충무공의 공적을 표현한 것이다.

● 이여매

동정군사령관 이여송 제독의 동생이며 평양성 탈환 전투의 공으로 요동성 부총병으로 승진한 이여매는 선조에게 다음과 같이 말했다.

> "이순신은 충신입니다. 이러한 인물이 십여 명만 있다면 왜적에 대해 무슨 걱정할 것이 있겠습니까?"

● 전 NATO 사령관 버너드 로 몽고메리 장군

조선의 이순신 제독은 뛰어난 전략가이자 전술가로 무기제작 능력이 우수했다. 이순신은 어떤 공격에도 적을 막을 수 있는 전선을 건조하여 전투에 임했다. 갑판 위는 거북 등처럼 생겼고, 쇠로 치장하여 적의 총탄이 뚫지 못 했다. 더욱이 등선육박전에 익숙한 일본군이 배 위로 오를 수 없었고, 거북선 선수(船首)로는 적선과 충돌하여 공격하고, 양현에는 대포를 장착하여 적을 공격했다. 일본군은 육전에는 강했으나 이순신 제독이 지휘하는 조선 수군은 강했으며 일본 수군을 해전에서 대파했다.

가와다 이사오

"한국 사람들은 이순신 장군을 성웅이라고 떠받들기만 할 뿐 그 분이 진정으로 얼마나 위대한 분인지 우리 일본 사람보다 모르고 있는 것 같다." 이는 일본 해군 전략가 가와다 이사오가 한 말이다. 우리가 듣기에 민망하고 부끄러운 마음을 금할 수 없다. 가와다 이사오는 러일전쟁 때 해군 소위로 일본 연합함대 수뢰정 41호에 승조하여 싸웠다. 그가 탔던 수뢰정 41호 정장은 미즈노 히로노리였는데, 그는 러시아 함대와 싸우기 위해 진해만을 출항할 때 이순신 장군 영령에 전승을 빌었다고 한다. 일본 연합함대사령관 도고 헤이하치로 대장은 러시아 발틱 함대를 요격하기 위해 함대를 진해만에 정박시켜 기다리고 있었다. 미즈노 정장은 러일전쟁이 끝난 후 1911년《차일전(이 한 번의 해전)》, 그리고 1913년《전영(전쟁의 그림자)》을 '어느 해군 중령'이라는 필명으로 발간했다. 미즈노의 수뢰정에 승무한 바 있던 가와다 이사오는 러일전쟁 후 해군 전략가로 활동했는데, 그가 1911년에 쓴《포탄 속을 뚫고》라는 책에 있는 한 구절을 보자.

> 진정 우리는 이순신의 영령에 우리의 생명과 재산을 보호해 달라고 빌었다. 도고가 혁혁한 전공을 세운 것은 사실이지만, 이순신 장군과 비교하면 그 발가락 한 개에도 못 따라간다. 이순신에게 넬슨 같은 거국적인 지원과 그만큼의 풍부한 무기와 함선을 주었다면, 우리 일본은 하루아침에 점령당하고 말았을 것이다. 대단히 실례인 줄 알지만, 한국인은 이순신 장군을 성웅이라고 떠받들기만 할 뿐 그분이 진정으로 얼마나 위대한 분인지 우리 일본인보다 모르고 있는 것 같다.

시바 료타로

일본에서 국민작가로 명성이 높은 시바 료타로가 1972년 저술한《언덕 위의 구름(坂の上の雲)》에서 이순신에 대해 다음과 같이 썼다.

이순신은 도요토미 히데요시의 군대가 조선을 침략했을 적에 일본 수군을 해전에서 몽땅 무찔렀다는 조선의 이름난 명장이다. 이순신은 당시의 조선 문무 관리들 가운데서 유일하게 청렴한 인물로서, 군사 지휘 통제력이나 전술능력에서나 충성심과 용기에서도 그가 존재했다는 자체가 기적이고 이상적인 군인이었다. 바다의 명장으로 영국의 넬슨 이전에도 이름난 장수이기도 하거니와, 세계 역사상 이순신만 한 사람이 없으며, 이 인물의 존재는 조선에서 오랫동안 잊혔지만, 도리어 일본 사람 쪽에서 그에 대한 존경심이 계승되어 메이지유신 기간에 해군이 창설되자 그 업적과 전술이 연구되었다.

일본의 명성 높은 작가 시바 료타로와 전략가 가와다는 "임진왜란 당시 조선에 이순신이라는 명장이 없었더라면 일본군은 능히 조선을 점령하고 명나라까지 쳐들어가서 히데요시의 야망을 이루었을 것이다"라며 이순신이 조선을 멸망에서 구해냈다고 지적했다.

● 사토 데쓰타로

러일전쟁 시기의 일본 해군 중장 사토 데쓰타로(1866~1942)가 대령 때인 러일전쟁 발발 2년 전(1902)에 저술한 《제국 국방사론》에는 다음과 같은 구절이 있다. 이 저서는 사토 데쓰타로가 일본 해군대학 교재로 만들어 해군 대신에게 제출했다가 메이지 천황에게까지 보고된 저서다.

예부터 장군으로서 기정분합의 묘법을 다한 자는 한둘에 지나지 않는다. 해군 장군으로서 이를 살펴보면 먼저 동양에서는 한국의 장수 이순신, 서양에서는 영국의 장수 넬슨을 들지 않으면 안 된다. 이순신은 실로 개세(蓋世)의 해장(海將)이다. 불행히도 조선에서 태어났기 때문에 용명(勇名)도 지명(智名)도 서양에 전해지지 않지만, 불완전하긴 해도 임진왜란에 관한 문헌을 보면 실로 훌륭한 해군 장군이다.

서양에서 이에 필적할 자를 찾는다면 네덜란드의 장수 미힐 더 라위터르(Michiel de Ruyter, 1607~1678) 이상이라야 한다. 넬슨 같은 사람은 그 인격에 있어서 도저히 어깨를 견줄 수 없다. 이순신 장군은 장갑함을 창조한 사람이며, 300년 전에 이미 훌륭한 해군 전술로써 싸운 전쟁 지휘관이었다.

G. A. 발라드

영국의 해전사 전문가인 해군 중장 G. A. 발라드는 자신의 저서 "The influence of the sea on The Political History of Japan. Chapter 2, 'The Korean war of the 16th Century, 1921"에서 이순신을 다음과 같이 평가했다.

그의 이름은 서구 역사가들에게는 잘 알려지지 않았지만, 그의 공적으로 보아서 위대한 해상 지휘관 중에서도 능히 맨 앞줄을 차지할 만한 이순신 제독을 낳은 것은 신의 섭리였다. 이순신 제독은 광범위하고 정확한 전략 판단과 해군 전술가로서의 특출한 기술을 갖고 있었으며, 탁월한 지휘통솔력과 전쟁의 기본정신인 그칠 줄 모르는 공격정신을 아울러 가지고 있었다.

그는 지휘한 모든 전투에서 언제나 끝까지 승리를 추구했으며, 그런 반면에 그 용감한 공격이 결코 맹목적인 모험은 아니었다는 점은 넬슨 제독이 기회가 있는 대로 적을 공격하는 데 조금도 주저하지 않다가도 성공을 보장하기 위해서는 세심한 주의를 게을리하지 않았다는 점에서 유사하다. 이순신 제독이 넬슨 제독보다 나은 점을 가졌으니, 그것은 기계 발명에 대한 비상한 재능을 갖고 있었다는 점이다.

그는 이어서 한산대첩에 대해 다음과 같이 평했다.

이 해전으로 일본이 중국을 침략하려던 야욕은 급속히 끝을 맺었다. 이것은 위대한 조선의 제독이 세운 빛나는 전공 때문이었다. 불과 6주라는 짧은 기간에 그는 전 세계 해전 사상 일찍이 그 전례를 찾아볼 수 없는 연전연승의 전공을 세웠다. 그는 적의 전투함대를 파멸시키고, 적의 병참선을 차단하고, 적의 수송선단을 소탕하여 육전에서 승리하고 있는 적 육군의 태세를 위태롭게 만들었으며, 적의 야심에 찬 계획을 완전히 궤멸시켰다. 넬슨, 블레이크 또는 장 보르라 할지라도 외국의 잔혹한 압제를 받은 아주 작은 나라에서 태어난 외국에 잘 알려지지 않은 이 지휘관보다 더 많은 일을 할 수는 없었다. 이순신의 명성이 그의 조국 외에는 잘 알려지지 않은 것은 유감스러운 일이다.

● 도고 헤이하치로

러일전쟁 시기의 일본 연합함대 사령장관 도고 헤이하치로 해군대장은 1905년 5월 27일 러시아 로지에스트윈스키 해군 중장이 지휘하는 러시아 발틱 함대 38척을 대한해협에서 접촉하여 동해에서 21척을 격침하고 7척을 나포하는 섬멸적인 타격을 가해 완승했다. 이 해전으로 러일전쟁은 일본의 승리로 끝났다. 일본 사람들이 영웅으로 떠받드는 도고 대장은 이순신을 어떻게 평가했을까? 도고는 이 해전의 승리를 축하하는 연회에서 하객으로부터 "넬슨에 필적할 군신(軍神)"이라는 축사를 받았는데, 이에 대해 그는 다음과 같이 말했다.

> "넬슨이라는 사람은 그 정도의 인물은 아니다. 군신이라는 이름으로 불릴 참된 제독이 있다면 그것은 이순신 한 사람뿐이다. 이순신에 비한다면 나 자신은 하사관에도 미치지 못한다."

또한 그는 그 자리에서 "조선의 이순신은 나의 스승이다"라고 피력하면서 충무공 이순신에 대한 존경심을 감추지 않았다고 한다.

● 도쿠토미 소호

일본 개세(慨世)의 한학자 도쿠토미 소호는 자신의 저서《근세 일본 국민사》에서 "이순신 장군은 죽어서도 영원히 살아있다"라고 기술했다. 일제강점기 일본 해군 진해사령부 장병들은 통영에 있는 이충무공 충렬사에 자주 참배했다고 한다.

3장

1592~1594년 해전
(1~7차 출전)

1. 이순신의 전쟁준비

이순신이 전라좌수사로 공식 임명받은 날짜는 1591년 2월 13일이었다. 임진왜란이 발발하기 약 1년 2개월 전이었다. 전라좌수사는 전라좌도 수군절도사를 간소하게 부르는 직책이다. 전라좌수사는 정3품 당상관으로서 5개 수군진(방답, 사도, 녹도, 발포, 여도)과 5개 관(순천, 보성, 낙안, 광양, 홍양)을 관할했다.

이순신은 전라좌수사 임무를 수행하면서 왜적의 침공을 예견하고 전비태세를 강화하며 전쟁준비를 했다. 전라 좌수영에서의 전쟁준비는 그의 일기에 꼼꼼히 기록되어 있다. 이순신이 언제부터 일기를 썼는지는 알 수 없지만, 현재까지 전해지는 일기는 임진년이던 1592년 1월 1일부터 쓴 내용이다. 임진년 1월 1일부터 일기를 쓴 이유 역시 알 수는 없지만, 현재의 대한민국 해군의 경우 3함대 사령관 격인 전라좌수사 시절부터 삼도수군통제사로서 치른 마지막 노량해전 전까지 일기를 쓴 것만은 분명하다. 이순신이 직접 쓴 일기 기록은 이순신의 생전 행적을 알 수 있는 가장 중요한 자료다. 전라좌수사로 부임한 이래 임진왜란이 일어나기 전까지 이순신이 어떻게 부대관리와 전쟁 준비를 했는지 그의 일기를 중심으로 살펴보도록 한다.

이순신은 임진년(1592) 여수의 전라좌수영에서 새해 첫날을 맞았다. 모친과 부인 등은 여전히 아산 집에 체류하고 있었기에 동생, 조카 및 아들 등과 진중에서 설을 보내게 되었다. 진중의 설이라서 평소처럼 보낼 수는 없는 노릇이었다. 정초부터 군대를 점검하고 전라좌수영 예하 관포에 공문을 보내는 등 부대관리에 집중했다. 돌기둥에 구멍을 뚫어 수영으로 실어오고, 해자를 살피며 틈나는 대로 군관들과 활쏘기를 하며 공문처리를 하는 등 진중 생활은 평상시와 다름이 없었다. 구멍 뚫은 돌기둥은 쇠사슬을 꿰어 사용했다. 1월 중에는 혹한기여서 해상훈련을 하는 대신 육상의 성과 선박 보수 및 외부 침입에 대비한 기지 방어에 필요한 군사업무를 처리했다.

임진왜란 발발 전 전라좌수영에서 이순신이 행한 군사업무 중 거북선을 만들고, 전선을 건조하고, 총통 시험 연습을 하는 외에도 전라좌수영 예하 5포를 직접 순회하며 전비태세를 확인한 일은 전투지휘관으로서 현장을 중시하고 현장을 확인함으로써 전투태세 함양을 위한 일련의 조치였다. 이순신의 예하 5포 수군진 순회 검열은 2월 19일부터 시작하여 10여 일간 진행되었다. 임진왜란 발발 전 2개월이 채 안 되는 시기에 취한 조치였다. 첫날은 여도진에 도착하여 전비태세를 점검했다. 여도 권관 황옥천이 안내를 나왔는데, 황옥천은 훗날 옥포해전 출전 직전에 도망갔다가 잡혀와 효시되었다. 여도진에서 각종 방비 태세와 전선 및 무기 등을 검열한 결과 비교적 잘 준비하고 있음을 확인했다. 공무를 마치고 현장 지휘관과 인근 지방 관리들과 함께 술을 마시며 격려했다.

22일 녹도진으로 가는 길에 흥양의 조선소에 들러 무기와 전선들을 검열했다. 이어서 녹도로 가서 새로 쌓은 문루 위로 올라가 주변을 살펴보고 만호의 준비태세를 칭찬했다. 수군의 대포사격 시범 훈련을 참관하기도 했고, 저녁에는 지휘관 및 참모들을 격려했다. 여러 군관들과 취하도록 마시며 그동안 노고에 대해 치하했다.

23일 늦게 출발하여 발포 가까이 이르자 역풍이 거세게 불어 배를 간신히 성 앞쪽에 대어 상륙했다. 상륙 후에는 장대비를 뚫고 말을 몰아 저녁 무렵 발포진에 도착했다. 배에서 내려 진으로 오는 길에 일행은 모두 꽃비에 젖었다. 이순신 일행은 봄비 속에서도 휘날리는 꽃잎을 보며 아름다운 남도의 정취를 한껏 느꼈다. 이순신은 이 평화로운 땅에 섬나라 왜구 후손들이 머지않아 침략하리라는 것도 잠시 잊고 봄 정취를 온몸으로 느끼며 훗날 왜적의 침략을 막기 위해 전방을 순찰했다.

다음 날인 24일에도 여전히 봄비가 내렸다. 비를 맞으며 마북산(고흥군 포두면) 아래 사량까지 말로 이동한 후 배편으로 사도진(점안면 금사리)에 도착했다. 진에 도착하여 전선과 무기를 검열했다. 지금까지 검열한 다른 수군진과는 다르게 사도진의 경우 전비태세 검열 결과가 좋지 못 했다. 이순신은 군관은 물론 색리들을 벌주고, 첨사에게도 책임을 물었다.

이순신은 사도진의 검열 결과가 좋지 않음에도 순찰사가 이곳 진을 포상하는 장계를 올린 데 대해 매우 못마땅하게 생각했다. 사도진의 검열 결과가 안 좋은 탓에 이순신은 사도진의 지휘관이나 군관들과 술을 마시며 격려하지 않은 듯하다. 당근과 채찍 리더십의 일환으로 볼 수 있는 대목이다.

26일 아침 사도를 출발하여 개이도(추도, 싸리섬)에 도착하여 방답진(여수시 돌산읍 군내리)에서 마중 나온 배를 타고 돌산도의 방답진에 도착하여 검열했다. 검열 결과 전선과 무기는 양호한 편이었으나, 편전은 형편없었다.

27일 아침에 검열을 마치고 북봉으로 올라가 바다 지형을 살펴본 결과 방답진은 육지에서 멀리 떨어져 있고, 사방이 뚫려 있어 적의 공격에 취약함을 지적했다. 실제로 방답진은 전략적으로 경상도 해역에서 전라도 해역으로 침입하는 왜적을 조기에 발견할 수 있는 전략적 요충지였으나 육지에서 가장 멀리 떨어진 곳이었다. 특히 방답진에는 전라좌수영 본영과 더불어 거북선을 제작한 조선소가 있었다. 이순신은 예하 수군진 중에서도 방답진을 매우 중시했다.

검열 결과에 대해 방답진 지휘관 참모들과 군관들에게 보완 사항에 대해 당부하고, 경도(여천군 화양면)에 도착해 본영에서 미리 와 있는 일행과 그동안의 5개 수군진 검열 결과 등에 대해 술잔을 기울이며 이야기하다가 본영으로 복귀했다.

임진왜란 발발 2개월여 전에 직접 전라좌도 예하 5개 수군진에 대한 이순신의 전쟁준비 태세 검열은 시기상으로 매우 적절했다. 당시 문란한 군역제도 및 무전유죄, 유전무죄 등 사회 전반에 걸친 불공정한 풍조가 팽배해 민심이 이반된 상황이었다. 이러한 사회 분위기는 변방의 병영이나 수군진의 군관과 군사들의 군기를 흐트러뜨리고 사기를 떨어뜨렸다. 이순신은 이러한 수군진의 분위기를 알기에 평소에도 수시로 공문을 보내고 현장 지휘관을 본영으로 불러 당부도 하고 때로는 문책하기도 했다. 그러나 현장 확인만큼 확실한 것은 없기에 이순신은 전란을 예견하고 수군진들을 직접 순회하여 전쟁준비를 확인한 다음 미흡한 점을 보완하고 필요에 따라서는 칭찬과 벌을 주며 지휘관으로서의 빛나는 리더십을 발휘했다. 〔그림 1〕은 임진왜란 전 이순신의 전라좌도 수군진 전비태세 검열 순회도다.

이순신의 전쟁준비는 수군진 현장 검열 외에 본영에 대해서도 예외는 없었다. 3월 초부터 별방군과 정규군을 점검하고 전라좌도 본영의 성을 더 높이 쌓고 해자 구덩이를 더 깊게 파도록 했다. 기 확보된 승군(승려들로 구성된 군사)에게 임무를 부여하고 실적이 미진한 데 대해 승군 리더를 벌하기도 했다. 본영은 전시에 상륙하는 적 수군 또는 적 육군에 의한 공격에 대비하여 방비를 잘 갖추어야 했다. 또 본영에서

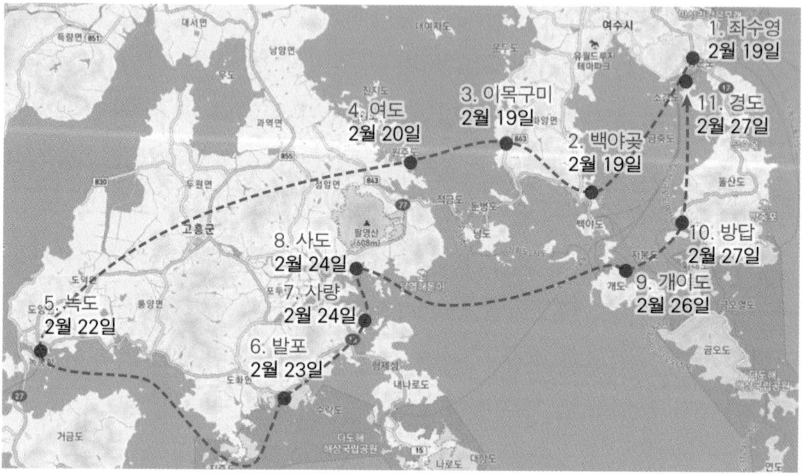

[그림 1] 이순신의 전라좌도 수군진 전비태세 검열 순회도

직접 관리하는 전선과 무기 검열 결과 활, 갑옷, 투구, 전통, 환도 등이 깨어지고 허는 등 관리 상태가 나빠 책임자들을 처벌했다. 3월 하순에는 새로 쌓은 성을 순시하고 성 밖에 구덩이를 깊게 파는 등 본영 방어 태세를 더욱 강화했다. 특이할만한 것은 전에 만들어놓은 돌기둥 구멍에 쇠사슬을 걸고 본영에 들어오는 바다 입구를 가로질러 동여매는 것도 감독했다. 바다를 가로질러 쇠사슬을 동여매는 일은 직접 현장에서 종일토록 감독했다는 기록으로 보아 매우 중요한 방비책이었음을 짐작할 수 있다.

특히 3월 27일 거북선에서 함포 시연을 한 것은 본영과 방답진에서 건조한 거북선에 탑재한 첫 훈련이어서 의미가 크다. 아무리 좋은 함정을 건조했어도 함정에 탑재된 무기체계 성능이 떨어지면 군함에서는 의미가 없다. 당시 거북선에 탑재된 포는 판옥선에 탑재한 화포였다. 판옥선에 탑재하여 발사한 화포와 거북선에서 발사한 화포는 이동 공간 등 물리적 사격 환경이 다르기 때문에 거북선에 탑재하여 포의 성능 시험을 하는 것은 필수였을 것으로 추정된다.

제작한 거북선에 첫 화포 시험을 한 뒤 4월 11일 처음으로 거북선에 돛을 달고 다음 날 12일에는 항해 중 지자포와 현자포 발사 훈련을 했다. 현대 해군에서도 군함을 건조하고 모든 장비와 무기체계를 탑재한 후 실전 배치 전에 항해 기동과 사격 등을 하면서 실전 배치 적응을 한다.

거북선 사격훈련이 있던 날 왜적은 이미 대마도에서 조선 침공 준비를 마치고 다음 날 대마도를 출발하여 부산으로 향했다. 왜적이 조선의 바다를 불법 침입한 시기에 임진왜란 해전에서 왜 수군을 대파하며 혁혁한 공을 세운 거북선 실전 배치 훈련은 우연이 아니었다. 왜적이 침략할 것이라는 전라좌수사 이순신의 예지력과 통찰력이 있었기에 가능했다.

4월 15일 전라좌수사 이순신은 경상우수사 원균과 경상좌수사 박홍으로부터 왜적이 쳐들어왔다는 공문을 받았다. 이순신이 예견한 대로 왜적이 대군을 이끌고 조선을 침략해온 것이다.

앞서도 간략히 언급했지만, 이순신의 전란 예견 능력과 전쟁준비에 대한 리더십은 매우 뛰어났다. 이순신은 임진왜란 발발 전 전라좌도 현지 검열 외에 정유재란 전 삼도수군통제사 시절에도 4개월 전에 무려 40여 일간 전라도 내륙 지방과 서해안 수군진을 직접 순회하며 검열하는 등 적의 침입에 대비했다. 이순신의 유비무환 리더십을 짐작할 수 있는 대목이다. 또 본인이 체류하는 수군진에서의 각종 군사시설 신축, 보수, 전선 건조 및 군사훈련 등에 대한 현장 감독을 중시했고, 이러한 사항 등에 대해서는 일기에 체계적으로 기록했다. 훗날 1597년 겨울에는 안좌도 수군기지에서 고하도에 상륙한 후에도 기지 시설을 구축하기 위해 첫날부터 부두시설, 사령부 건물 등을 짓는 일을 진두지휘하고, 전선 건조 등 주요 군사업무에 대해 빠짐없이 지휘 감독했다. 현장 지휘 리더십을 중시하는 이순신의 모습을 엿볼 수 있다.

2. 1차 출전(옥포해전·합포해전·적진포해전)

● 왜군의 부산 상륙과 한성 입성

이순신이 1591년 2월 13일 전라좌도 수군절도사로 임명된 지 14개월째 되는 1592년 4월 12일과 거북선 사격시험 다음 날인 1592년 4월 13일, 왜군은 침략군 총병력 20여만 명 중 히데요시의 사위 우키다 히데이에의 통괄하에 선봉대 제1진 1만 8,700여 명이 고니시 유키나가의 지휘로 부산을 침공해오고, 이어서 700여 척의 선박에 분승한 후속부대가 잇따라 부산에 도착했다.

4월 13일 부산 앞바다에 침공한 일본군은 해상에서 밤을 지내고, 고니시 부대는 14일 아침 부산에 상륙하여 부산진성을, 다음 날 15일에는 동래성을 점령했다.

바다 건너 침공해오는 적을 가장 먼저 막아 무찔러야 할 경상좌수사 박홍은 자기 관할 해역으로 침공해 들어오는 적을 보고 크게 놀라 휘하 전선 100여 척을 고의로 바다에 가라앉히고 언양을 경유하여 경주로 도망쳤다.

유성룡의 《징비록》과 중국의 사학자 위욱승의 〈항왜연의(임진록) 연구〉를 보면, 경상우수사 원균은 왜군이 거제도로 온다는 소식만 듣고 부하 장교에게 우수영을 지키라고 지시한 후 전선 100여 척과 화포·병기를 모조리 바닷속에 침몰시키고 군사 1만여 명을 해산해버렸다. 그리고 자신은 부하 옥포 만호 이운용, 영등포 만호 우치적, 율포 만호 이영남 등을 대동하여 전선 4척으로 200리나 떨어져 있는 사천군 곤양으로 달아나다가 멀리 떠있는 우리 어선을 보고 적인 줄 알고 놀라 하동 노량으로 도망쳤다.

《선조수정실록》에 따르면 이영남과 이운용이 원균에게 "수사로서 어찌 이 같은 행동을 할 수 있소? 전라수사(이순신)에게 구원을 요청해서 한 번 싸워본 후에 이기지 못하면 그때 도망쳐도 늦지 않을 것 아니오?"라고 항의했다 한다.

고니시 부대가 양산을 경유하여 밀양으로 진격할 무렵인 4월 18일, 가토 부대 2만 2,800여 명은 부산에, 구로다 부대 1만 1천여 명은 김해 남쪽 죽도에 상륙했다. 그리고 고니시 부대는 중로, 가토 부대는 동로, 구로다 부대는 서로로 전개하여 병진하며 한성으로 진격했다. 한강을 지키고 있던 도원수 김명원이 임진강 쪽으로 달아나 수도 방어선이 무너졌다.

부산에 상륙한 지 20일 만인 5월 3일, 고니시 부대는 동대문으로, 가토 부대는 남대문으로 입성했다. 이어서 구로다 부대와 모리 부대도 한성에 무혈 입성했다. 〔그림 2〕는 왜군의 부산 상륙, 한성 입성 경로 및 국왕 피난 경로다.

왜군은 부산진성과 동래성을 함락한 후 상주, 충주에서 조선군을 격파하고 5월 3일 한성 입성 후 6월 13일 평양까지 진격했다.

왜군의 침공에 대해 아무런 대비도 하지 않고 방비와 축성도 하지 못하게 한 선조는 4월 30일 수도 한성을 버리고 5월 7일 평양으로 도망했다.

한성을 점령한 일본군 고니시 부대는 5월 27일 임진강을 건너 평양 쪽으로 북진하고, 가토 부대는 함경도로, 구로다 부대는 황해도를 향해 진격했다.

일본 침공군의 선봉장 고니시 유키나가는 사카이 상인 출신으로 명나라와 무역하던 부친 류사와 함께 세토나이카이에서 군수물자를 수송하는 해상지휘관 임무를 수행했다. 그는 독실한 천주교 신자였으며, 1588년에는 히고노쿠니 우토성의 영주가 되었다.

유키나가는 군사, 해사 및 무역에 대한 조예가 깊었고, 히데요시의 재무도 담당한 바 있다.

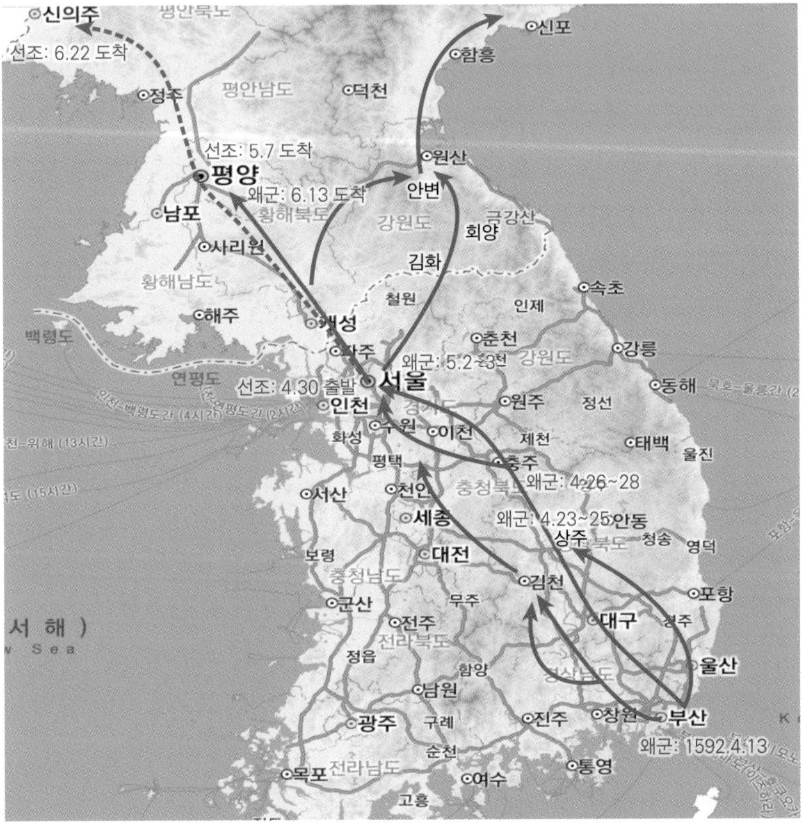

[그림 2] 왜군의 조선 침공로

● 경과

이순신은 4월 15일 해질 무렵에서야 원균으로부터 "왜선 90여 척이 부산 절영도로 쳐들어왔다"라는 통첩을 받았다. 이와 동시에 박홍으로부터 "왜선 350여 척이 부산포로 침공해왔다"라는 공문을 받았다. 당시 주요 지휘관이 임금에게 올리는 보고(장계)는 인접 부대 지휘관에게 그 사본을 보내게 되어 있었다.

이러한 소식을 전달 받은 이순신은 인접 부대 지휘관들에게 왜군 침입 전황을 통보하는 한편, 경상도 장수들에게 적정을 알려 달라고 요청했다. 이순신은 곧 예하 장수들과 참모들을 불러 출전 준비 지시를 내렸다. 그리고 조정에 자기 관할 해역이 아닌 이웃의 경상도 해역 출전을 요청했다.

조선 수군의 1차 출전 이전의 상황은 다음과 같다.

선조는 4월 27일, 이순신에게 경상도 해역 출전을 허용했다. 이순신은 이 지시를 받고, "육지 안으로 향한 적들이 곧 한성을 침범한다 하므로 신과 여러 장수들은 분발하지 않는 이가 없습니다. 칼날을 무릅쓰고 사생을 결단하듯 적이 돌아갈 길을 차단하고 적선을 쳐부순다면 그들은 후방이 염려스러워 곧바로 북진을 멈추고 후퇴할 수도 있을 것입니다. 그러므로 오늘 5월 4일 첫닭이 울 때 출진하여 바로 경상도로 향합니다"라고 조정에 장계를 올렸다.

5월 4일 왜군이 수도 한성을 점령한 다음 날 새벽 첫닭이 울자 이순신은 전선 24척, 협선 15척, 포작선(어선) 46척, 계 85척을 이끌고 적 수군 집결지를 탐색하면서 남해안 동쪽을 향해 출전했다. [그림 3]은 1차 출전로 및 회항로다.

5월 6일 한산도에 이르렀을 때 경상우수사 원균이 전선 한 척을 타고 나타났다. 이어서 경상우수군 전선 3척과 협선 2척이 합세했다. 이날 거제도 송미포에 정박했다.

5월 7일 아침, 송미포를 떠나 적 수군이 머물고 있다는 가덕도 해역으로 항진 중 낮 12시경 이순신이 파송한 척후선으로부터 "옥포만에서 적 수군 함선 30여 척 발견"이라는 보고를 받았다.

이순신은 눈앞에 다가오는 전투가 일본 수군과의 최초의 전투로, 조선 수군의 운명과 이 전쟁의 승패를 좌우하는 중차대한 의의를 지닌 싸움으로 자신의 책무를 무겁게 새기며 함대를 옥포 앞바다로 이끌었다. 적 함대의 전술과 진형, 적장의 모습, 의지도 머리에 그려보며 대응 전법을 구상했다. 생전 처음 전쟁에 임하는 군사들의 얼굴은 두

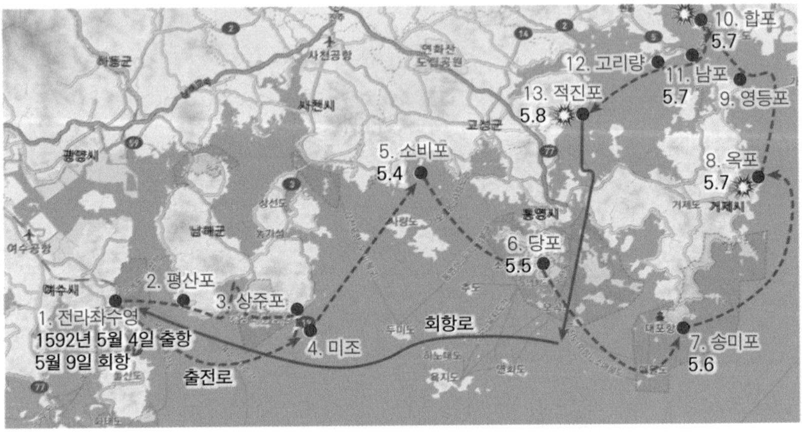

[그림 3] 1차 출전로 및 회항로

려움의 빛이 역력했다.

이순신은 이러한 군사들의 마음을 안정시키고 전의를 높여 사기를 북돋기 위해 전 장병에게 "명령 없이 함부로 움직이지 말고 신중하기로 산과 같이 하라"라고 명령했다.

이순신 함대는 거제도 남서쪽 해안을 거쳐 장승포 끝을 돌아 침로를 남서쪽으로 잡고 항해하면서 함대 진형을 전투 진형으로 전환했다. 이때 척후선으로부터 "적 전선은 모두 옥포만 해안에 정박 중임"이라는 보고가 잇따라 들어왔다. 옥포만은 짙은 안개가 끼어 있어 왜 수군 함대는 이순신 함대가 오는 것을 예측하지도 못하고, 보지도 못하다가 조선 함대가 옥포만 입구에 다다르자 그때서야 만 입구를 경계하던 왜 수군 전선 6척이 긴급사태를 알리는 불화살을 공중에 쏘며 연안으로 달아났다. 적은 수군 장수 도도 다카토라가 지휘하는 함대였다.

이순신 함대는 각종 대포와 불화살을 쏘며 공격하여 순식간에 적 전선 26척을 격파시켰다. 이순신은 이때의 전투 상황을 '옥포에서 왜적을 쳐부순 일을 임금께 보고하는 장계'에서 다음과 같이 보고했다.

소속 여러 장수들은 한마음으로 분발하여 모두 사력을 다했고, 배 안의 무인이 아닌 관리들도 뜻을 갈이하여 죽기를 기약하고 싸웠습니다. 적을 동서로 포위하여 공격하니 포와 화살의 소리는 풍뢰와도 같았고, 적도 발포하며 배 안의 물건들을 물에 던지느라 정신을 못 차렸습니다. 우리의 화살에 맞아 고꾸라지는 자와 물에 빠지는 자가 부지기수였고, 적을 일시에 궤멸시켰습니다.

옥포해전 교전 상황 재조명: 학익진과 유사한 진형으로 승리

옥포해전에 대한 장계 내용 중 "적을 동서로 포위하여 공격하니 포와 화살의 소리는 풍뢰와도 같았고, 적도 발포하며 배 안의 물건들을 물에 던지느라 정신을 못 차렸습니다"라는 기록에 주목해야 한다. 지금까지 국내에서 출판된 옥포해전의 상황도를 주의 깊게 살펴보면 위에서 언급된 내용을 고려하지 못한 부분이 있다. 교전이 치러진 장소는 현재의 옥포조선소가 있는 옥포만 포구임은 분명하다. 동서로 포위하고 공격하여 적을 물리쳤다는 내용을 옥포만 포구의 지리적 공간과 조선 수군의 공격 방향 및 왜 수군의 응전과 도주로를 종합적으로 고려하여 이순신의 기록과 어울리는 교전 상황도를 작성했다.

〔그림 4〕는 옥포만 포구의 공간, 조선 수군의 항내 진입 방향, 왜 수군의 응전 및 도주 방향 등을 고려하여 '동서 포위 공격' 교전 상황을 재조명한 옥포해전의 교전 상황도다.

앞의 교전 상황도에서 볼 수 있듯이 옥포해전은 옥포항 내에서 치러진 학익진과 유사한 진형으로 공격했음을 알 수 있다. 이순신은 세력이 대등하거나 우세하고 교전 공간이 상대적으로 넓을 경우 대부분 학익진이나 이와 유사한 포위 공격을 선호했다. 〔그림 5〕는 한산대첩이 치러진 한산해역과 옥포해전이 치러진 옥포항의 공간을 비교한 그림이다. 옥포해전 종료 후 이순신이 보고한 장계 내용뿐 아니라 교전 공간을 고려해볼 때 이순신의 첫 해전인 옥포해전도 학익진에 근거한

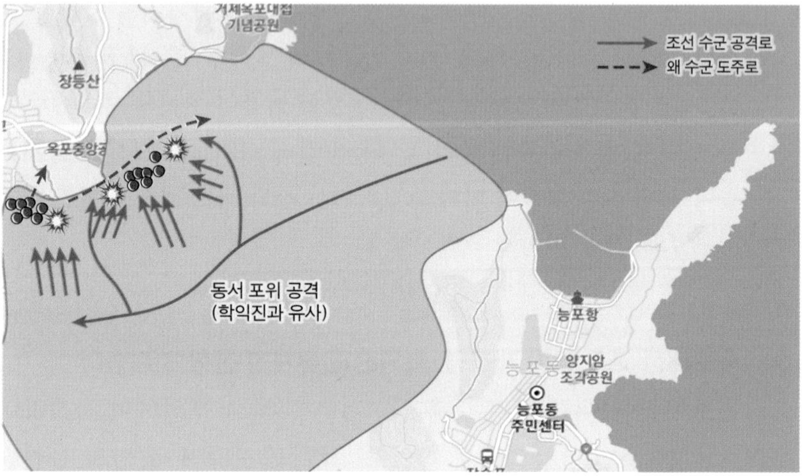

[그림 4]《난중일기》 기록으로 본 옥포해전 상황도

[그림 5] 한산해역과 옥포항 공간 비교

진형으로 승리를 거둔 것으로 추정된다.

두려움으로 첫 전투에 임한 군사들은 적 함대와 치열한 전투 끝에 승리하자 사기가 충전하고 자신감에 차 있었다. 이순신은 옥포만에서 적을 무찌르고 다시 북쪽으로 이동하여 거제 북단 영등포 앞바다에 이르러 척후선을 배치하고 군사들을 쉬게 했다. 오후 4시경 척후선으로부터 "적 대선 5척이 가덕도를 지나 합포로 북상 중임"이라는 보고를 받고 이순신은 함대를 출동시켜 적을 추격했다. 적 선단은 이순신 함대와 싸우면서 계속 북상하여 합포에 이르러 배를 버리고 육지로 도망쳤다. 이순신 함대는 적선 5척을 모두 격파하고 남포로 이동하여 정박했다.

5월 8일 아침 이순신 함대는 출동하여 적을 수색하면서 고성 땅 적진포로 항진 중 척후선으로부터 "적진포에 적선 13척 발견"이라는 보고를 접하고 선봉함대를 진격시켰다. 적 함대는 포구에 한 줄로 정박하고, 적 군사들은 육지에 올라가서 군량미, 소, 말 등을 약탈하고 있었다. 이순신 함대는 적선 11척을 포격하여 격파했다.

이순신은 함대를 고성 땅 월명포로 이동시키고 군사들을 쉬게 했다. 이때 전라도 도사 최철견이 와서 5월 2일 한성이 적군에 의해 함락되고 선조는 4월 30일 한성을 버리고 평양으로 몽진(피난)했다는 소식을 전했다.

5월 9일 이순신은 함대를 이끌고 이날 정오경에 전라좌수영으로 귀환했다. 첫 출격인 옥포, 합포, 적진포해전에서 전선 30여 척을 가지고 왜 적선 42척을 격파하는 큰 전과를 올렸다.

1차 해전의 교훈과 의의

이순신은 제1차 출동의 전투 종료 후 다음과 같은 요점을 인식했다.

첫째, 적 수군이 기도하는 바는 해안 지방을 습격하여 병참 물자, 특히 식량(쌀, 소, 말, 닭, 돼지 등)을 약탈하여 자기 부대와 타 부대에 공급하기 위한 전투를 전개하며, 계속적으로 해안을 침범하여 병참 물자를 약탈, 해로를 통해 지상군에 공급할 수 있다.

둘째, 병참 물자 지원을 위해 남해 항로를 거쳐 서해로 진출할 것이다. 따라서 우리 수군은 남해를 지키고 적의 서해 진공을 결사적으로 차단해야 한다.

셋째, 적의 주 무기는 조총이며, 적 전선은 조선의 판옥선에 비해 견고성이 떨어지고, 적 전선의 전술 회전 반경이 크고 느리다. 또 선체 밑이 V자형으로 되어 있어 회전 시 물의 저항을 많이 받는다. 이에 비해 아군 판옥선은 선저가 U자형으로, 물의 저항을 적게 받아 회전 속도가 빠르고 전술 회전 반경도 적보다 짧다.

넷째, 적의 조총 사거리는 약 200m이고, 유효 사거리는 50m 정도다. 아군의 각종 총통 사거리는 200m에서 1,500m다. 따라서 교전 시 적 함대와 1천 m 정도의 거리를 두고 장거리포인 천자, 지자, 현자 등 대형 총통으로 적 전선을 파괴하면서 접근하여 근거리에서는 소형 총통으로 공격함이 효과적이다.

다섯째, 아군은 인접군과의 협동작전에 있어 군령 계통이 혼잡하므로 단일 군령 체제 확립이 절실하다.

여섯째, 적이 현측으로 올라와 육박전을 하지 못하도록 작전을 구사해야 한다는 등 여러 가지 전략 및 전술적 교훈을 얻었다.

아군 피해는 사부 이선지 한 사람만 왼편 팔에 적의 화살을 맞은 것뿐이다. 노획품으로는 군량미 300섬과 조총, 대포, 활, 칼, 소, 말, 의류 등 다섯 곳간에 쌓고도 남았다.

이순신은 여수 본영에 도착한 다음 날, 즉 5월 10일 선조에게 옥포해전 승전 보고인 장계를 올렸다. 이때 선조는 5월 7일 평양에 도착했으므로 이순신의 장계는 평양에서 받아 보았다.

이순신은 옥포해전의 결과를 보고하는 장계 내용에서 국토가 순식간에 왜적의 소굴로 변한 이유는 조정이 육지 방어에만 집중함으로써 왜적이 순식간에 조선의 국토를 유린할 수 있었다고 했다. 즉 수군 전력 강화가 필요하다는 전략적 사고를 우회적으로 나타내기도 했고, 그럼에도 적과 맞서 죽을 각오로 싸우겠다는 구국의 심정을 표현하기도 했다.

3. 2차 출전(사천해전·당포해전·당항포해전·율포해전)

● 경과

1차 출동의 전투 분석을 한 후 부대 지휘관들은 각자 자기 부대로 돌아가 전투 분석 결과를 참고하여 차기 전투에 대한 전술 연마와 무기 정비를 했다. 전라좌수영 이순신 예하 부대가 군사훈련에 여념이 없을 때, 경상우수사 원균이 자기 관할 해역인 거제도 서쪽 해안에 적 수군이 침범하여 민가를 약탈하고 있다고 수차에 걸쳐 이순신에게 알려왔다. 이순신은 적이 군량미를 약탈하고 군수물자와 병력을 탑재하여 남해안을 경유, 서해로 북상하여 적의 육상군에게 보급하려고 하는 적의 기도를 알고 있었으며, 적 수군을 섬멸하여 적의 해상 병참선을 차단해야 이 전쟁을 종결시킬 수 있다는 확신을 갖고 있었다. 이러한 전략 구상을 실현시키기 위해 전라우수사 이억기에게 6월 3일까지 함대를 이끌고 여수에 이르도록 통지하고 그의 회신을 받았다.

그러던 차에 5월 27일 원균으로부터 "적 전선 10여 척이 사천, 곤양으로 쳐들어와 연안 여러 마을을 분탕질하고 있다"라는 연락이 왔다. 이순신은 이억기 수사에게 "사천 해역으로 급히 출동하니 거기서 만나자"라고 통지하고 출전 준비를 했다. 〔그림 6〕은 2차 출전 이전 조선 수군과 왜 수군의 제해권역과 작전개념 상황도다.

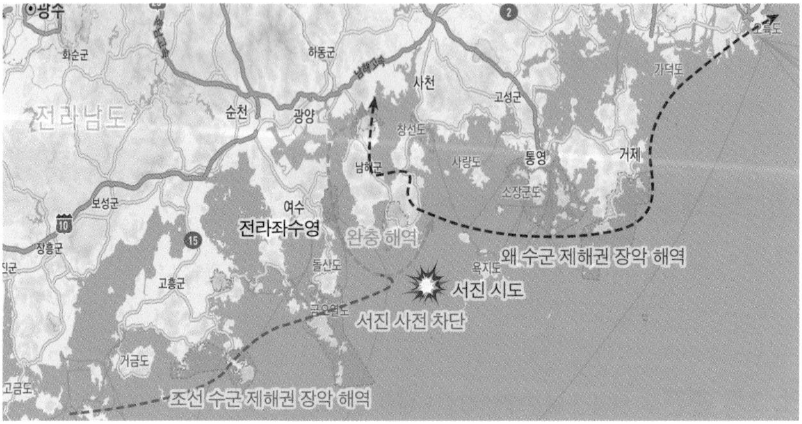

[그림 6] 2차 출전 이전 조선 수군과 왜 수군의 제해권역

● 사천해전: 거북선 첫 출격

5월 29일 새벽, 이순신은 1차 출동 때보다 한 척 적은 전선 23척을 지휘하여 사천으로 향했다. 출동할 때 전선 한 척은 여수 본영을 지키기 위해 조방장 정걸에게 내주었다. 2차 해전에는 선봉대 역할을 하며 적진에 돌격하여 적의 진형을 교란시키는 전술을 구사하기 위해 그동안 준비한 비장의 무기인 거북선을 출동시켰다.

이순신 함대가 노량 어귀에 이르자, 하동에 피해 있던 원균이 전선 3척을 이끌고 왔다. 그는 적 함대가 사천에 집결하고 있다고 말했다.

이순신 함대는 노량을 지나 침로를 북쪽으로 돌려 사천으로 향했다. 이때 적 척후선 한 척이 곤양으로부터 사천을 향해 항해하고 있었다. 함대 선봉장 이순신(충무공 이순신 휘하의 장수 무의공 이순신)이 달려가 격침시켰다. 함대가 사천 포구 앞바다에 이르러 적진을 관측하니, 포구 바로 뒤는 산 능선이 3천 m 정도 뻗어 있는데, 능선 위로 수많은 적군이 각종 깃발을 세워 진을 치고, 그 아래 포구에는 왜 수군 전선 12척이 한 줄로 정박하고 있었다. 썰물 때라 수심이 얕아 전선을 적 함대 가까이 접근시킬 수 없었다.

이순신은 적 함대를 외해 넓은 곳으로 끌어내어 싸워야겠기에 선수를 돌려 느릿느릿 퇴각하는 체했다. 이를 본 적은 이순신 함대가 겁을 먹고 도망가는 줄 알고 육지에 올라가 있던 수군 200여 명이 배를 타고 조총과 활을 쏘며 공격해왔다. 산 위에 있던 왜군도 구릉 언덕으로 내려와 포와 조총을 쏘아댔다.

사천 수로 입구까지 후퇴하는 동안 조류가 바뀌어 조수가 들어오기 시작해 수심이 점점 깊어져 함대의 진형을 갖추고 전투할 수 있게 되었다.

이순신은 전 함대에 180° 회전 명령을 내렸고, 거북선을 선두로 전 함대는 전속력으로 적 함대를 향해 각종 포를 일제히 쏘며 공격해 들어갔다.

적은 놀란 나머지 허둥지둥 진형도 갖추지 못하고 사천만 안으로 쫓겨 들어갔다. 적은 함선, 육상 구릉, 산 위에서 이순신 함대에 일

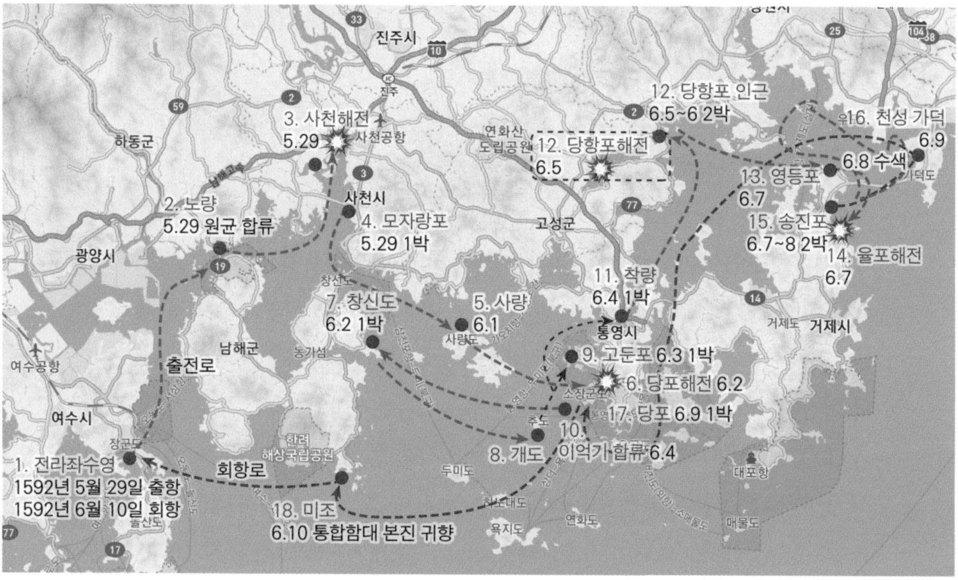

[그림 7] 2차 출전로 및 회항로

제히 포격을 가해왔다. 피아간 치열한 포격전이 벌어졌다. 이 전투에서 적 수백 명을 사살하고 적 전선 13척을 모조리 불태우거나 격침하는 전과를 거두었으나, 이순신도 왼쪽 어깨에 적의 총탄을 맞았고, 나대용과 이설도 적의 화살을 맞았다. 격전을 끝내고 이순신 함대는 모자랑포로 이동하여 정박했다. 〔그림 7〕은 2차 출전로 및 회항로다.

● 당포해전

6월 1일 이순신은 고성 땅 사량도 윗섬과 아랫섬 사이로 함대를 이동하여 군사들을 쉬게 하고 총포를 정비했다.

6월 2일 아침 8시경, 척후선으로부터 "적 전선 당포항에 정박 중"이라는 보고를 받고 즉시 당포로 향했다. 10시경 함대가 당포 앞바다에 이르러 보니 적 전선 9척과 중·소선 12척이 있었다. 육상에 있던 적군은 조총으로 사격해왔다. 적의 대선 중 한 척에는 지휘관이 누각에 앉아 지휘하고 있었다.

이순신은 거북선 돌격장에게 돌진 명령을 내렸다. 돌격장은 적 기함으로 돌격하여 장거리포를 쏘았다. 적함과의 거리 600m쯤에 이르러 지자총통에 장군전과 철환을, 현자총통에 차대전과 조란탄을 쏘며 적 함대의 기함 아래를 들이치니, 층루가 날아가고 선체가 크게 부서졌다.

이순신은 총공격 명령을 내렸다. 적장은 이마에 피를 흘리면서도 태연하게 함대를 지휘하고 있었다. 이때 중위장 권준이 적 기함으로 돌진하면서 활로 적장을 쏘아 거꾸러뜨렸고, 군관 진무성이 뛰어 들어가 적장의 목을 쳤다. 지휘관을 잃은 일본군은 사기가 떨어져 우왕좌왕하며 함대 진형이 흐트러져 연안으로 일제히 도망치기 시작했다. 적 군사들은 아군의 총포탄과 화살을 맞아 죽고 다친 자가 그 수를 헤아릴 수 없었다. 적 전선 21척을 모두 불태우거나 격침시켰다. 이순신 함대의 두 번째 출전인 당포해전은 아군의 완승으로 막을 내렸다.

이순신은 당포해전에 임하기 전 적의 후방 기습에 대비하여 외해에 탐망선을 배치했다. 적 함대를 섬멸하고 육상에 있는 적에 대해 일제히 포격을 가할 때 탐망선으로부터 "적의 대선 20여 척이 소선을 많이 거느리고 거제로부터 오고 있음"이라는 보고를 받았다.

이순신은 적 함대를 추격하려고 했으나, 적은 조선 함대를 보자 뱃머리를 돌려 부산 방향으로 도주했다. 해가 저물어 야간 전투를 피하기로 결심하고, 계속된 전투로 피로한 군사들을 휴식시키며 총포를 정비하기 위해 진주 땅 창신도에 닻을 내렸다.

6월 3일 새벽부터 당포 서방 추도 일대 해역을 수색했으나 적을 발견할 수 없었다. 이날 밤은 고성 땅 고둔포에 정박했다.

6월 4일 아침 닻을 올려 인근 해역을 수색하며 당포 해역에 이르니 해는 중천에 있었다. 서쪽 바다에서 수많은 전선이 오고 있었다. 전라우수사 이억기 함대가 모습을 나타냈다. 32세의 젊은 이억기 수사가 전선 25척을 거느리고 이순신 함대에 합류하니, 51척의 합동함대 세력이 구성되었다(이순신 23척, 이억기 25척, 원균 3척).

이날 합동함대는 통영 땅 착량으로 이동하여 정박했다. 이날 밤 이순신, 이억기, 원균 세 수사는 조선 수군의 전략과 전술에 대한 이야기로 밤을 새웠다. 이날 밤 회담의 초점은 누가 합동함대를 지휘할 것인지에 대해 논의했을 것이다.

원균은 함대 지휘권을 가질 욕심이 있었겠으나, 왜군이 침공해왔을 때 싸움 한번 하지 않고 자기 전선을 모조리 바다에 침몰시킨 자책감으로 염치가 없어 감히 자기주장을 내세울 수 없었을 것이다. 이억기는 숫자적으로는 이순신보다 전선이 많았지만, 자기보다 16세 위인 이순신의 인품을 마음속으로 존경해왔고 그의 전투 지휘 능력을 높게 평가하고 있었으므로 합동함대 지휘를 이순신이 하도록 적극적으로 주장했을 것이다.

6월 5일 아침 이순신은 적 함선을 수색하여 소탕하고자 거제 쪽으로 출동하려 했으나 안개가 짙게 끼어 대기하고 있던 중 거제도 사람 김모 등이 찾아와 "많은 왜군 전선이 당항포로 들어가서 정박 중입니다"라고 적정을 전해왔다.

당항포해전

이순신은 합동함대를 지휘하여 통영만 쪽으로 북상하여 당항포 앞 화도 부근에 이르러 당항포를 정찰했다. 당항포 입구는 400m 정도로 좁고 그 안은 길이가 약 15km, 폭은 1,000~2,000m 정도로 전선 가동이 가능하다고 판단했다. 이순신은 우리 전선 3척으로 정찰분대를 구성하여 포구 안으로 들여보내면서 "적정을 세밀히 살피고 적과 접촉해 퇴각하는 척하면서 적을 포구 밖으로 유인하라"라고 지시했다.

정찰분대가 만 안으로 진입한 지 1시간쯤 지났을 때 "판옥 전선급 적함 9척, 중선 4척, 소선 13척, 모두 26척이 줄지어 정박 중이며, 빨리 포구 안으로 들어와서 적을 격파하기 바람"이라는 보고가 들어왔다.

보고를 받은 이순신은 교전 중 포구 밖으로 도주하는 적을 요격할 전선 4척을 포구 입구 부근에 매복시키고 진형을 단종진으로 갖추어 포구 안으로 공격해 들어갔다.

멀리 정박 중인 적 함대 중 당포해전 때와 같은 3층 누각의 울긋불긋하게 단청한 적 기함이 첫눈에 들어왔다. 이순신은 거북선 돌격장에게 적 기함부터 격파하라고 명령했다. 이때 적 함대로부터 총포탄이 우박같이 쏟아졌다. 전투는 치열했다. 좁은 해역에서 피아 70여 척이 내뿜는 포화로 포성은 천지를 진동하고, 불꽃과 포연은 하늘에 가득 찼다.

이순신이 진형을 만 기슭으로 항진시키니, 만 중앙에 훤히 뚫린 통행길이 생겼다. 적 함대는 이 통행길로 진형을 짓고 밖으로 도망치

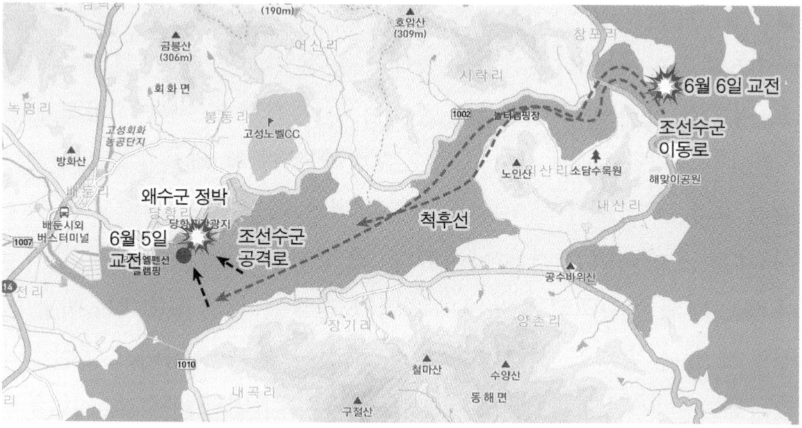

[그림 8] 당항포해전 상황도

며 총포를 쏘아댔다. 이순신 함대는 뱃머리를 돌려 적을 포위하고, 반대 현측 총통으로 적을 공격하여 적 전선 중 한 척만 남기고 26척을 격파했다.

당항포해전은 대승으로 끝났다. 현재 당항리 바닷가에 충무공 해전 유적지가 조성되어 있다. [그림 8]은 당항포해전 상황도다.

6월 6일 새벽 이순신은 방답첨사 이순신에게 "어제 해전에서 적 전선 한 척을 격침하지 아니하고 남겨둔 것은 필시 육지로 도망쳤던 잔적들이 그 배를 타고 나올 것으로 생각했기 때문이오. 즉시 출동하여 당항포 입구 길목을 지키다가 적 전선이 나오는 즉시 때려 부수시오"라고 명령했다. 그가 당항포 입구에서 숨어 기다리고 있자, 과연 적 전선 한 척이 100여 명의 군사를 싣고 외항으로 나오고 있었다. 이순신은 적을 급습하여 적선에 올라가 50여 명을 베었다. 남은 50명가량의 적은 물속에 빠져 죽었다. 목을 벤 50명 중 장수가 8명이었다. 그들은 어제 전투 중 육지로 피했던 지휘부 장수들이었다. 이날 비가 오고 날씨가 궂어 이순신 함대는 마루장에 정박했다.

● 율포해전

6월 7일 새벽 이순신 합동함대는 웅천 땅 시루섬 근해를 수색하고, 정오경 거제도 북단 영등포로 이동 중 척후선으로부터 “거제도 장목면 대금리 율포에서 부산 방향으로 항행 중인 적 대선 5척, 중선 2척 발견”이라는 첩보가 들어왔다. 합동함대는 이를 추격하여 모두 격침시켰다. 적 함대의 반격은 미미했다. 적의 함대 지휘관 구루시마 미치유키는 패배를 자책하며 육지로 올라가 자결했다. 합동함대는 이날 칠천량에 있는 송진포에 정박했다. 이 해전이 율포 승첩이다. 6월 8일 합동함대는 마산포, 안골포, 제포, 웅천 앞바다 일대를 수색하고 송진포로 돌아가 정박하고 다음 날 6월 9일에도 온종일 수색 작전을 하고 저녁에 당포에 정박했다.

● 2차 출전의 전과와 의의

6월 10일 합동함대는 5월 27일부터 보름 동안의 2차 출동 작전을 끝마치고 남해도 남단 미조항 앞바다에서 이억기·원균 함대를 본영으로 돌려보내고, 이순신은 전라좌도 수군을 이끌고 여수 본영으로 돌아왔다. 이순신은 5월 29일부터 6월 10일까지 2차 출동 해전에서 왜선 72척을 격파했는데, 이를 해전별로 보면 사천해전 13척, 당포해전 21척, 당항포해전 30척 및 율포해전 8척 등이다. 왜 수군의 사망자는 225명, 아군 피해는 전사 13명, 부상 37명이었으나 전선 피해는 없었다. 또한 2차 출전에서 이순신은 총상을 입었고 나대용도 부상을 입었다. 2차 해전의 의의로는 왜 수군의 서진 차단, 이억기 장군의 전라우수영 함대가 참전한 최초의 합동함대 승리 및 거북선 최초의 해전 참전과 성능 확인 등이다.

이순신은 왜적 침공 당시 경상 좌·우수영의 해군 사령관이 바다로 쳐들어오는 적과 한 번 싸워보지도 않고 함선과 무기를 몽땅 바다에 쳐넣어버리고 도망쳐 적의 상륙작전을 손쉽게 할 수 있도록 방치한

무책임하고 비열한 지휘관들의 행태에 분노하며, 육선에서 연패하여 침공 20일 만에 수도 한성을 내주고 임금이 평양으로 도망가야 하는 기막힌 나라의 어지러움에 가슴이 찢어지는 아픔으로 온몸을 떨었다.

거북선이 처음으로 출전하여 혁혁한 공을 세운 것은 임진왜란 해전의 상징은 물론 세계 해전사에서도 한 획을 긋는 사건이다. 이순신은 자신이 만든 거북선을 출동시켜 적 수군을 무찔러 싸운 해전에 대한 애타는 심정을 적었다. 다음은 이순신이 2차 해전 후 올린 장계 내용을 요약한 것으로, 전투에 임하는 이순신의 자세와 거북선의 위용을 잘 나타내주고 있다.

> 잘 훈련되고 정선된 군졸을 용감하고 지혜 있는 지휘관에게 맡겼더라면 전쟁이 이런 지경까지는 되지 않았을 것입니다. 수전으로 말할 것 같으면 군사들이 죄다 배 안에 있습니다. 그러니 적선을 바라보고 달아나고 싶어도 그렇게 할 수 없습니다. 하물며 노를 바삐 저어야 하고 북을 급하게 쳐야 하는데, 명령을 어기는 자가 있으면 군법이 바로 뒤에 있습니다. 그러니 어찌 마음과 힘을 다하지 않을 수 있겠습니까? 거북선이 먼저 돌진하고 판옥선이 뒤따라 진격하면서 지자총통, 현자총통을 쏘고 포환과 시석을 빗발치듯, 우박 퍼붓듯 하면 적의 사기를 쉽게 꺾어 물에 빠져 죽을 틈도 없게 됩니다. 이것이 수전의 쉬운 점입니다. 저는 일찍이 왜적의 침입이 있을 것을 염려하여 별도로 거북선을 만들었는데, 적선이 수백 척이라도 쉽게 돌진하여 포를 쏘게 되어 있으므로 이번 출전 때 돌격장이 거북선을 타고 지휘했습니다.

위 글에서 이순신은 개전 초 왜군이 부산으로 공격해왔을 때 수군에 의해 바다로 오는 적을 사력을 다해 막았다면 왜군의 상륙을 막을 수 있었고, 조선의 국토가 이 지경까지 이르지는 않았을 것이라고 아쉬움을 나타내고 있다.

또 이순신이 전략가로서 선견지명이 있었음은 물론 무기와 전술

개발, 창의적 부대 운용, 유비무환의 지휘관이었음을 엿보게 하는 글이다.

4. 3차 출전(한산도해전·안골포해전)

● 국내의 육전 상황과 경상 해역의 제해권 상황

조선군은 전국 도처에서 왜군에 의해 격파당하고, 선조는 6월 11일 평양성을 떠나 14일 영변에 도착했다. 왜군 고니시 부대는 대동강 남쪽 동대원에 집결하여 평양성 공략 준비에 들어가고, 가토 부대와 모리 부대는 동해안 안변·원산으로 진격 중이었다.

한편 전라·경상도군 4만 명과 충청순찰사군 1만 명 등 근왕병 5만 명은 6월 4일 온양을 출발하여 용인 문소산에 있는 왜군을 공격하다가 왜군 장수 와키자카 부대 1,500명과 싸워 대패했다. 5만 군대가 10여 명의 적 선발대를 보고 놀라 총 한 방 쏘지 못하고 한꺼번에 무너지는 참패를 당했다. 이런 상황에서 홍의장군 곽재우, 제봉 고경명 등이 무너져가는 나라를 구하고자 의병을 이끌고 전국 방방곡곡에서 일어섰다. 1592년 7월 8일(이날은 한산해전이 있었던 날이다) 고경명은 전라도에서 의병 6천여 명을 이끌고 금산 전투에 참전하여 장렬히 전사했고, 경상도 의병장 곽재우는 7월 25~29일 의령·현풍·양산 전투에서 왜군을 대파했다.

서산대사 휴정 스님이 묘향산에서 전국 사찰에 구국전선으로 나가자고 격문을 띄우니, 지리산에서 처영 스님, 금강산에서 유정·사명 스님 등 5천여 명의 스님이 목탁을 내려놓고 승복 위에 전복을 덧입고 칼과 창을 치켜들며 일제히 구국전선으로 달려갔다.

전라도에서는 권율 장군이 전주에 침공해오는 왜군을 물리쳤으며, 이 전투에 처영 스님이 이끄는 승군이 참여하여 혁혁한 전공을 세웠다.

7월 7일, 명나라 조승훈 장군이 3천 명을 이끌고 들어와 평양성을 공격하다가 일본 고니시 군에 의해 패퇴했다.

이순신이 2차 출전하여 사천·당포·당항포·율포해전에서 왜선을 격파하고 여수 본영으로 돌아온 일자는 1592년 6월 10일이었다. 그럼에도 경상우수영 관할 해역의 제해권은 여전히 왜 수군이 장악하고 있었다. 경상우수사 원균의 함대가 여전히 미약하여 거제도·남해·한산도 해역을 지키기 어려웠기 때문이다. 따라서 왜 수군은 이순신과 이억기 함대가 주도적으로 참전하여 자신들을 격파한 경상 해역을 수시로 들락거리며 서해 진출을 시도했을 뿐 아니라 해안가 조선 백성에게 분탕질을 했다.

더욱이 히데요시는 1·2차 해전에서도 일본 수군이 이순신에게 연전연패했다는 보고를 받고, 수륙병진 전략으로 육군에 대한 병참지원 계획이 무산되자 수군장 와키자카 야스하루, 구키 요시타카, 가토 요시아키에게 이순신 함대와 결전하도록 명령했다. 왜군의 전략은 서해 진출의 장애물인 전라좌수영 이순신 함대와 전라우수영 함대를 격파하는 것이었다. 따라서 정예 수군 장수들을 출전시켜 조선 수군을 격파하고자 했다. 즉, 1·2차 해전에서 보여준 왜 수군의 소극적인 전투양식과는 근본적으로 다른 함대 결전을 명령했다.

이 세 수군 장수는 히데요시의 국내 통일 전투인 1590년 오다하라 전쟁에서 적 호죠 우지마사 군을 해상 봉쇄하여 승리로 이끈 정예 수군장들이다. 히데요시는 개전 초 경상 좌·우도 조선 수군이 싸우지도 않고 전선을 모두 바닷속에 수장하고 도망치는 것을 보고 왜 수군을 육상 전투에 참전시켰는데, 이순신에 의해 왜 수군이 참패하자 조선 수군에 명장이 있음을 비로소 알게 되었다. 조선 수군의 실체를 파악한 히데요시는 1·2차 해전과 달리 육전에 가담시켰던 수군 장수들을 직접 해전에 참전시켰다. 구키 함대와 가토 함대보다 먼저 전투태세를 갖춘 와키자카 함대가 7월 6일 웅천을 떠나 출전했다.

● 한산도(견내량)해전

이순신은 제2차 출전(1592년 5월 29일부터 6월 10일까지)을 마치고 본영인 전라좌수영으로 돌아와 전선과 화포를 정비하는 등 재출격을 준비했다. 아울러 왜 수군의 동태를 예의 주시하고 있었는데, 경상도의 가덕도와 거제도에서 왜 수군의 활동이 활발하다는 첩보를 받았다.

7월 4일 이순신 함대는 전라우수사 이억기 함대와 여수에서 합류했다.

7월 6일에는 서진해오는 왜 수군을 차단하기 위해 제3차 출격에 나섰다. 남해의 노량에서는 경상우수사 원균 함대를 만나 합동함대를 구성했다. 함정 세력은 이순신 함대 24척(거북선 3척 포함), 이억기 함대 25척, 원균 함대 7척으로 총 56척이었다. 합동함대는 이날 밤 창신도 해역에 정박하며 그동안 입수한 첩보를 토대로 적 수군이 기도하는 전략에 대해 분석·평가하고, 적 함대의 전술에 대응하여 차후 작전에서 합동함대 운용과 전술에 대해 논의했다.

> 첫째, 그동안의 전투 경험에 입각하여 합동함대 작전 지휘에서 단일 지휘관에 의한 명령 체제의 일원화라는 필요성이 제기되었다. 이는 그간 작전 수행에서 원균의 임의의 행동이 전투에 큰 지장을 초래했음을 염두에 두고 한 말이었다. 이억기는 합동함대 구성에 전라우수군 전선이 가장 많으나 효율적인 함대 운용과 전쟁에 이기기 위해서는 이순신을 단일 지휘관으로 하고, 명령 계통을 일원화해야 한다고 주장했다.
>
> 둘째, 작전 지휘에 필요한 통신과 신호, 즉 함대 기동, 함대 진행, 공격무기 선정과 전투상의 시각신호, 음향신호, 불신호 등에 관해 협의했다.

7월 7일, 샛바람(동풍)이 세게 불어 항해하기가 어려워 당포 해안에 이르러 식수와 식량 등을 적재하고 각종 총통을 정비하고 있었는

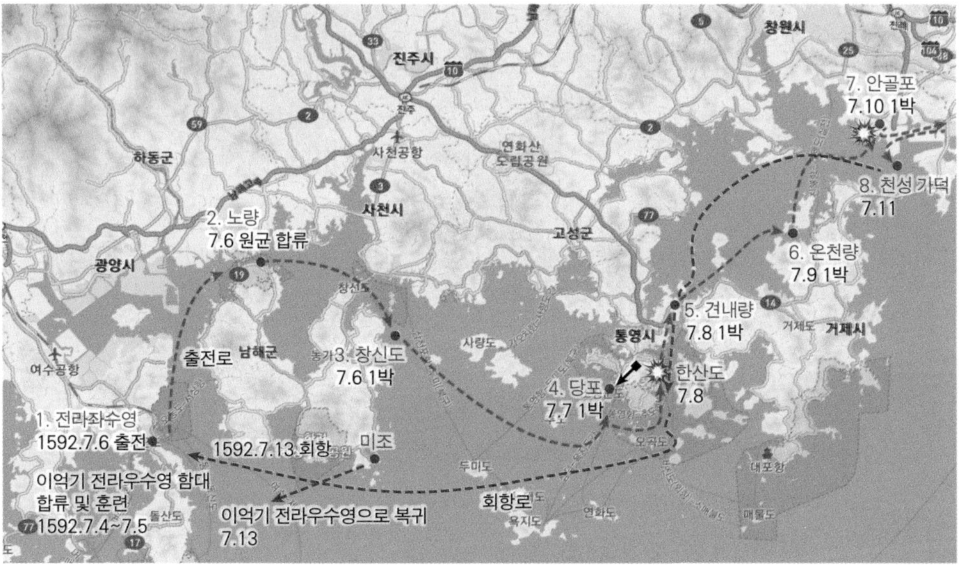

[그림 9] 3차 출전로 및 회항로

데, 당포에서 군마를 돌보는 김천손이 견내량에서 당포까지 50리 길을 단숨에 달려와 이순신에게 중대한 정보를 알렸다.

"적 전선 70여 척이 오늘 오후 2시경 영등포를 지나 견내량에 정박하고 있습니다"라는 보고를 접하고 정보를 확인하기 위해 수하 군관을 견내량 덕호리로 파견하는 한편, 이억기와 원균 및 지휘관들을 긴급히 소집했다. 이순신은 이들에게 적정을 알리고, 내일 새벽 출동하여 적 함대를 섬멸할 것이니 출전 준비에 만전을 기하라고 지시했다. 이순신은 밤늦게까지 작전 구상을 하고 작전 해역을 면밀히 검토했다. 견내량은 고성 땅 용남면 장평리와 거제도 덕호리 사이의 수로로 최소 폭은 약 180m, 최저 수심은 2.8m, 수로 길이는 약 5km인 좁고 긴 해협이다. 이 해로에는 암초가 많아 판옥선과 거북선 등 대형 전선의 기동이 어려워 해전을 치르기에 적합하지 않은 곳이다. 일본 참모본부에서 발행한 《일본전사 조선역》에는 당일 조속이 0.5노트라고 기록하고 있다.

이순신은 견내량 일대의 해역을 검토한 후 '내일 해전의 결전장은 한산도 앞 넓은 바다'라고 판단하고 전술 구상에 들어갔다.

> 첫째, 적 함대를 바다가 넓고 수심이 깊은 한산도 앞바다로 유인한다.
> 둘째, 전선 일부를 미륵도, 화도 등 섬에 은폐하여 배치한다.
> 셋째, 적 함대를 유인·포위하여 섬멸한다.

작전 구상을 끝내고 좌거북선 돌격장 이기남과 우거북선 돌격장 박이량을 불러 특별 임무를 부여했다.

한편, 적 수군 장수 와키자카는 지난 6월 6일 용인 전투에서 1,600명의 군사로 조선 육군 전라·충청·경상도 삼군 근왕사 5만 군대를 쳐부순 후 용인지역 수비를 우키다 히데이에 장군에게 인계하고, 6월 19일 남해안 웅천에 내려와 해상 전투 준비를 서둘렀다. 그는 조선 수군을 섬멸하라는 히데요시의 엄명을 받고, 가토 함대와 구키 함대를 기다리지 않고 전라좌도 수군 기지가 있는 여수로 진공하여 이순신 함대를 격멸한 후 서해로 진격하기 위해 7월 6일 휘하 전선 73척을 지휘, 웅천을 출발하여 7일 견내량에 이르러 정박했다.

7월 8일 새벽 이순신은 합동함대에 출전 명령을 내리고 한산도 해역으로 항진하면서 자신이 구상한 대로 미륵도, 화도 등 인근 섬에 일부 전선을 매복시켜 대기하도록 지시하고, 판옥선 4~5척으로 구성한 선견전대를 적이 정박하고 있는 견내량으로 진출시켰다. 그러자 견내량 전방 해역에 나와 있던 왜 수군 함대의 척후선 2척이 이순신의 선견전대를 발견하고 방향을 돌려 견내량 본진으로 항진했다. 이때 선견전대는 적 척후선 뒤를 바짝 좇아가 총통을 발사하여 공격했다. 적 와키자카 함대는 일제히 돛을 올리고 출격해 아군 선견전대를 추격해 오며 조총을 난사했다.

이순신은 선견전대 뒤에서 인근 지형과 적 함대를 관찰했다. 적 함대는 대선 36척, 중선 24척, 소선 13척으로 도합 73척이었고, 아군 선견전대는 이순신이 지시한 대로 적의 선봉함대와 교전하면서 짐짓 쫓기는 체 한산도 쪽으로 퇴각했다.

적 함대는 우리 선견전대가 쫓겨 달아나는 것을 보고 의기양양하여 북을 치고, 소라나팔을 불며 쫓아왔다. 적 함대 선봉이 방화도 서쪽 머리를 지날 때, 매복하여 기다리던 우리 전선이 일제히 뛰어나와 이순신 본대에 합류하여 진형을 갖추고 한산도 쪽으로 항진하면서 적 함대에 총포를 쏘았다.

한산도 앞바다 대죽도 전방에 이르자 이순신 기함에서 북소리가 울리며 깃발이 올랐다. "대회전명령"이었다. 합동함대는 적 함대 앞에서 일제히 뱃머리를 180° 회전했다. 이어서 기함에서 또다시 북소리가 울리면서 또 다른 깃발이 올랐다. "학익진을 펴라"라는 명령이었다.

비가 오나 바람이 부나 거듭된 이순신의 혹독한 맹훈련의 결실을 보는 순간이었다. 합동함대는 순식간에 '학의 날개'를 폈다. 동시에 적 함대는 학의 날개 안에 갇혔다. 이어서 이순신의 간명하고도 준엄한 명령이 떨어졌다. "전 함대, 총공격하라!", "좌돌격장 이기남은 적 선봉함대의 우측으로 돌격하라!", "우돌격장 박이량은 적 기함에 돌격하라!" 명령을 받은 좌우 돌격장은 거북선을 이끌고 적진 속을 종횡무진 쳐들어가 각종 총통을 쏘며 들이받아 적 함대를 쳐부수었다.

함대가 180°로 회전한 후에는 반대 현측에 미리 준비한 총통이 적 함대에 일제히 우박 같은 불을 뿜었다.

중위장 권준, 중부장 어영담, 우부장 김완, 좌부장 신호, 후부장 배흥립, 전부장 이순신, 좌돌격장 이기남, 우돌격장 박이량 등 장수들과 군관들은 사력을 다해 싸웠다. 이는 이순신 합동함대 장병들의 일본군과 싸우면 이긴다는 자신감과 드높은 사기를 말해주는 것이다. 그리고

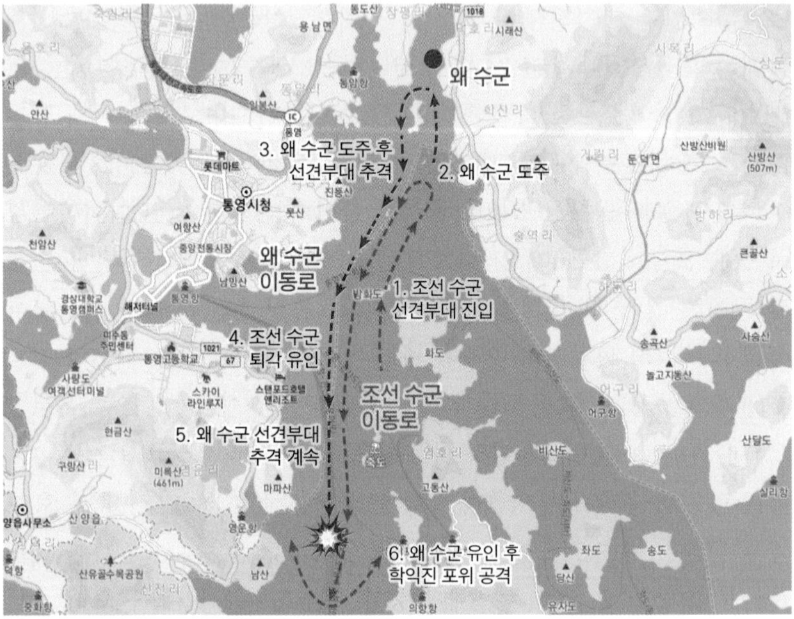

[그림 10] 한산해전 상황도

지휘관 이순신에 대한 무한한 신뢰와 존경심에서 우러나온 것이다. 이 전투는 한산섬의 초목이 떨고 한산섬 앞바다의 어룡이 놀랄 만했다.

왜 수군 함대 사령관인 39세 와키자카 야스하루는 시코쿠 아와지시마 성주로서 왜 수군의 맹장이었다. 그는 용인 전투에서 대승하는 전공을 세운 수륙의 용장이라 하겠다. 이런 와키자카도 이순신 앞에서는 패전의 쓰라림을 안고 김해로 탈주했다. 그가 죽은 후 일본 유학자 하야시 미치하루는 묘비 뒷면에 다음과 같은 글을 썼다.

> 한산해전에서 아병의 죽은 자가 무수하며, 와키자카는 겨우 죽지 않고 김해로 돌아왔다. 와키자카는 이순신에게 패한 것을 분하게 여기고 잔병을 이끌고 이순신을 공격하여 그 배를 빼앗았다.

하지만 마지막 문구는 터무니없는 거짓이다. 일본 기록에 의하면 "한산해전에서 왜 수군 함대 부사령관 와키자카 사에몬, 그리고 와타나베 시치우에몬 장군이 전사하고, 마나베 장군은 한산도로 도망하여 패전을 탄식하고 할복자살했다"라고 쓰여 있다. 그리고 이때의 전황에 대해 다음과 같이 기록했다.

> 견내량 속으로 조선 배 4, 5척이 오는 것을 보고 철포를 쏘면서 반 시간쯤 공격하자 조선 배가 조금씩 물러가는 것을 보고 쉴 틈을 주지 않고 공격했다. 조선 배는 수로를 지나 넓은 바다에 이르자 일제히 뱃머리를 돌려 키 모양의 진형을 취한 뒤 우리 배를 포위하고 들락날락하면서 공격해와 많은 사상자를 냈다.

왜 수군 장수의 눈에 비친 학익진은 곡식을 일구는 '키'로 보였다. 이 전투에서 약 400명의 왜 수군 군사가 배를 버리고 한산도로 도망쳐 올라갔다. 이순신 합동함대 56척과 와키자카 일본 함대 73척의 함대 간 치열한 전투 결과는 적 대선 36척 중 35척, 중선 24척 중 17척, 소선 13척 중 7척 등 47척을 격침하고 12척을 나포했다. 그리고 적 군사 3천여 명을 사살했다. 이순신 합동함대는 단 한 척의 전선도 잃지 않았고, 전사자 19명과 전상자 14명의 피해를 입었다.

이 전투는 피아 거의 같은 함정 세력으로 본격적인 해상 전투로 결정적 승패를 판가름한 해전이었다. 이 전투에서 적 함대사령관 와키자카가 약장이어서 왜 수군 함대가 패한 것이 아니라 이순신 함대사령관이 너무나도 훌륭한 명장이어서 세계 해전사에 빛나는 승리를 이룬 것이다.

한산도에 도망쳐 올라간 적병 400여 명은 독 안에 든 쥐가 되었기에 이순신은 원균에게 적병의 처리를 맡겼는데, 원균은 적 함대가 온다는 헛소문에 놀라 포위망을 풀고 철수하여 적병은 밤중에 뗏목을 타고 거제도 쪽으로 퇴각했다. 이순신은 9월 10일자 장계에 "솥 안에 든 고기가 빠져나간 것 같아 매우 통분하다"라고 썼다.

이순신 합동함대가 3차 출동에서 왜 적선 약 100척을 쳐부수고 남해안 제해권을 장악함으로써 왜군의 서해 진공을 차단할 수 있었다. 히데요시는 한산해전 보고를 받고 하는 수 없이 수군 전략을 바꾸었다. 더 이상 조선 수군과는 해전을 하지 말고 부산포 등 안전한 항구에 주둔하라고 명령했다. 한산대첩의 의의를 간결하고 적절하게 표현한 유성룡이 쓴 《징비록》의 한 구절을 보자.

> 적이 본시 수륙으로 합세하여 서쪽으로 올라가려 했던 것인데 이 전쟁(한산대첩) 한 번으로 적의 한쪽 팔이 잘려 버렸기 때문에, 행장이 비록 평양을 얻었지만 형세가 외롭고 약해져서 감히 더 나아가지 못했던 것이다. 그래서 우리나라에서는 전라·충청으로부터 황해·평양의 연해 일대를 확보하여 군량 보급과 호령 전달로 중흥을 이룰 수가 있었고, 또 요동의 금주, 복주, 해주, 개주, 천진 등까지도 동요하지 않아 명나라 군사들이 육로로 나올 수 있었던 것이니, 모두 순신의 승첩한 공로라. 아! 어찌 하늘의 도움이 아니겠는가?

영국의 해전사 전문가 발라드(G. A. Ballard)는 한산대첩에서 이순신의 학익진 전술에 대해 "큰 노를 저어서 함선 모두를 180° 선회하여 일본 추격선을 공격했다. 전문가가 아닌 사람은 이 기동이 간단한 것으로 생각할지 모르나, 해군 전문가도 이러한 기동은 숙련된 함대라야 가능하다는 판단을 내릴 수 있다. 이 선회작전이 적의 많은 함선을 침몰시킬 수 있었다. 이 해전으로 일본의 중국 침략 야욕은 급속히 끝을 맺었다. 이는 위대한 조선 해군 지휘관이 세운 빛나는 전공 때문이었다. 이는 전 세계 해전사상 일찍이 그 전례를 찾아볼 수 없는 연전연승의 전공이다. 이순신은 적의 함대를 파멸시키고, 적의 병참선을 차단하고, 적의 수송선단을 소탕하여 육전에서 이기고 있는 적 육군을 위기에 몰아넣고, 적의 야심찬 계획을 궤멸시켰다. 이순신의 명성이 그의 나라 이외에 알려지지 않음은 유감스런 일이다"라고 논평하며 이순신의 전략과 전술을 극찬했다.

사학자 헐버트(H. G. Hulbert)는 한산대첩에 대해 "이 해전은 조선의 살라미스(Salamis) 해전이라 할 수 있다. 일본 히데요시의 조선 침략에 사형선고를 내린 것이며, 히데요시가 기획했던 명나라 정벌의 웅도를 파멸시킨 것이 바로 이 한 번의 해전이었다"라고 평했다.

살라미스 해전은 기원전 480년 페르시아군이 그리스의 수도까지 침입했을 때, 그리스의 테미스토클레스(Themistocles) 제독이 페르시아 해군을 살라미스만으로 유인하여 격멸함으로써 패망 직전의 그리스를 구하는 전환점을 이룬 해전이다.

● 안골포해전

7월 7일 왜 수군 구키 함대와 가토 함대는 와키자카 함대가 단독으로 출전한 뒤를 따라 전선 40여 척을 이끌고 부산을 출항하여 8일 가덕도에서 하루를 지낸 다음 9일 안골포에 이르러 아다케, 세키부네 등은 외항에 정박하고, 작은 배는 만 안에 정박시켰다.

적장 구키 요시타카는 오다 노부나가의 수군 장수로 해상 전투에서 큰 공을 세워 이세, 시마의 3만 5천 석 영주가 되었다. 가토 요시아키는 16세부터 히데요시 부대에 종군하여 여러 수륙 전투에서 용맹을 떨쳤다.

구키는 일본 수군 최고의 장수로 주력 전투 전선 '아다케 전선'을 설계하고 건조했다. 그는 1592년 7월 10일 안골포해전에서 이순신 함대의 공격을 받아 가까스로 도망했다.

안골포는 부산신항과 인접한 곳으로 입구가 병목처럼 수심이 얕은 곳이다.

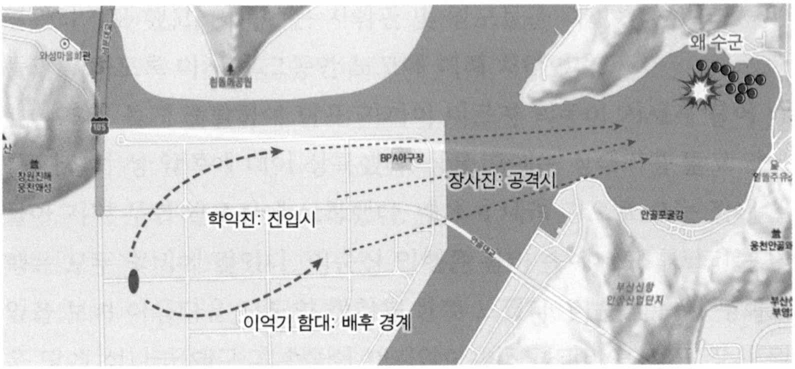

[그림 11] 안골포해전 상황도

〔그림 11〕의 안골포해전 상황도에서 보는 바와 같이 과거 해전 지역의 많은 해역이 현재는 육지화되었다.

이순신 합동함대는 한산해전에서 대승하고 그날 밤은 견내량 안쪽에 정박했다.

다음 날 9일, 조선 함대는 정박지를 출항하여 가덕도를 향해 항해하던 중 오후 늦게 척후선으로부터 "적 전선 40여 척이 안골포에 정박 중"이라는 보고가 들어왔다. 이순신은 안골포로 출격하려고 했으나, 날이 저물고 풍랑마저 심하여 거제 서북쪽 온천량(하천면)에 정박하고 작전을 구상했다.

7월 10일 새벽, 함대는 안골포를 향해 출항했다. 이순신은 다음과 같은 작전을 지시했다.

> 첫째, 이억기 함대는 안골포 외양에서 적의 후속 지원 함대를 차단하고 있다가 안골포에서 전투가 시작되면 함대 일부를 외양에 잔류시켜 해상 감시에 임하게 하고, 주력 함대를 이끌고 전투에 합류하라.
>
> 둘째, 이순신 함대는 학익진을 펴고 진입하겠다.
>
> 셋째, 원균 함대는 이순신 함대의 뒤를 따르라.

이순신은 전라좌수군을 지휘하여 안골포로 접근했다. 적은 대선 21척, 중선 15척, 소선 6척으로 도합 42척이었으며, 그중 3층 누각의 대선 한 척과 2층 누각의 대선 2척이 맨 앞에서 외양을 향하여 정박하고 있었다.

안골포는 조수가 빠져나가면 바다 밑 육지가 드러날 정도로 수심이 얕고, 만이 좁아 판옥선 같은 대선은 기동할 수 없었다. 그래서 이순신은 여러 번 적을 포구 밖으로 유인하려 했으나 적은 나오지 않고 숨어서 조총과 활만 쏘아댔다. 전투가 시작되자 이억기 함대가 합류했고, 합동함대는 포구가 좁아 일제히 공격할 수 없어 교대로 들락날락하면서 하루 종일 각종 포화로 적 함대와 적 육상 진지를 포격했다. 그 결과 적의 전선 모두 불타거나 격파되었고, 사상자를 나르는 수많은 배가 목격되었다. 이날 전투에 대한 일본 측 기록에 의하면 20여 척의 전선을 잃었다고 쓰여 있다.

날이 저물어 합동함대는 포격을 멈추고 가덕도 서부 해역에서 밤을 지냈다.

다음 날 11일 새벽 닻을 올리고 안골포에 나가서 적진을 관찰하니, 적 전선은 한 척도 보이지 않고 육지 12곳에서 적 전사자를 태우는 연기와 시체 타는 냄새가 포구 안에 진동했다.

10시경 김해와 가덕도에 척후를 파견하고 함대를 단종진으로 보내 가덕도 북단에서 김해강 앞으로 기동 시위를 했다. 이는 적 함대의 부산 서쪽 해안으로의 진공을 견제하기 위한 이순신의 전략이었다.

밤중에 함대를 이끌고 12일 한산도를 경유하여 13일 여수에 이르러 합동함대를 해체한 뒤 각각 자기 본영으로 돌려보냈다. 안골포 해전에 관해 일본 측 사료인 《고려선 전기》에는 다음과 같이 기록되어 있다.

> 구키 전대와 가토 전대는 7월 7일 가덕도에 갔다가 8일 당도(거제

도)에 정박했는데, 9일 적 함대(조선 함대) 대소 100여 척이 공격하여 화포와 화살이 비 오는 듯했다. 아군도 대포를 쏘아 서로 살상이 있었다. 이 해전은 오전 8시부터 오후 6시까지 계속되었는데, 적선에는 전부 쇠로 포장한 것이 있어 아군 포로는 파괴할 수 없었다. 또한 적의 화전은 긴 막대기에 붙은 철전을 사용하여 가까이에서 쏘므로 아군 장수로서 누상에 있던 자는 매우 위태로웠다.

쇠로 포장된 배란 '거북선'을 말한 것이고, 긴 막대기에 붙은 철전은 각종 총통에서 쏜 대장군전, 장군전, 차대전을 말한 것이다.

● 3차 출전의 전과와 의의

3차 출전에서 조선 수군의 합동함대는 왜선 100여 척을 격파했으며, 왜 수군 수천여 명을 사살했다. 조선 수군은 전선 피해는 없었으며, 전사자 19명, 부상자 114명이었다.

3차 출전의 대승리로 조선 수군은 부산 해역을 제외한 남해안 일대의 제해권을 확보할 계기를 마련했고, 왜 수군의 서해 진출을 어렵게 했다. 한산해전에서 이순신의 지휘하에 펼쳐진 학익진 전술은 왜 수군과의 함대결전에서 승리를 거둔 결정적인 동력이 되었다. 또 왜 수군은 한산해전에서 치명적인 패전을 한 후 해전을 회피했으며, 주로 포구에 전선을 정박시키고 응전하는 소극적인 자세로 전략을 변화시켰다. 이러한 당시 왜 수군의 전략을 '요새 함대전략'이라 부르기도 한다. 특히 조선 수군은 3차 출전에서 대승함으로써 자신감이 충만했을 뿐 아니라 싸우면 이긴다는 확신을 갖게 되었다. 이는 향후 원정 출전하여 왜 수군의 본진이 있는 부산을 치는 계기가 되었다.

5. 4차 출전(부산포해전)

● 해전 배경

임진왜란 발발 이후 연전연패하던 조선 육군과 달리 전라좌수사 이순신이 이끈 조선 수군은 1차 출전의 옥포·합포·적진포해전에서 승전했고, 이순신의 전라좌수영 수군과 이억기의 전라우수영 수군이 주축이 된 2차 출전(사천·당포·당항포·율포해전)에서도 승리했다. 임진왜란 발발 초기 부산 앞바다에서 보인 무기력한 응전 태세와 달라진 조선 수군의 실체를 파악한 도요토미 히데요시는 조선 수군의 3차 출전에 대응하여 육전에 참전시켰던 수군의 장수들을 수군으로 복귀시켜 대반격을 시도했다.

그럼에도 이순신과 이억기를 주축으로 하는 조선 수군의 합동함대에 의해 한산도와 안골포에서 치명적인 피해를 입었다. 이로 인해 왜 수군은 함대의 활동 영역을 포구와 해역으로 제한하고, 해전을 회피하는 수세적 전략으로 전환했다.

한편 조선 수군은 1차, 2차, 3차 출전 및 해전의 승리로 경상 해역의 가덕도 인근까지 제해권을 확장했으나 부산포에 진을 치고 있는 왜 수군의 주력 함대는 언제라도 남해안으로 출몰하여 서진을 시도할 가능성이 존재하고 있었다. 따라서 조선 수군은 부산포에 주둔하고 있는 적의 심장부를 공격하여 섬멸하고자 했다.

조선 수군에게 부산포까지의 원정 출전은 사실 큰 모험이 아닐 수 없었다. 이는 현재의 대한민국 해군 작전사령부에서 출항한 한국함대 전투함정이 필리핀해협까지 장거리 항해를 하여 적과 해전을 치르는 것과 유사한 대사건이었다.

이를 시간과 공간 개념에서 살펴보도록 하자.

합동함대의 주력부대로 참전한 이억기 부대의 본영인 전남 해남 해역에서 부산포해전이 있었던 부산포까지의 항로는 대략 320km다.

이는 판옥선 평균 속력 3노트(시속 약 5.5km)로 60여 시간의 항정이다. 현대의 구축함급 평균 항해 속력을 15노트(시속 약 27km)라 할 때 60시간의 항정은 무려 1,620km다. 현재의 한국해군 작전사령부에서 출항한 대한민국 해군이 필리핀해협에서 적과 함대 결전을 치르는 상황과 다를 바 없다. 필리핀 해역에서 적과의 결전을 해야 한다고 가정할 때 과연 현재의 대한민국 해군 보유 전 전투함을 결집하여 해전을 치를 수 있을까?

당시 부산포로 출전한 이순신 및 이억기 장군을 비롯한 조선 수군 지휘관들의 각오와 심정을 헤아릴 수 있는 대목이다.

● 해전 경과

이순신은 전라우수사 이억기에게 전 함대를 이끌고 7월 말까지 전라좌수영으로 와줄 것을 통지했고, 이억기의 전라우수영 함대는 8월 1일 여수 앞바다에 집결했다. 이순신은 이억기를 만나 자신이 구상한 전략을 설명하고 협조할 것을 부탁했다. 이억기는 본래 이순신의 충성심, 지도력, 판단력, 전술, 그 무엇보다 그의 인품을 전적으로 신뢰하고 있던 터라 적극적으로 협조하겠다고 약속했다.

훈련은 기동훈련, 전술훈련, 사격훈련 등의 기초훈련과 양 함대를 피아로 갈라 진행한 야간 실전 전투훈련으로, 비가 오나 파도가 치나 혹독한 것이었다. 훈련에서 흘리는 땀만큼 실전에서 피를 덜 흘리는 것이 전쟁의 요체다. 이순신의 승전 뒤에는 이 같은 피눈물 나는 가혹한 훈련이 있었다.

두 함대의 장수와 군사들도 두 지휘관의 돈독한 우의를 보고 서로 의기투합하여 손발이 척척 들어맞았다. 23일간의 합동함대 훈련을 마치고 8월 24일 오후 4시 여수를 출항하여 야간 항해를 계속한 끝에 8월 25일 삼천포 앞바다 모자랑포에 이르니, 지척을 분간할 수 없는 짙은 안개가 끼어 있었다. 잠시 닻을 내렸다가 안개가 걷히자 다

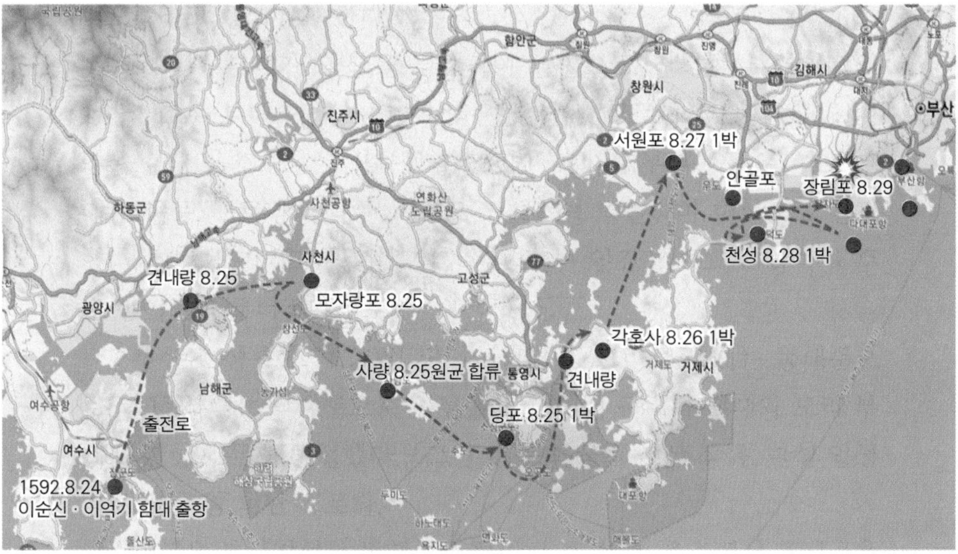

[그림 12] 4차 출전(부산포해전) 출전로 I

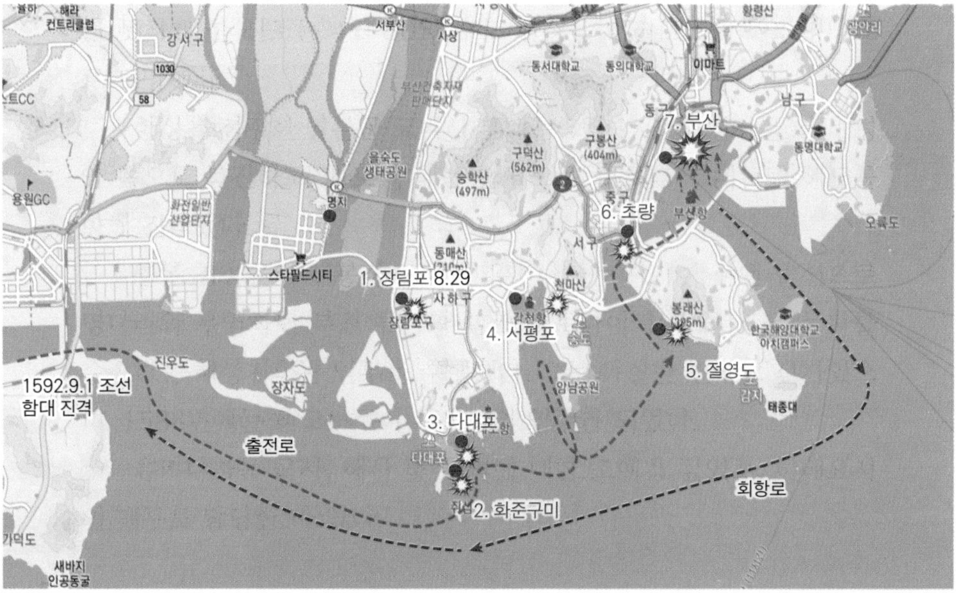

[그림 13] 4차 출전(부산포해전) 출전로 II 및 회항로

시 닻을 올리고 사량에서 원균을 만나 계속 항진하여 당포에 이르러 정박했다. 그날 밤 이순신, 이억기, 원균 세 수사는 작전회의를 했다.

8월 26일 해질 무렵 합동함대 173척(판옥선 81척, 협선 92척)은 통영 둔덕을 거쳐 한밤중에 견내량을 은밀히 건넜다.

8월 27일 거제 칠천량을 거쳐 해질녘 서원포에 정박했다. 합동함대는 이번 출전에서 적의 눈에 띄지 않게 주로 야간 기동을 했다. 이순신은 적진에 가까이 다가갈수록 함대 사령관으로서 책무에 마음이 무거워졌다. 이날 일기에 "저녁 무렵 제포를 건너 서원포에 이르니 밤은 벌써 11시쯤 되었는데, 하늬바람(서풍)이 차게 불어 나그네 회포가 어지럽다"라고 쓰여 있다. 경상도 육군 채탐인이 와서 "고성, 창원, 진해의 적이 이달 24일, 25일 양일간 밤중에 퇴각했다"라고 알려왔다. 합동함대는 8월 28일 새벽에 출항하여 수색작전을 펴면서 김해강 쪽으로 항행하여 구곡포에 이르니, 전복 따는 사람 정끝돌(丁末石)이 와서 말하기를 "저는 왜적에 잡혔다가 도망쳐 왔습니다. 지난 3일 동안 김해강에 정박하고 있던 적 수군 전선이 모두 몰운대로 갔습니다"라고 정보를 제공했다.

이순신은 적의 동태가 이상하다고 느껴 함대 주력을 가덕도 북서쪽에 은폐하고, 이순신과 어영담을 가덕도 외양에 잠복하도록 조치하는 한편, 탐망선을 김해·양산 방면으로 파송했다. 오후 4시경 탐망선이 돌아와 "적 소선 4척이 김해강 하구에서 몰운대로 가는 것밖에 아무것도 발견할 수 없었다"라고 보고했다.

8월 29일 첫닭이 울자, 합동함대는 닻을 올리고 김해강, 낙동강 하구에 이르니 왜병 30여 명이 대선 4척, 소선 2척을 타고 양산으로부터 나오다가 조선 함대를 보고 배를 버리고 육지로 도망쳤다. 이순신은 적선 6척을 불태워버리고 다시 가덕도로 돌아가서 밤을 지냈다(장림포해전). 이날 밤 이순신은 이억기, 원균, 조방장 정걸을 불러 "적 수군 주력 함대가 부산에 집결하고 있다. 이 적을 섬멸하여 왜군의 교두

보인 부산 거점을 무력화시켜야만 이 전쟁을 승리할 수 있다"라고 말하며 부산 출격의 중대한 의의를 강조했다.

9월 1일(10.5) 첫닭이 울자, 합동함대는 일제히 닻을 올리고 부산으로 출격했다. 아침 8시경 몰운대를 지나서 화준구포에 이르니, 적 전선 5척이 있어 조방장 정걸로 하여금 모두 쳐부수었다. 함대는 다대포 앞바다에서 적 대선 8척, 서평포에서 적 대선 9척, 절영도에서 적 대선 2척 등 24척을 쳐부수었다.

이순신은 적정을 탐색하기 위해 탐망선을 부산포로 파견했는데, 이 배가 돌아와 "적 전선 약 500척이 선창 동쪽 산기슭에 줄을 지어 정박하고 있으며, 그중 4척이 멀리 초량 동쪽에서 나오고 있다"라는 정보를 전했다. 적 수군 대함대가 있다는 말에 여러 장수와 군사들이 놀라 흥분하고 있음을 보고 이순신은 이억기, 원균을 불러 "전선 척수로는 3 대 1로 열세이나 우리가 지금 적을 공격하지 않고 돌아간다면 반드시 적은 우리 수군을 멸시할 것이니, 여기서 다 죽는 한이 있더라도 싸우지 않고서는 돌아갈 수 없다"라고 결연한 전투 결심을 밝혔다. 이순신은 전투 양상을 머리에 그렸다.

아군이 숫자상으로 열세하고, 적 함대는 외양으로 나오지 않고 육상 진지의 엄호 아래 수륙 합동으로 공격해올 것으로 예상했다. 따라서 아군은 불가피하게 해상에서 적 앞에 노출되어 싸워야 하고, 포격전으로 승패를 가려야 할 것으로 진단했다.

이순신은 독전기를 높이 올려 북을 치며 공격 명령을 내렸다. 함대는 장사진으로 적의 사정권 밖에서 대형 총통으로 적 함대를 공격했다. 진형의 선봉은 전라좌수군 역전의 맹장 정운, 이언량, 이순신, 권준, 신호 등의 장수가 앞장섰다.

적 전선 4척이 총포와 활을 쏘며 다가왔다. 선봉장 정운 등이 일제히 함성을 올리며 달려들어 순식간에 적선 4척을 쳐부수었다. 적 함대는 부산진성의 동쪽 언덕 아래 해안에 세 곳으로 나누어 정박하고

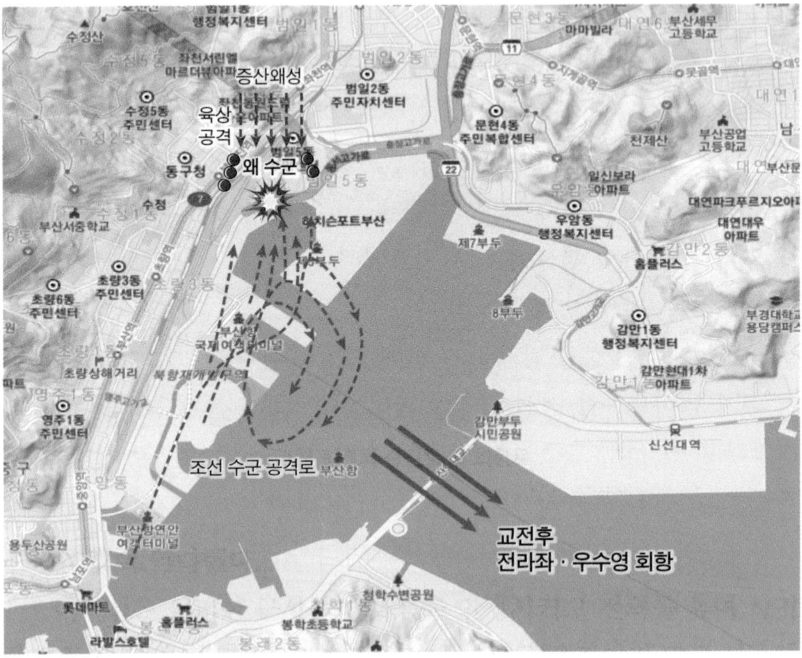

[그림 14] 부산포해전 상황도

있었는데, 대·중·소선 합하여 470여 척이었다. 우리 함대가 쳐들어가니 배의 승조 수군, 성 안의 적병과 산 속에 있던 적 군사들이 언덕 위로 올라가 6개소에 진을 치고, 또한 적 함대는 외양으로 나오지 않고 정박한 채 육군의 엄호 아래 수륙군 합세하여 조총과 총통, 화살을 빗발처럼 쏘았다.

아군은 적 함대에 접근하면서 각종 총통과 여러 가지 전을 일제히 쏘았다. 이때 이순신은 장수에게 "육지의 적보다 적 전선을 먼저 때려 부수라"라고 명령했다.

피아 600여 척의 전선과 적 육상군에서 쏘아대는 포화의 연기는 부산포만 하늘을 자욱하게 덮었고, 포성은 우레같이 천지를 진동했다. 양군의 치열한 포격전은 하루 종일 계속되었다. 이 전투에서 왜 전선

100여 척이 격파되었고, 적 군사들도 수많은 사상자가 발생하여 굴속으로 계속 끌어들이고 있었다. 해가 저물어 이순신은 함대를 이끌고 가덕도로 향했다. 아군 피해는 여러 전선이 파손되었으나 한 척도 잃지 않았으며, 전사자 6명과 부상자 25명이었다. 특히 이 전투에서 역전의 용장 녹도 만호 정운 장수를 잃은 것은 크나큰 손실이었고 애석한 일이었는데, 이때 정운 나이 50세였다. 이순신은 "나라가 오른팔을 잃었다"라고 통탄했다. 이순신은 가덕도 근해에서 1박 하고 합동함대를 해산시켰다. 그리고 9월 2일 여수 본영으로 돌아와 전투 결과에 대해 종합적인 평가를 했다.

● 4차 출전 전과와 의의

4차 출전은 부산포해전을 포함하여 부산포로 오는 과정인 장림포, 화준구미, 다대포, 서평포, 절영도(영도), 초량 등에서도 교전이 있었다. 4차 출전에서 부산포 100여 척을 포함하여 총 130여 척 이상의 적선을 격파했다. 이 해전에 참전한 조선 수군의 전선은 82척이었으며, 전라좌수군은 녹도 만호 정운을 포함하여 전사 6명, 부상 25명의 피해를 입었다.

4차 출전은 앞에서 언급한 바와 같이 전라도 해남에 본영을 둔 전라우수군도 참전한 조선 수군으로서 처음 경험한 원정 해전이었다. 그럼에도 조선 수군은 왜 수군의 본진을 공격하며 조선 수군의 위용을 과시했고, 적의 사기를 꺾고 서진 전략을 상당 부분 저지하는 효과가 있었다. 또한 왜 수군은 포구에 정박하며 해전을 회피하고, 육상 진지에서 응전함으로써 해상공격의 한계를 경험하기도 했다. 육군과의 합동작전이 절실했지만, 육군과의 합동작전은 이루어지지 못했다.

6. 5차 출전(웅포해전: 상륙작전)

● 선조의 출전 명령

조·명 연합군이 1593년 1월 9일 평양성을 탈환하고, 1월 19일 개성을 거쳐 한성을 수복하려 할 무렵 이순신은 조정으로부터 명을 받았다. 선조의 명령서 요지는 다음과 같다.

> 명의 군사가 평양을 탈환했고, 승승장구하는 기세를 타고 쫓아가니, 흉악한 적이 잇따라 달아나고 숨고 있다. 서울의 왜적이 반드시 도망쳐 돌아갈 것인즉, 경(이순신)은 수군을 다 이끌고 세력을 합쳐 무찔러 없애고, 기어이 조각배 한 척도 못하게 하라.

선조의 명을 받은 이순신은 적의 병참 거점인 부산항의 적 함대를 격멸하기 위한 준비를 했다. 합동함대를 구성하기 위해 전라우수사 이억기와 경상우수사와 사전 약속을 하고 출항했다. 1593년 2월 6일 이순신은 전라좌도 수군 함대를 이끌고 여수항을 출항하여 사량도에서 정박하여 밤을 새운 다음 날 2월 7일 새벽 견내량에서 경상우수사 원균과 합세했다. 2월 8일 "적의 강력한 수군이 웅포(웅천)에 웅거하고 있다"라는 원균의 정보를 접하고, 공격 목표를 웅포의 적 함대로 정했다.

이어서 당일 오후 기다리던 전라우수군 이억기 함대 40여 척이 이순신과 원균이 있는 견내량 해역에 도착했다. 이윽고 합동함대를 구성한 후 오후 4시쯤 온천도(칠천도)로 이동하여 정박하여 밤을 새우고, 다음 날 2월 9일 적을 공격하기 위해 출항하려 했으나 비가 많이 와 그대로 온천도에 머물렀다. 비가 많이 내리면 항해상의 문제는 물론 습기 때문에 화약이 제약을 받아 총포의 기능이 제대로 발휘될 수 없다.

당시 왜 수군은 낙동강 하구와 진해 사이의 안골포·제포·웅포에 진지를 구축하고, 부산 방어와 서해 진격을 위한 전선 115여 척과 수군 1만여 명을 진지 아래 해안에 포진시키고 있었다. 앞에서 언급한 바와 같이 조선 합동함대에 의해 해전에서 패배하고 퇴각한 해역에 왜 수군이 다시 침범하여 진을 치고 있음을 확인한 것이다. 이러한 상황은 1차 출전 이후 계속 반복되고 있었다.

이순신은 웅포의 적을 공격하기 위해 2월 10일 새벽 합동함대를 이끌고 웅포만 입구 2,700여 m 거리에 있는 송도에 함대의 주력을 대기시키고, 쾌속선을 웅포만으로 진입시켜 적 전선과 해안의 적 진지를 공격하면서 적 전선을 외해로 유인하려 했으나, 적 전선은 꼼짝도 하지 않았다. 해가 저물어 밤 10시 거제도 북방 송진포에 함대를 정박시키고 밤을 새웠다.

2월 11일은 일기가 불순하여 군사를 쉬게 하고, 12일 새벽 합동함대를 이끌고 웅포 앞바다에 이르러 쾌속선 몇 척을 차출하여 적 함대를 공격하면서 유인작전을 시도했으나, 적은 여전히 해안진지 안에서 나오지 않았다.

그날 밤 합동함대는 거제도 칠천도로 이동하여 정박했다. 이후 일기가 불순하여 출전하지 못하고 해상진에서 작전회의 및 진중 업무에 진력을 다하고 있을 무렵, 2월 17일 앞에서 언급한 왜 수군의 "전선 한 조각도 남기지 말고 격파하라"라는 취지의 선조의 하명을 받았다.

2월 18일 새벽 칠천도를 출항하여 웅포 앞바다에서 멀리 떨어진 가덕도 서쪽 바다에 주력함대를 대기시키고, 사도첨사 김완을 복병장으로 임명하여 웅포 앞에 있는 송도에 배치했다.

쾌속선 몇 척을 차출하여 웅포만 입구에서 적을 공격하니, 이순신의 주력함대와 김완의 복병전대를 보지 못한 적이 유인작전에 말려들어 우리 쾌속선을 공격하며 외해로 나왔다. 이에 송도에 숨어 있던 김완 전대가 달려들어 적을 격파했다. 이날 밤 합동함대는 사화랑(창원시 웅천)에서 정박하여 19일까지 날씨 관계로 해상진에서 머물렀다. 다음 날인 20일 출동하여 적과 교전했는데, 바람이 세차게 불어 아군 전선

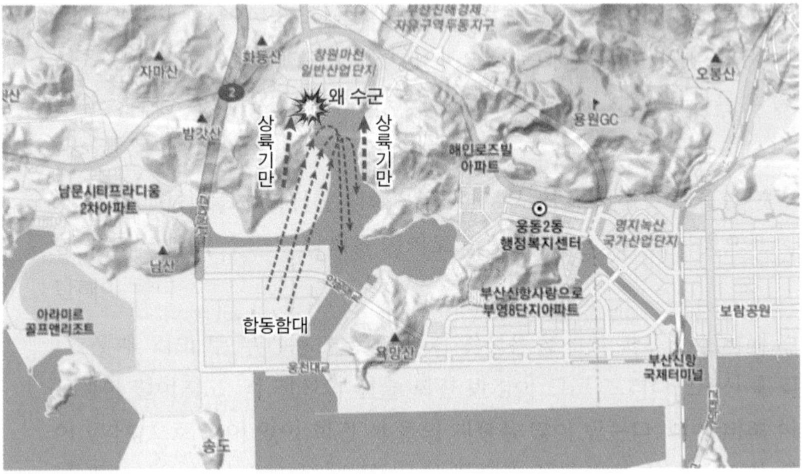

[그림 15] 웅포해전 상황도

끼리 부딪쳐 전선들을 제어하기 힘든 상태까지 이르자, 이순신은 교전을 중지시키고 소진포로 돌아와 밤을 새웠다. 이 교전 중 아군 전선 4척이 서로 부딪쳐 깨지기도 했다. 해상 상태에 따라 선박의 조종성능이 크게 제약을 받기 때문일 것으로 짐작되는 대목이다.

● 상륙 기만전술로 적 격파

조선 수군 합동함대의 2월 10일, 12일, 18일, 20일 네 차례에 걸친 웅포 공격에 적의 해전을 피하려는 응전방식은 크게 바뀌지 않았다. 합동함대 사령부는 지금까지의 수차에 걸친 웅포 전투를 예의 분석하고 새로운 작전을 구상했다. 웅포만의 적 수군은 해안 진지의 엄호를 받으며 외양으로 나오지 않으니, 이를 섬멸하기 위해서는 수륙합동작전으로 적을 공격해야겠다고 판단하여 경상우도 순찰사 김성일에게 육군과의 합동작전을 요청했으나 김성일은 이 요청에 응하지 않았다. 김성일이 바로 "히데요시가 절대로 쳐들어오지 않는다"라고 선조에게 보고한 사람이다. 이순신은 숙고 끝에 스스로의 힘으로 상륙작전을 감행하기로 결심했다.

22일 다시 출동하여 웅천으로 이동하여 작전을 시작했다. 이번 출동에서는 양동작전을 할 것처럼 적을 속이자 적들이 우왕좌왕했다. 일명 '기만전'을 구사한 것이다. 이 틈을 타서 적선들을 거의 섬멸했다. 이 교전에서 아군 전선 일부가 수심이 얕은 곳으로 진입하다가 적에게 공격을 받기도 했으나 구출되었다. 22일 이순신은 아군 전선이 적에게 포위되어 공격을 받을 당시 구출하지 않은 원균 수사 부하 수군에 대해 강하게 비판하는 기록을 남기기도 했다. 이날의 교전에 대해 적선을 몇 척이나 격파했다는 기록은 없으나 이순신의 일기에 "적선을 거의 다 섬멸했다"라고 기록된 점으로 미루어 많은 적선을 격파했을 것으로 짐작된다. 조선 합동함대는 이날 밤 송진포로 돌아와 밤을 새웠고, 23일까지 송진포에 머물다가 24일 아침 출항하여 영등포로 진을 옮기려 시도했으나 해상 상태가 고르지 못해 칠천도로 돌아왔다.

여전히 바람이 세차게 불어 27일까지 칠천도에 머물다가 29일 아침 웅천의 적을 치러 가덕도로 이동했으나 적이 응전하지 않아 사화랑에서 정박한 후 밤을 새웠으나 해상 상태가 고르지 못해 칠천도로 이동했다.

3월 5일까지 칠천도에 머물러 웅천에서 진을 치고 있는 왜적을 칠 작전을 구상하다가 3월 6일 출동하여 육지에 진을 치고 있는 적들에게 탄환과 편전을 비 퍼붓듯 마구 쏘아 적들을 무수히 사살했다. 이 교전 중 포로로 잡혀 있던 조선인 여자를 구출하기도 했다. 교전을 마친 합동함대는 칠천도로 돌아와 밤을 새우고 3월 8일 한산도로 돌아왔다. 2월 6일 여수항을 출항하여 2월 7일 견내량에서 합동함대를 구성하여 왜적과 공방전을 벌인 지 한 달이 지나 한산도에 진을 치게 된 것이다. 당시 한산도는 조선 수군의 전초기지로서 역할을 했을 뿐 조선 수군이 상주하지는 못했다.

조선 수군 합동함대는 3월 8일 이후 한산도를 중심으로 해상경계 활동을 하면서 웅천에 남아 있는 왜 수군을 감시 정찰하는 데 주력했다. 사실상 약 1개월 동안 적과 대치하고 있었으나 교전은 없었다. 앞에서 언급한 바와 같이 왜 수군은 해전을 피하고 육지에 진을 치고 있었기 때문이다. 이순신은 이러한 왜군을 육군이 공격해 달라고 요청했지만, 육군의 거절로 이루어지지 못했다.

한편 출전 중이던 4만여 명에 이르는 수군은 대부분 해안 각 진의 고을에서 농사를 짓는 사람들이었다. 따라서 이순신은 전시 동원으로 인해 각 고을마다 일손이 부족하다는 사실을 잘 알고 있었고, 동원 기간이 길어지면 한 해 농사를 제대로 할 수 없고, 가을에 수확이 떨어지면 군량미 확보에 치명적인 문제가 발생할 수 있다는 점도 알고 있었다. 이러한 상황에서 이순신은 회군 시점을 결정해야 했다.

이순신의 이러한 고민을 다음 장계에서 살펴보자.

> 지금은 바로 농사철이고 좌우의 수군 4만여 명이 모두 농민이지만 농사를 완전히 폐하면 다시 가을의 추수를 바랄 수 없습니다. 우리나라 팔방에 오직 이 호남이 간신히 온전하여 군량이 모두 이 도에서 나오는데 (중략) 늙고 약한 자들도 군량 운반으로 인해 경내에는 남아 있는 사람이 없습니다. 봄 석 달이 이미 지났는데도 남쪽 들판은 고요하고 쓸쓸합니다.

위의 내용은 1593년 4월 6일 웅포해전 이후 결과보고를 하는 장계의 일부분이다. 이순신은 1593년 4월 3일 3도 합동함대를 해체하고 출동 2개월여 만에 본영인 여수로 되돌아왔다.

5차 출전의 특징, 전과 및 의의

이순신의 5차 출전은 부산포해전 이후 5개월 만이었다. 전년도에 이순신이 이끄는 조선 합동함대가 한산해전과 부산포해전에서 왜 수군을 크게 격파하고 본영으로 회군한 후 왜 수군은 부산을 거점으로 가덕도, 거제도 및 한산도 해역까지 진출하여 곳곳에서 진을 치고 있었다.

선조의 명을 받고 출전한 웅포해전은 이전의 해전과는 차이가 컸다. 왜 수군이 해전을 피하여 육상에 진을 치고 응전했다. 조선 합동함대의 반복되는 공격에도 왜 수군의 양상은 바뀌지 않아 육군과의 합동작전을 제안했으나 육군의 거절로 이루어지지는 못했다. 따라서 이순신은 상륙전의 양동작전 기만전술을 쓰기도 하여 혼란한 틈을 타 적을 격파하기도 했다.

5차 출전 기간 동안 7회의 공방전에서 왜 수군은 전선 수십여 척이 분쇄되고, 2,500여 명의 사상자가 발생하는 큰 피해를 입었다. 조선 수군도 합동함대의 전선 2척이 피해를 입었고 380여 명의 사상자가 나왔다. 지금까지 치러진 왜 수군과의 교전 중 조선 수군이 입은 피해 중 가장 컸다. 일곱 차례의 끈질긴 공방전에서 주로 육지에서 버티며 진지 방어 위주의 작전을 하는 왜군을 상대로 공세적 작전으로 임했음을 짐작케 하는 대목이다.

또 이전의 해전과 달리 2개월 이상의 장기 출전을 하는 동안 웅천의 육지에서 진을 치고 있는 왜 수군을 반복적으로 격파하려고 시도했다. 선조의 특명으로 출전한 이순신과 조선 수군에게는 큰 부담이 아닐 수 없었다. 수차례 반복되는 공략에도 과거의 해전에 비해 성과가 크지 않은 것은 해전을 피하는 적의 소극적인 응전 태도에도 이유가 있었지만, 육상에서 진을 치고 있는 적 수군 격파를 위한 육군과의 합동작전이 이루어지지 못한 점이 아쉬웠던 전투였다.

더욱이 전라도 해역에서 경상 해역까지의 장기간 원거리 출전은 전략적 문제점도 노출했다. 이 문제점을 개선하기 위해 경상 좌·우 수군이 유명무실한 상황에서 조선 수군의 전력을 합동으로 운영할 필요가 있고, 적의 활동이 빈번한 전방에 전진 기지를 두고 적의 남해안 해상활동을 적극적으로 제어할 필요성이 대두되었다.

7. 6차 출전(진해해전·2차 당항포해전)

● 진해 해전 및 제2차 당항포해전: 전라좌수영의 한산도 이진과 3도 수군통제사 지휘권

이순신은 앞에서 언급한 바와 같이 웅포해전에서 교훈으로 얻은 원정 장기간 출전의 전략적 문제점을 개선하기 위해 1593년 6월 21일 한산도에 전진기지를 확보하고 함대를 주둔시켰다. 경상 해역에서 작전이 있을 때마다 멀리 해남 전라우수영과 여수 전라좌수영에서 원정 출전하여 적과 교전하고 작전이 끝나면 다시 먼 바닷길을 항해하여 본영으로 회군해야 했다. 따라서 전선의 운항시간이 길고 군사들의 피로가 누적되어 작전 수행에 막대한 전력이 소비됨을 해소하기 위한 조치였다. 또 주력부대의 주둔 지역을 전방으로 이동시킴에 따라 부산에 진을 치고 있는 왜 수군의 본진을 압박하는 효과뿐 아니라 경상 해역으로의 진출을 제어하는 전략적 효과를 노릴 수 있었다.

전라좌수영의 전진기지를 한산도로 옮긴 후 왜 수군의 서진 항로인 견내량 방어선이 확보되었다. 이전에 왜 수군은 견내량을 통과해 경상 해역 연안을 침범하여 수시로 우리 백성에게 분탕질을 서슴지 않았다. 한산도로 옮기던 날 이순신은 안타까운 마음을 이렇게 그렸다.

> 가을 기운이 바다에 들어오니 나그네 회포가 어지럽다. 달빛은 뱃전에 비치고 정신도 맑아져 잠을 이루지 못하는 새에 어느덧 닭이 운다.

이순신은 전쟁 지휘, 전선 건조, 무기 제작, 군량 확보, 병사 모집 등 눈코 뜰 새 없이 바쁜 중에서도 왜 수군의 최신 무기인 조총보다 성능이 좋은 '정철총통'을 연구 개발하여 조정에 다섯 자루를 보내기도 했다.

1593년 8월 15일(임명장을 받은 날짜는 10월 1일) 조정에서는 충청·전라·경상 3도 수군을 통합 지휘하는 삼도수군통제사 제도를 만들어 초대 통제사로 이순신을 임명했다. 그동안 합동함대 구성과 전쟁 지휘에 많은 애로가 있었는데, 이로써 3도의 해상 전투 및 작전권이 부여되어 명령계통이 일원화되었다. 이 제도는 고종 31년(1894)까지 303년 동안 계속되었으며, 그간 208대의 통제사가 역임했다.

삼도수군통제사로서 이순신 휘하 조선 함대의 1593년 말 전선 수는 이순신이 직접 지휘한 전라좌도 수군 60척, 전라우수사 이억기 지휘하의 90척, 경상우도 원균 예하 40척 및 충청도 정걸과 구사직 예하 60척 등 무려 250여 척이었다. 눈여겨볼 대목은 조선 함대의 규모가 임진왜란 초기 부산 앞바다에서 패한 후 빠르게 회복되었고, 원균 수사의 전선도 많이 확보되었음을 알 수 있다.

● 해전 경과

해가 바뀌어 전란 3년째에 들어선 1594년에는 명나라와 일본 사이에 전쟁을 종결시키려는 강화 교섭이 빈번히 있었던 관계로 대규모 전투는 없었다. 이러한 정세 하에 조선은 강화보다는 왜군에 대한 응징과 국토 수복에 마음이 불타고 있었으나 적을 궤멸시킬 국력은 미치지 못했다. 히데요시는 조선의 동남해 해안 요충지에 11개 본성과 7개 지성을 지키며 장기전으로 대진작전에 임하게 했다. 부산진을 중심으로 동쪽으로는 서생포, 임랑포, 기장, 동래, 서쪽으로는 김해, 가덕도, 안골포, 웅천, 거제도의 영등포, 장문포 등에 성을 구축하고, 육상과 해안에서 약탈 행위를 자행했다. 이순신은 통제사로서 한산도에 있으면서 전력 증강과 군사 훈련에 치중하며, 정보망을 구축하고, 적의 서해 진공을 차단하고 있었다.

그러던 중 1594년 3월 3일 오후 2시, 고성 땅에서 망을 보던 제한국으로부터 "오늘 새벽에 적 대선 10척, 중선 14척, 소선 7척이 영등포에서 나오더니 그중 21척은 고성 땅 당항포 쪽으로, 7척은 진해 쪽으로, 나머지 3척은 저도로 이동했다"라는 정보가 들어왔다. 통제사는 전라우수사 이억기와 경상우수사 원균에게 출전할 것을 지시하고, 그날 밤 8시에 합동함대를 이끌고 출항했다. 밤 10시경 합동함대는 지도에 이르러 정박하고 다음과 같은 작전 계획을 세웠다.

> 첫째, 전선 20척을 견내량에 대기시켜 적의 한산도 본영 진공을 막는 한편, 기동전대로 예비해둔다.
>
> 둘째, 3도의 경쾌한 정예함 몇 척을 뽑아 조방장 어영담 지휘하에 일본 수군 전선이 있는 당항포와 오리량에 출전시켜 격파한다.
>
> 셋째, 합동함대의 주력은 영등포와 장문포의 적진 앞바다의 증도 해상에서 학익진을 형성하여 적 전선이 나오면 포위 섬멸하고 도망 길을 차단한다.
>
> 넷째, 의령에 와 있는 순변사 이빈에게 해상 전투에서 쫓겨 육지로 도망치는 적을 육군의 보병과 기병을 동원하여 모조리 무찔러 달라고 연락한다.

각 지휘관은 이러한 작전 계획에 따라 출동했다. 어영담이 지휘하는 전대는 진해 선창에서 나오는 적 전선 6척을 발견하고 돌진하여 불태워 없애고, 저도에서 2척을 불태웠다. 어영담은 계속하여 전대를 이끌고 당항포로 향하니 적 전선 21척이 정박하고 있었는데, 적은 조선 수군 전선을 보고 육지로 올라가 진을 쳤다. 어영담이 통제사에게 적정을 보고하니, 이순신은 다시금 순변사 이빈에게 공문으로 해안으로

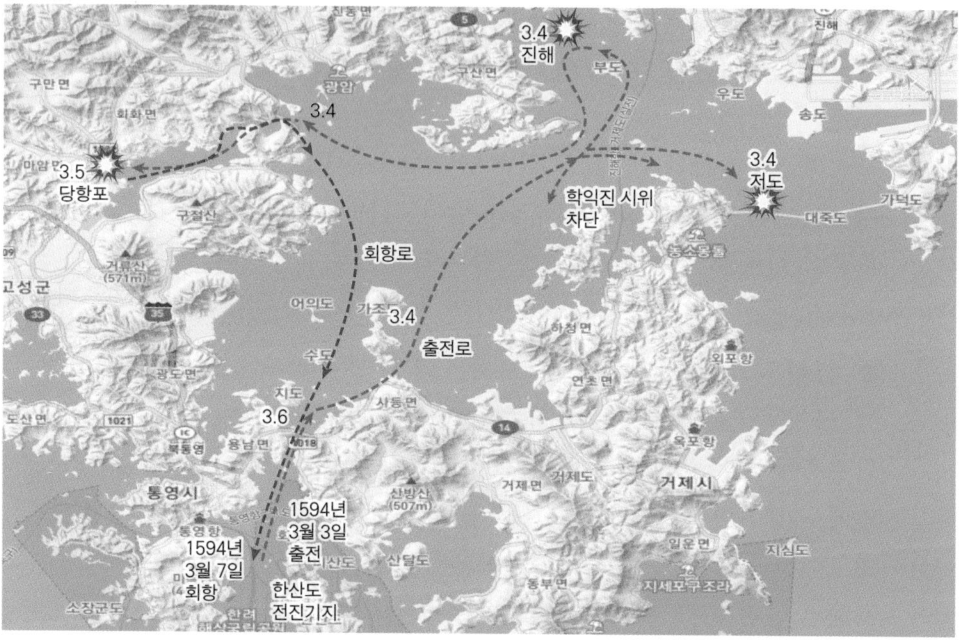

[그림 16] 6차 출전로 및 회항로

올라가 진을 치고 있는 적 수군을 육지에서 공격해줄 것을 요청했다.

어영담은 적을 포격하려고 했으나 조수가 빠져 배를 접근시킬 수 없었고, 날이 저물어 그날 밤은 당항포 입구를 봉쇄하면서 지냈다. 다음 날 5일, 어영담은 밀물을 타고 당항포 안으로 들어가 적 전선 21척을 모조리 격파했다. 어영담은 오후 2시 통제사에게 작전 경과보고를 했다. 어영담이 격파한 적 전선 21척에는 기와와 대나무가 가득 실려 있었다. 이순신이 고대한 육군은 출전하지 않아 육지로 올라간 적을 섬멸하지 못했다. 이 전투에서 합동함대는 적 전선 31척을 격파하고 3월 7일 한산도로 돌아왔다.

명나라 도사 담종인이 웅천에서 이순신에게 다음과 같은 편지를 보내왔다.

일본 장수들은 휴전하고 쉬기를 바라니 빨리 본영으로 돌아갈 것이며, 일본과의 싸움으로 인해 화의 진행에 지장이 없도록 하라.

왜군과 강화를 진행하고 있는 명나라의 속내를 알 수 있는 대목이다. 이순신은 담종인의 "적을 치지 말라"라는 문서에 답을 보내 조선 수군이 적을 칠 수밖에 없는 이유를 논리적으로 설명했다.

● 1차 당항포해전과 2차 당항포해전 비교

1차 당항포해전은 이순신 함대의 2차 출전 중 1592년 6월 5일 당항포에 정박 중인 왜 수군 전선을 합동함대의 거북선 돌격 및 포구 안에서 포위 공격하여 왜 수군을 섬멸한 해전이었다. 필자는 1차 당항포해전의 포위 공격을 학익진과 유사한 전술로 평가했다. 2차 당항포해전의 전술은 1차 당항포해전과는 다소 차이가 있다. 2차 당항포해전의 경우 포구 입구에 매복조를 두고 항내로 진입하는 방법은 유사했으나 1차 해전과 달리 왜 수군이 전선을 정박한 채 겁을 먹고 육지로 도주한 상태에서 일방적으로 적선을 불살랐다. 특히 일부 저서 및 간행물 등에 2차 당항포해전 시 학익진으로 적을 격파했다는 내용은 사실과 다르다. 이순신의 장계에 따르면 학익진 대열로 영등포와 장문포에 진을 치고 있는 적에게 시위했다는 내용이 실제로 당항포 교전 시 학익진이 사용됐다고 와전된 것으로 보인다. 또 6차 출전은 삼도수군통제사 지휘권을 행사하는 첫 합동함대 출전이었다. 따라서 그의 일기에 이억기 전라우수사 및 원균 경상우수사에게 이전의 출전과 달리 명확하게 지시하고, 보고를 받고, 함대를 적절하게 분산하여 임무를 부여하는 등 이전의 합동함대 지휘 때와는 사뭇 다른 리더십을 보여주었다.

8. 7차 출전(장문포 수륙합동작전)

● 수륙합동작전이 필요한 상황

이순신은 진해·안골포 전투를 끝내고 1594년 3월 7일 한산도 전진기지로 돌아온 후 적의 동태를 감시하는 데 집중하며 교육 및 훈련에 치중했다. 특히 미래의 군관들을 양성하기 위해 한산도 영내에 별시를 치를 시험 장소를 개설하고 4월 7일과 8일 이틀간 시험을 실시하여 군관 100명을 선발했다.

한편 왜 수군은 조선 합동함대가 진해·안골포해전 승리 후 한산도에 전진 배치되어 주둔하고 있었지만, 여전히 거제에 진을 치고 진해의 웅천과 웅포를 드나들며 호시탐탐 세력을 확장하고자 기회를 엿보고 있었다. 당시의 상황을 이순신은 4월 18일 일기에 다음과 같이 기록하고 있다.

> 새벽에 도망해 돌아온 사람들에게 왜적의 상황을 물으니 평의지(소 요시토시)는 웅천에, 소서행장(고니시 유키나가)은 웅포에 있다고 했다.

여전히 왜 수군은 조선 수군의 한산도 전진기지와 멀지 않은 거제는 물론 6차 출전 시 공격을 받은 웅천, 웅포 등 육상에 거점을 두고 해상 진출을 꽤하고 있었으나, 조선 수군은 수군만으로 재공격하기에는 한계가 있었다. 이러한 적을 치는 데는 육군과의 합동작전이 필요했다. 6차 출전 이후 조선 수군이 한산도 전진기지에서 경계강화에 치중한 이유도 수군만의 공격으로는 한계가 있었기 때문이다.

이러한 상황에서 1594년 9월 초 선조는 도체찰사 윤두수, 도원수 권율, 통제사 이순신에게 밀지를 보내 질책했는데, 그 내용은 다음과 같다.

수륙 여러 장수들이 한 가지라도 계략을 세워 적군을 치는 일이 없이 팔짱만 끼고 서로 바라다보고만 있다.

이순신은 일기에 당시의 답답한 심정을 이렇게 기록했다.

지난 3년 동안 바다에서 여러 장수들과 죽을 각오로 적과 싸웠다. 지금은 적이 견고한 성 안에 틀어박혀 있어 무모하고 경솔하게 쳐들어갈 수가 없다. 더구나 적을 알고 나를 알아야만 백 번 싸워도 위태롭지 않다. 홀로 앉아 나라 일을 생각하니 안으로 건질 길이 없으니 어찌 할꼬.

이순신의 구국의 심정과 안타까운 심정을 모두 엿볼 수 있는 대목이다. 웅포해전에서 경험했듯이 왜 수군은 해전을 피하고 육지로 올라가 응전하거나 성내에 거주하면서 지구전을 쓰고 있어서 섣불리 공격할 수 없을 뿐 아니라 수군만으로 무모한 공격을 하다가는 아군이 피해만 입을 수 있다는 사실을 잘 알고 있었다. 그래서 웅포 전투 및 안골포 전투에서 육군과의 합동작전을 요청했으나 받아들여지지 않았다.

도체찰사 윤두수도 거제도의 적을 공격하기 위해 조정에 수륙합동작전 계획을 올렸지만, 이번에도 비변사는 9월 19일 이순신에게 거제도의 영등포 왜군을 공격하라고 명령하고 윤두수가 제청한 수륙합동작전에 반대했다. 조정은 비변사의 말을 듣고 윤두수에게 합동작전을 취소하라고 선전관을 보냈으나 선전관이 도착하기 전에 작전은 이미 진행되고 있었다. 이러한 일들은 촌각을 다투는 긴박한 현장의 상황을 파악하지 못하고 인편으로 지휘하는 조정에서 직접 전투지휘를 하는 과정에서 자주 발생했다.

● 장문포 수륙합동작전 전개 과정

거제의 적정은 다음과 같았다. 적의 거점인 영등포와 장문포 사이의 거리는 육로 약 6km, 해로는 약 8km로 서로 인접해 있다. 장문포에는 적 병력이 1,600명, 적 전선이 117척, 장문포만의 수로 입구에는 뗏목으로 만든 장애물을 설치하여 함선의 항행을 저지했다. 수로 양측에는 토성을 쌓고 우리나라에서 만든 천자총통, 지자총통을 설치하여 방어 진지를 구축해놓았다. 영등포성에는 병력이 약 1천 명, 전선이 70~80척, 군량은 창고에 가득 쌓여있었다.

아군은 도체찰사 윤두수가 순천으로 이동하고, 도원수 권율이 사천현 고성으로 이동하여 전선 사령부를 가동했다. 이순신은 9월 22일 도원수 권율로부터 작전 계획서를 받았다. 작전 개시일은 9월 29일이었다.

아군병력은 육군 공격부대로 의병장 곽재우, 김덕령이 이끄는 800명, 충청병사 선거이가 이끄는 140명, 그리고 예비대 2천 명이었다. 조선 함대는 전선 50여 척이었다.

9월 27일 이순신은 함대를 이끌고 한산도를 출항하여 적도(화도) 앞바다에서 육군 지휘관들을 전선에 태우고 견내량을 지나 9월 29일 아침 일제히 장문포 앞바다로 돌입했다. 적군은 험준한 곳에 숨어서 나오지 않고 지키고만 있었다. 적 정찰선 2척을 격침시키고 칠천량 외줄포로 돌아왔다.

10월 1일 원균과 이억기 두 함대에 장문포를 공격하도록 하고, 통제사 이순신은 충청수사 이순신과 영등포의 적군을 공격했다. 하지만 적군이 성 안에서 나오지 않아 밤에 칠천량으로 돌아왔다.

10월 2일 전선 30척을 장문포에 보내 적정을 살피고 유인 전술을 썼으나 적은 꼼짝도 하지 않았다.

10월 3일 장문포에 출전했으나 적이 나오지 않아 다시 칠천량으로 돌아와 새로운 작전을 구상했다. 현재와 같은 전술로는 성안에 버

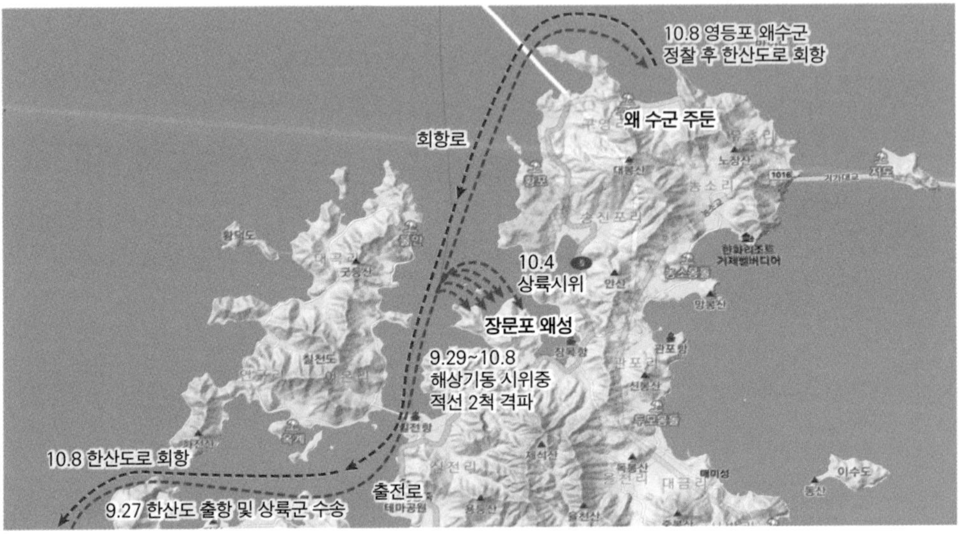

[그림 17] 7차 출전 장문포 수륙합동작전 출전로/회항로 및 상황도

티고 있는 왜군을 격파하기에는 한계가 있다는 점을 인식하고, 상륙군을 적지에 상륙시켜 작전을 추진하는 계획을 세웠다. 통제사 이순신의 구상은 다음과 같다.

> 첫째, 육군 수백 명을 적지에 상륙시킨다.
> 둘째, 선봉 전대를 장문포만에 보내어 유인전술을 편다.
> 셋째, 합동함대는 멀리서 대기했다가 시의적절하게 전황에 대처한다.

10월 4일 상륙군을 상륙시켰으나 적은 요지부동이고, 다만 고지 위에서 칼만 휘두르며 시위만 하고 있었다. 상륙군은 바닷가에서 적의 동향만 살펴보고 곧바로 귀함했다.

10월 6일 선봉전대를 장문포로 보냈으나, 적은 "일본은 명나라와 화친을 의논 중이니 서로 싸울 것이 없다"라는 팻말을 꽂아두고 나타나지 않았다.

10월 8일 합동함대는 장문포 및 영등포 앞바다에서 기동 시위를 하고 한산도 본영으로 돌아왔다. 육군 장졸들도 모두 육지로 돌아갔다.

● 장문포 수륙합동작전의 의의

장문포해전은 임진왜란 시기 조선의 수군과 육군의 대표적인 수륙합동작전이었다. 장문포해전 이전의 웅포해전 및 당항포해전에서 이순신은 수군으로서 해상 전투만으로 육지에서 버티며 소극적으로 응전하는 적을 섬멸하기 위해 육군의 참전이 필요하다고 요청했지만 거절당했다. 거제의 영등포와 장문포에 장기적으로 진을 치고 있는 적을 치기 위해 도체찰사 윤두수가 직접 내려왔다. 조정에서 내려온 윤두수는 거제의 적을 치기 위해 육군과의 합동작전이 필요하다는 것을 현장에 내려와서야 확인하고, 조정에 합동작전을 요청하고 합동작전을 개시했다. 조정의 허락이 있기 전 합동작전을 개시할 만큼 현장의 상황은 다급했고, 또 앞에서 언급한 바와 같이 이순신이 당항포, 웅포 및 안골포 등의 전투에서 육군과의 합동작전을 줄기차게 강조한 이유를 조정에서 내려온 도체찰사 윤두수도 인식했다고 판단되는 대목이다.

장문포 수륙합동작전에서 조선 수군은 적선 2척을 격파했지만, 조선 수군도 전선 4척이 피해를 입었다. 임진왜란의 해전 중 전과는 크지 않았지만, 수륙합동작전을 시도했다는 것만으로도 장문포해전은 큰 의미가 있다고 볼 수 있다.

9. 명군 참전과 명·일 강화회담 과정 및 결렬

1592년 4월 13일 조선을 불법으로 침략한 왜군은 부산 함락 후 파죽지세로 북진하여 20여 일 만에 한성을 함락했다. 이 과정에서 상주에서 이일이 패하고, 신립은 충주에서 왜군에 맞서 싸웠으나 패했다. 선조는 4월 30일 한성을 떠나 5월 1일 개성, 7일 평양에 도착했다. 왜군은 5월 2일 남한강을 건너 5월 3일 한성에 입성했다. 5월 26일에는 임진강을 넘어 15일에는 평양에 입성했다. 6월 11일 평양을 떠난 선조는 6월 22일 의주까지 도피했다. 4월 23일 곽재우가 의병을 일으키고 7월 10일 금산 전투에 참전한 전라도 광주의 의병장 고경명은 6천여 명의 의병을 이끌고 금산에서 왜적과 싸우다가 전사했다.

조선 육군의 연패가 계속되고 평양이 함락되는 가운데 명나라의 참전이 시작되었다. 6월 19일 명나라 부총병 조승훈이 입국하여 7월 17일 평양선 전투를 벌였으나 실패했고, 7월 24일에는 조선의 두 왕자가 적장 가토 기요마사에게 포로로 잡히는 수모를 당하기도 했다. 선조는 7월 윤두수, 이덕형 및 정곤수 등에게 명해 명나라에 지원군 증원을 요청하는 외교를 계속했다. 9월 1일에는 적장 고니시 유키나가와 명나라 심유경이 회담하여 50일간 휴전했으나 전선에서 교전은 계속되었다. 9월 1일은 이순신이 부산포에서 대승을 거둔 날이기도 하다.

해가 바뀌어 1593년 초 1월 6일부터 9일까지 조·명 연합군은 왜군 고니시 부대와 치열한 교전 끝에 평양성을 탈환했다. 전년도 12월 25일 조선에 입국한 이여송은 평양성을 탈환 이후 벽제관 전투에서는 대패했다. 한성에 주둔하고 있던 일본군 주력부대는 2월 12일 행주산성을 공격하다가 권율 장군에게 패했다.

명나라 군대가 조선에 들어와 왜군과 싸우면서 전쟁의 양상은 다르게 전개되고 있었다. 양측의 공방전은 서로에게 전쟁 피로도를 가

중시켰고 급기야는 상호 필요에 따라 강화가 시작되었다. 이러한 정황에서 명나라 군대는 사기가 저하되어 싸움을 기피하며 싸우지 않고 일본군을 철수시킬 방안을 찾게 되었고, 왜군 역시 부산에서 내륙 깊숙한 곳까지 병참로가 길어 군수보급에 막대한 지장을 초래하고 있었다. 또 시기적으로 동계절이어서 겨울을 나는 동안 수많은 군사가 얼어 죽고 식량난에 굶어 죽게 되어 재정비할 시간이 필요했다. 이러한 전황에서 양국의 강화협상은 어쩌면 당연한 것이기도 했다.

1593년 3월부터 4월 초까지 용산에서 이루어진 강화협상의 주요 내용은 다음과 같다(용산회담).

이 회담에서 명나라는 왜군에 다음 세 가지를 제안했다.

> 첫째, 조선 땅에서 철군하라.
>
> 둘째, 억류한 두 왕자를 돌려보내라.
>
> 셋째, 히데요시의 조선 침략 사과 조건으로 히데요시를 일본국 국왕으로 책봉하겠다.

일본은 명나라에 다음 사항을 제안했다.

> 첫째, 명나라는 강화 사절을 일본으로 보내라.
>
> 둘째, 명군은 조선에서 철수하라.
>
> 셋째, 본국은 4월 8일 한성에서 부산으로 철수할 것이다.
>
> 넷째, 두 왕자를 돌려보내겠다.

명나라 경략 송응창은 4월 8일 3차 용산회담 후 강화사절을 임의로 만들어서 일본으로 보내 히데요시의 항복 문서를 받아오게 하고, 일본군의 한성 철수를 요구했다. 히데요시는 1593년 4월 12일 한성 주둔군에 부산으로 철수 명령을 내렸고, 한양의 왜군은 서생포에서 웅천에 이르는 경상도 남쪽으로 철수하고 진을 치며 장기전에 돌입했다. 용산회담으로 일단 양국은 초기의 목적을 달성한 셈이었다.

경략 송응창은 명나라에 제시한 제안을 명국에 보고하지 않고 임의로 조작하여 강화사절을 고니시와 같이 일본으로 보냈다. 이들은 1593년 5월 24일 나고야성에서 히데요시를 만났다. 히데요시는 강화사절을 명나라 황제가 보낸 진짜 강화사절로 알고 지극히 대접했다. 이들 가짜 강화사절은 6월 28일자 히데요시의 강화 약관을 가지고 돌아왔는데, 그 요지는 다음과 같았다.

> 첫째, 명나라 황제의 현녀를 후비로 맞겠다.
> 둘째, 양국이 우호 통상을 할 것
> 셋째, 양국이 전권 대사를 교환할 것
> 넷째, 조선 8도 중 4도와 한성을 조선 국왕에게 되돌려주겠다.
> 다섯째, 조선 왕자와 대신 12명을 인질로 보내라.
> 여섯째, 사로잡아놓은 두 왕자는 되돌려주겠다.
> 일곱째, 조선 대신의 서약서를 보내라.

위장한 명나라 사절은 강화 약관을 가지고 돌아왔다. 경략 송응창, 제독 이여송, 심유경 세 사람은 히데요시의 7개 약관이 명나라의 자존심을 크게 손상시켜 황제의 노여움을 살까 봐 이 약관을 숨겼다. 고니시도 이 약관이 명나라에서 도저히 받아들이지 않을 것으로 짐작하여 심유경과 타개책을 모색하게 되었다. 나고야회담으로 가토에게 잡혀 갔던 두 왕자는 8월 6일 한성으로 돌아왔다.

명군의 주력부대도 9월 13일 압록강을 건너 요동으로 철수했고, 일본군 우키다와 여러 장수도 일본으로 돌아갔다. 고니시와 심유경은 강화회담의 결실을 맺기 위해 본격적인 공작에 들어갔다. 이 두 사람은 명나라가 히데요시의 항복 문서 없이는 일본의 사신을 받아주지 않을 것임을 알고 이 문제를 타개하기 위해 1593년 12월 21일 가짜 항복문서인 '관백항서(關白降書)'를 꾸몄다. 그런 다음 가짜 사신 고니시 죠안을 1594년 1월 20일 요동으로 들여보냈다.

고니시 죠안이 1594년 12월 7일 북경으로 들어갔다. 13일 신종 황제는 고니시 죠안을 만나 일본군은 조선에서 완전히 철수할 것이며, 장차 영원히 조선을 침공하지 않겠다고 약조하라고 했다. 고니시 죠안은 글을 써서 대답하기를 "황제의 말씀인 위의 조건을 전적으로 받아 이행함은 물론, 16년 전에 오다 노부나가가 일본 왕을 죽여 지금은 왕이 없으니 황제께서 히데요시를 왕으로 봉하여 달라"라며 거짓말을 늘어놓았다.

이어서 그는 "조선이 천조의 봉을 받아 백성이 편안한 것을 보니 우리 일본도 천조의 봉을 받아서 백성을 행복하게 살게 하고 싶다. 일본 대신들에게 작위를 주시고 천조의 명령에 복종하겠노라"라고 맹세했다. 이리하여 명나라는 책봉사를 일본으로 보내기로 했다.

명나라 책봉사는 1595년 1월 30일 북경을 떠나 4월 28일 한성에서 머물다가 11월 22일 부산 왜영에 들어갔다. 명나라 책봉사는 이종성과 양방형이었다. 이종성이 왜영에서 도망쳐 본국으로 귀국했다. 명나라는 다시 양방형과 심유경을 책봉사로 임명하고 일본으로 보냈다. 조선도 황신을 통신사로 일본에 보냈다.

명나라 책봉사는 1596년 9월 2일 오사카성에서 히데요시와 회견했다. 이때 명나라 신종황제는 히데요시에게 조유, 즉 황제의 친서를 보냈는데, 그 요지는 다음과 같다.

> 도요토미 히데요시여, 네가 명나라의 풍교를 받고 나, 황제에게 일본 국왕으로 삼아 달라고 청하려고 조선에 길을 빌리려 했으나 거절당해 할 수 없이 조선과 싸우게 됨을 내가 아노라. 이제 네가 나의 명령을 받들어 성심을 보였으며, 나의 속국인 조선 왕도 너의 봉왕을 청

했다. 내가 사신을 보내 너를 일본의 왕으로 삼고 관복과 금인을 보내니 감사히 받아라. 그리고 나라와 백성을 복되게 다스려라.

히데요시는 굴욕적인 명의 친서 내용을 확인했다. 1593년부터 3년 동안 고니시와 심유경 등이 주동이 되어 추진했던 지루한 강화교섭은 1596년 일본 오사카성 회담에서 결렬되고, 사신들은 추방되었다. 히데요시는 조선에 대한 재침 명분을 가졌고, 왜군의 침공은 다가오고 있었다. 결국 가토가 이끄는 왜군은 1597년 1월 부산 해역으로 쳐들어왔다. 정유재란이 발발한 것이다.

4장

명량해전과 칠천량해전

1. 칠천량해전

● 칠천량해전 전초전

명·일 강화협상의 결렬에 이어 도요토미 히데요시의 조선 재침공략은 일사불란하게 추진되었다. 가토를 앞세워 대마도에 집결한 침공군을 태운 적선 수백 척이 1월 12일부터 15일까지 서생포, 다대포 등 부산 해역으로 진군했다. 조정은 침공하는 적을 막지 못했다는 이유로 이순신을 탄핵하고 원균을 삼도수군통제사로 임명했다. 신임 통제사로 임명된 원균은 지휘력 부족으로 부대를 장악하지 못했다. 군사들의 사기와 군기는 이전과는 사뭇 달라졌다. 또한 도원수 권율과 원균과의 관계도 원활하지 못하여 적을 치는 전략에 이견이 노출되었다.

1597년 1월 이후 적의 공세는 지속되었다. 조정은 조선 수군에게 부산을 치도록 했다. 통제사 원균은 조정에 안골포·거제도에 대해 수륙합동작전을 건의했으나 조정에서는 허락하지 않았다. 특히 도원수 권율의 반대가 컸다.

원균이 삼도수군통제사가 된 이래 칠천량해전 이전에도 조선 수군과 왜 수군 간에 몇 번의 교전이 있었다.

첫 번째는 왜선이 거제도에 상륙했다는 정보를 들은 조선 수군이 1597년 3월 8일 한산도를 출항하여 거제도 가문포(옥포항 북쪽 해안으로 추정)로 이동하여 왜선 3척을 나포한 전투다.

두 번째는 조선 수군이 1597년 6월 18일 한산도를 출항하여 6월 19일 안골포와 가덕도에 진을 치고 있던 왜군과의 교전이었다. 원균은 비변사에 수륙합동작전으로 적을 쳐야 한다는 당위성을 요청했으나 받아들여지지 않았고, 도원수 권율의 사실상 강압으로 수군 단독작전을 감행했다.

원균은 1597년 6월 18일 90여 척의 전선을 이끌고 장문포에서 1박 한 후 안골포·가덕도 인근 해역을 경계하던 중 적선을 나포하고, 적 수군 시마즈·다카하시가 이끄는 함대의 공격을 받아 싸우다가 한산도로 돌아왔다. 이 전투에서 보성군수 안홍국이 전사하고, 평산 만호 김축이 눈 밑에 적탄을 맞는 피해를 입었다.

세 번째 전투는 조정의 강력한 요청으로 부산 진격 중에 발생했다. 원균은 조정의 명을 사실상 거부했고, 실제로 출전한 전투는 원균과 전라좌수군을 제외한 경상우수사 배설, 전라우수사 이억기 및 충청수사 최호 휘하 수군이었다.

조선 수군은 7월 4일 한산도를 출항하여 7월 5일 칠천도에서 정박하여 밤을 새운 뒤 7월 6일 옥포에 정박했다. 다음 날 아침 7월 7일 옥포항을 출항한 조선 함대는 다대포에서 적선 8척을 분멸하고 7월 8일 절영도로 이동했다.

절영도 외항에서 대마도에서 건너오는 왜 함대와 조우했다. 설상가상으로 절영도 외해는 파도가 심해 조선 수군의 전선은 조정 성능을 잃고 표류하기까지 했다.《난중일기》 기록에 따르면 절영도 외해에서 조선 수군이 잃은 전선은 20여 척으로 추정된다.

● 칠천량에서의 조선 수군 궤멸

7월 11일 도원수 권율은 원균을 곤양 본영으로 불러 7월 4일 통제사가 직접 출전하지 않았음을 문책했다. 한산도로 돌아온 원균은 분을 이기지 못하고 홧김에 출전 준비를 갖추지 못한 상태에서 예하 장수들에게 이튿날 12일 출전하라고 명령했다. 원균 합동함대는 12일 출항하여 칠천량에서 하룻밤을 보내고, 13일 옥포에 도착하여 14일 부산으로 향했다.

조선 합동함대가 부산 앞 절영도 해역에 이르자 바람이 세차게 불고 파도가 높아 선체가 요동쳐 노를 저어도 배가 앞으로 나아갈 수 없었다. 날은 어두워져 대피할 정박지를 찾지 못하던 중 부산항에서 적의 전선이 아군을 향해 나오고 있었다. 원균은 모든 장수에게 공격명령을 내렸다. 군사들은 아침에 옥포를 떠나 종일 쉴 사이도 없이 거친 바다를 10여 시간 노를 저어 밥도 제대로 먹지 못해 지칠 대로 지쳤고, 풍랑마저 심해 노를 저어 나아갈 힘이 부족했다.

조선 함대는 전열을 유지할 수도 없이 우왕좌왕하고 있는데, 적 전선은 연안 가까이에서 풍랑을 적게 받아 비교적 기동이 자유로워 조선 함대와 전면으로 싸우려 들지 않고, 가까이 왔다가 뒤로 물러섰다 하면서 총포를 쏘므로 우리 군사들을 피곤하게 하며 김 빼기 작전을 했다.

밤이 깊어가면서 풍랑은 더욱 거세어지고, 조선 함대는 사방으로 흩어져 전열이 흩어져 갈팡질팡하는 사이에 20여 척의 전선을 잃고 말았다.

그제야 원균은 퇴각명령을 내렸다. 적은 힘 빠진 원균의 합동함대가 물과 나무를 구하러 가덕도로 퇴각해 들어갈 것이라 예측하고 가덕도 육상에 다카하시 나오쓰구 부대를 매복시켜 미리 대기하고 있었다.

원균은 적이 추격하지 않을 것이라고 생각해 가덕도에 이르러 닻을 내리고 군사들은 급히 육지로 올라갔는데, 별안간 적의 복병이 사방에서 일어나 일제히 공격해왔다. 원균은 많은 군사를 잃었다. 황급히 배를 띄워 거제도 북쪽 영등포에 들어갔으나 여기서도 적의 공격을 받게 되어 함대를 칠천량 외줄포로 퇴각시켰다. 이렇게 원균은 홧김에 부산 앞바다로 출동했다가 전선 20척과 가덕도 및 영등포에서 군사 400여 명을 잃었다.

원균은 칠천량으로 돌아와 15일 밤 9시 여러 장수를 모아놓고, "적의 군세가 강력하지만 하늘이 어찌 정의의 군사를 돕지 않겠느냐? 내일 다시 출전하여 적 수군과 결전하고자 하니 한 마음으로 죽기까지 싸우자"라고 전의를 불태웠다.

경상우수사 배설은 "병가의 요략은 용감히 싸울 줄도 알고, 후퇴할 줄도 알아야 하오. 이번 출전으로 전선 20척과 400명의 군사를 잃었소. 용기만으로는 안 되오. 전투력이 미약해지고 군사들도 피로가 쌓였으니, 일단 한산도로 돌아가 군세를 가다듬어 다시 출전해야 할 것이오. 군졸들을 죽음의 바다로 끌고 갈 수는 없소"라고 출전을 미룰 것을 건의했으나 원균은 강하게 거부하고 출전을 결심했다.

칠천량해전이 있기 전날인 15일 밤에 왜적은 작은 배 10여 척으로 몰래 조선함대 사이로 숨어 들어와서 기습공격을 가하고 빠져나갔다.

16일 새벽, 흐리고 가랑비마저 내려 우중충한 날씨였다. 오전 6시경 적 함대는 원균 함대를 포위하고, 선봉함대는 외곽 경비를 하던 조선 전선을 공격하여 불태우고 포위망을 좁혀 조총을 쏘며 맹렬히 포격을 가했다.

원균은 적의 기습공격을 받자 놀라 북을 치고 나각을 불며 화전을 쏘아 올려 적의 습격을 알렸다. 적은 일제히 조선 함대에 돌입하여 총, 포, 화전을 퍼부었다. 원균 함대는 닻을 올리거나 돛을 다는 등 전열도 갖추지 못한 상태에서 싸웠다. 칠천량만 내는 천지가 뒤집히듯 요란한 포성과 연기로 하늘을 덮었다. 이때 경상우수사 배설은 전선

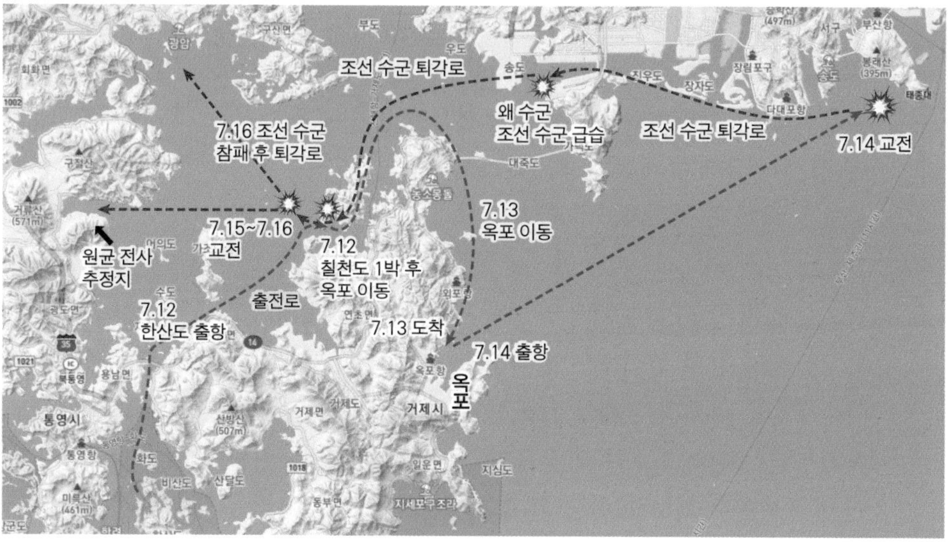

[그림 18] 칠천량해전 상황도

10여 척을 이끌고 한산도로 도망쳤다.

적 함대는 두 겹으로 포위망을 치고 고성 앞 넓은 바다 쪽만 열어두고 좁혀 들어오며 공격해왔다. 원균 함대는 적이 열어놓은 뱃길로 피해 나가면서 싸웠다.

적은 원균 함대가 넓은 바다로 나가자 또다시 포위하면서 맹렬히 공격했다. 조선 함대는 닻을 내리고 정박한 상태에서 적의 기습공격을 받았고, 전열도 갖추지 못한 상태로 마지막까지 혈투했으나 전세는 기울어졌다.

칠천량해전에서 전라우수사 이억기, 충청수사 최호, 조방장 배흥립 등 많은 장수가 전사했다. 조선 수군 전선 256여 척과 수만 명의 군사가 전사했다. 사실상 조선 수군은 궤멸되었다.

● 칠천량해전의 평가와 교훈

임진왜란 해전의 연구와 관심은 대부분 이순신의 해전 승리에 초점을 두고 진행되어온 바, 사실 칠천량해전에 대한 연구와 패인에 대한 평가는 크게 주목받지 못한 측면이 있다. 칠천량해전의 패인과 교훈을 간략하게 소개하고자 한다.

첫째, 지휘체계의 문제점 및 현장 지휘관의 건의 묵살

현재와 같이 통신수단이 발달한 전투에서도 전투 현장 지휘관의 의사결정은 전투의 승패를 가름하는 데 결정적인 요소다. 그러나 전쟁 지휘부인 조정과 도원수 권율은 현장 전투 지휘관인 원균의 부산 진격 전 안골포와 가덕도 왜적을 치기 위한 육군과의 수륙합동작전 요청을 묵살했다. 결국 수군 단독 작전으로 안골포와 가덕도의 왜군을 배후에 두고 원균은 권율의 강압에 의해 부대를 이끌고 부산으로 진격했다.

둘째, 전쟁 지휘부의 해상 상태를 무시한 작전지시

현재도 부산항 앞의 오륙도나 영도(절영도)의 태종대를 순회하는 연안 관광여객선의 경우 해상 상태에 따라 수시로 결항을 할 만큼 부산 앞바다는 파도가 거칠고 조류가 상당한 해역이다. 또 바다 상황은 수시로 변한다. 해상 상태가 좋지 않으면 선박의 조정성능이 떨어져 전투에 지장을 초래한다. 당시 전쟁지휘부인 조정의 부산 진격에 대한 집착과 해상상태를 무시한 도원수 권율의 무리한 조선 수군 출전 강요는 무리였다.

셋째, 수군통제사 원균의 리더십 한계

앞에서 언급한 두 가지 이유 외에도 전투사령관인 원균의 전략과 전술에 대한 리더십은 문제가 있었다. 지휘관이 모든 전투에서 승리만 할 수는 없다. 또 전투는 아군이 유리한 조건에서만 벌어지지 않는다. 비록 전장 환경이 불리한 조건에서도 지휘관은 최적의 리더십을 발휘해야 한다.

우선 원균 통제사는 부대 장악에 실패했다. 이는 1597년 6월 17일 이순신이 백의종군 중 권율과 만난 후 기록한 일기에 잘 나타나 있다. 기록에는 "원수(권율)의 장계에는 통제사 원균이 앞으로 나아가지 않고 오직 안골의 적을 먼저 쳐야 한다고만 말하며, 여러 수군 장수들과 생각이 많이 달라 원균은 안으로 들어가 나오지 않고, 여러 장수들과 절대로 합의하지 못할 것이기에 일을 엎질러버릴 것이 뻔합니다"라고 적혀 있다. 이 말은 통제사 원균과 과거 이순신 휘하에서 조련된 장수들과 전략이나 전술 운용 등의 군사업무에서 이견이 커 부대 장악에 문제가 크다는 의미다.

앞에서 언급한 바와 같이 1597년 7월 4일 1차 부산 진격 시 원균은 전쟁지휘부의 명령에 불만을 품고 출전하지 않았지만, 예하 지휘관들은 소속 수군을 이끌고 출전했다가 절영도에서 후퇴하고 말았다. 최고 지휘관은 본영에 남아 있고 부하들만 적의 본진을 치기 위해 출전한 것은 세계 어느 해전사에서도 찾아보기 어렵다.

또 원균이 지휘한 칠천량 전투 중 경상우수사 배설은 예하 장수들을 이끌고 현장을 빠져나오기도 했다. 그뿐만이 아니다. 칠천량해전 이전에 있었던 몇몇 전투에서도 일부 지휘관 및 휘하의 수군이 참전하지 않은 사례도 있었다. 군 속성상 도저히 있을 수 없는 일들이 발생한 것은 전적으로 지휘관의 리더십 부재라고 볼 수밖에 없다. 칠천량해전은 지휘관의 부대장악 실패가 실전에서 치명적인 패배를 초래할 수 있다는 대표적인 사례라 하겠다.

● 12척의 비밀

임진왜란 해전사에서 전선 12척이 갖는 상징성은 크다. 12척 전선이 언급되는 사례를 살펴보면 다음과 같다.

첫째는 앞에서 언급한 바와 같이 이순신이 선조로부터 조선 수군을 없애고 육군에 가서 싸우라는 명을 받은 후 “신에게는 아직 12척의 전선이 있나이다”라고 하며, 바다에서 해전을 해야 한다고 건의한 이순신 장계에 나오는 12척이며, 둘째는 명량해전 이후 오랜 기간 동안 다양한 기록물에서 해전에 참전했던 전선 수를 12척으로 기록한 예이며(실제로는 13척), 셋째는 배설이 칠천량해전에서 끌고 나온 전선이 12척이라고 전해 내려오는 기록 등이다.

앞에서 언급한 세 경우에 대해 각각 살펴보기로 한다.

첫째, 이순신의 장계에 적힌 전선 수

이순신이 장계에 12척이라고 쓴 이유는 칠천량해전 이후 수군 수습차 현지답사 과정에서 확인한 전선 수가 12척이었고, 따라서 수군 폐지를 명하는 답신인 장계에는 조선 수군이 아직 12척의 전선을 보유하고 있다고 썼다.

둘째, 명량해전 이후 다양한 기록에 나타난 전선 수

칠천량해전에서 퇴각했거나 또는 해전에 참전하지 못한 일부 수군 등은 1597년 8월 19일 장흥 회령포에 집결했다. 이순신은 1597년 8월 19일 회령포에서 삼도수군통제사 임명 기념식을 갖고 다음 날인 8월 20일 회령포를 출항했다. 출항 전 조선 함대의 전선 수가 12척이었다. 이 12척의 전선은 수군 수습과정에서 확인되었다. 회령포를 출항한 조선 함대가 이진(해남군 북평면 이진리)－어란포－장도－벽파진을 거쳐 명량해전 격전지인 우수영 앞바다에 도착한 날은 1597년 9월 15일이었고, 다음 날인 9월 16일 명량해전이 벌어졌다.

명량해전 이후 이순신은 선조에게 명량해전 결과를 담은 장계를 올렸다. 《선조실록》 1597년 11월 10일자 장계 내용에 “전선 13척이 참가했다"라는 기록이 명확하게 나와 있다. 회령포 출항 후 격선지인 우수영으로 이동하는 과정에서 1척이 합류했기 때문이다. 이에 대해 이순신의 일기에 명확하게 기록되어 있다. 1597년 8월 20일 일기를 보면 이순신이 어란포 해역에 체류 시 칠천량해전 후 전사한 이억기 수사 후임으로 새롭게 임명된 전라우수사 김억추가 전선 1척을 이끌고 조선 함대에 합류한 내용이 나온다. 김억추는 칠천량해전에 참석하지 않았고, 칠천량해전에서 전사한 이억기 장군의 후임으로 급하게 전라우수사로 임명되었다. 새롭게 임명된 전라우수사 김억추는 부임지인 전라우수영에 대기하고 있던 1척의 전선을 이끌고 8월 20일 어란포 해역에서 12척의 전선을 이끌고 이동 중인 이순신의 조선 함대에 합류한 것이다. 따라서 명량해전 참전 전선은 13척이었다.

셋째, 배설이 끌고 나온 것으로 전해지는 전선 수

세 번째로 배설의 전선 수에 대한 경우는 좀 더 체계적인 설명이 필요하다. 결론부터 말하면 경사우수사 배설이 칠천량해전에서 끌고 나온 전선 수는 12척으로 전해 내려오는 것은 사실이 아니다. 이와 같은 사실은 필자 고광섭이 2018년《난중일기》내용을 분석하여 밝힌 바 있다. 여기서는 이에 대한 연구 결과를 근거로 간단히 서술하고자 한다.

배설이 칠천량해전에서 끌고 나온 전선 수에 대해 몇 가지 설이 존재한다. 우선 12척 모두를 배설이 끌고 나왔다는 설과 배설이 갖고 나온 전선 수가 12척이 아니라 10여 척 또는 7~8척이라는 설 등이 대표적이다. 그럼에도 각각에 대한 정확한 근거가 될 만한 제시된 자료나 연구 결과는 찾기 어렵다. 2019년 11월 8일 국립 목포해양대학교에서 개최된 민·학·관·군 합동세미나(주제: 한반도 서남 해역의 전략적 가치 그리고 이순신의 구국의 항로)에서 필자 고광섭이 발표한 '이순신의 12척 및 13척 논란 이슈'를 중심으로 서술하고자 한다.

우선 일기와 명량해전 결과보고서인 장계를 종합적으로 분석하여 칠천량해전에 참전하지는 않았으나 자신이 지휘하는 전선과 함께 이순신 함대에 합류한 지휘관이 있는지 파악했다. 이어서 전선을 직접 책임지고 있는 오늘날의 해군 함장격인 당시의 전선 운용 지휘관의 이름이 누구인가와 이 지휘관의 소속부대를 확인했다. 즉, 지휘관의 소속이 배설의 경상우수사 소속인가 아니면 전라좌수영 소속인가 등을 확인했다. 명량해전에 참전한 13척 전선 중 김억추 전선을 제외한 12척의 전선 중 배설의 경상우수영 소속 전선은 6척, 전라좌수영 소속 전선은 3척으로 확인되었다. 나머지 3척의 소속은 전라좌수영 소속 전선 2척, 경상우수영 소속 전선 1척으로 추정되었다. 배설이 칠천량해전에서 갖고 퇴각한 전선 수는 최대 7척(최소 6척)으로 확인되었다. 또 전라좌수영 소속 전선 수는 최대 5척(최소 3척)으로 확인되었다. 즉 이순신이 칠천량해전 후 수습한 12척 전선에는 배설이 끌고 나온 경상우수영 소속 전선이 6~7척, 전라좌수영 소속 전선이 3~5척임을 알 수 있다. 따라서 명량해전에 참전한 13척 전선 중 6~7척은 배설의 경상우수영 전선, 전라좌수영 전선 3~5척 및 어란 해역에서 합류한 김억추의 전라우수영 전선 1척 등으로 구성되었다. 결론적으로 지금까지 알려진 배설의 전선 수 12척 설은 사실이라 볼 수 없다.

2. 이순신, 다시 전선을 띄우다: 회령진에서 울돌목까지

● 회령진

칠천량해전에서 궤멸된 조선 수군의 현황을 파악하던 중 이순신은 1597년 8월 3일 손경래의 집에서 삼도수군통제사로 재임명되었다는 선조의 교지를 받았다. 삼도수군통제사로 재임명된 이순신은 8월 18일부터 19일까지 장흥 회령진에 체류하며 12척의 전선과 함께 생존한 군사들을 만났다.

회령진에서 선조가 내린 삼도수군통제사 임명 교지에 예를 갖추고, 삼도수군통제사 부임 기념행사를 했다. 8월 19일에 치러진 행사 과정에서 경상우수사 배설은 선조의 임명 교지에 예를 갖추지 않은 불경을 저질렀다. 이순신의 삼도수군통제사 임명에 대한 불만을 노골적으로 표시한 것이다. 이순신은 배설의 부하를 곤장에 처함으로써 경상우수사 배설의 불손을 간접적으로 질타했다. 회령포 만호 민정붕이 전선의 군수품을 사적으로 빼돌렸기에 군율을 어긴 죄를 물어 곤장으로 벌을 가하기도 했다. 1597년 2월 한산도에서 한양으로 체포되어 간 이후 부하들과의 첫 만남부터 곤장 세례를 퍼부을 만큼 지위 고하를 막론하고 부대 군율이 엉망이었다.

칠천량해전에서 깨지고 부서진 것은 전선뿐 아니라 군사들의 심리적 안정마저 모두 조각났다. 이순신에게는 패망한 조선 수군의 군사력 보강도 큰 문제였지만, 군 기강을 바로잡아야 하는 것이 시급한 과제였다.

1597년 8월 20일 이순신은 조선 함대 지휘함에 승선하여 운명의 명량 해역을 향해 12척 전선을 이끌고 회령진을 출항했다. 전남 장흥에 있는 회령진은 조선 초 왜구의 침입에 대비하여 축조된 수군진이다. 과거의 흔적이 일부 민가에 남아 있고, 현재는 과거의 수군진을 기념하기 위한 거대한 기념탑이 세워져 있다. 이순신이 삼도수군통제사 재임명을 받은 후 처음으로 지휘권을 선포하고 구국의 심정으로 12척 전선을 수습하여 결사 항전지인 명량 해역으로 출항한 역사적 의미를 갖고 있다.

〔그림 19〕는 일명 명량해전 이전 '구국의 항로'로 불리는 회령진에서 전라우수영까지의 항로로, 사실상 삼도수군통제사 임명 후 명량해전 출전로다. 회령진을 출항한 조선 함대는 이동 과정에서 1척의 전선이 추가되어 13척이 되었다. 13척의 조선 함대가 진도와 해남 문내

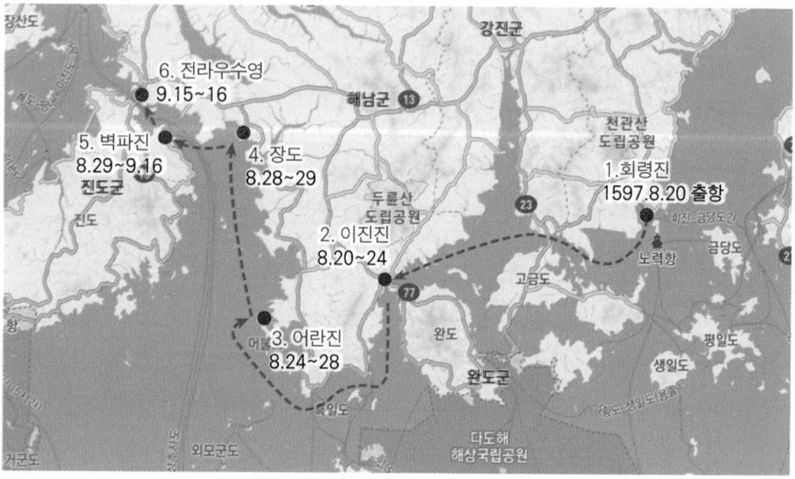

[그림 19] 삼도수군통제사 재임명 후 명량해전 출전로

면 전라우수영 앞바다에 도착한 날은 명량해전 하루 전인 9월 15일이었다. 회령진을 출항한 조선 함대가 명량해전의 격전지까지 이동하는 과정에서는 과연 어떤 일들이 있었을까?

● **이진진**

칠천량해전에서 궤멸된 이후 초라한 함대를 이끌고 회령진을 출항한 조선 함대는 왜 수군의 끈질긴 추격에 시달렸다. 이순신은 왜 수군의 추격을 예상했고, 회령진을 출항한 후에도 해상경계를 강화했다. 포구가 좁은 회령진을 출항한 조선 함대는 당일인 8월 20일 곧바로 해상 작전환경이 좀 더 나은 해남의 이진진으로 이동했다.

회령포에서 바닷길로 약 38km 떨어진 이진진은 왜구의 침입을 막기 위해 구축한 성으로 조선 시대 왜구의 대침입이 발생한 1555년 을묘왜변을 계기로 성을 강화했고, 임진왜란을 겪으면서 수군 만호가 주둔하는 남해안의 주요 수군 기지였다. 현재 일명 '이진 진성'으로 불리는 과거의 이진진은 해남의 바닷가 마을에 일부 정비된 모습으로 남아 있다. 당시 수군이 사용한 장군샘과 수군만호비, 서문터와 남문지, 성벽 등을 볼 수 있다.

조선 수군을 이끌고 이진진에 도착한 이순신은 8월 21일 새벽부터 토사곽란이 일어나 심한 고통을 겪었다. 몸을 따뜻하게 하기 위해 소주를 너무 많이 마셔 인사불성이 되었고, 심지어 고통을 참지 못해 꼬박 앉아서 날을 새기도 했다. 왜 수군의 추격을 피해야 하는 시급한 문제도 있었지만, 향후 강력한 왜 수군과의 결사항전도 감수해야 하는 상황을 충분히 알고 있는 통제사 이순신의 심정은 극도로 처절하고 절박했을 것이다.

● 어란진과 장도

8월 24일 이진진을 출항한 조선 수군은 어란진 앞 해상에서 밤을 새웠다. 어란진은 이진진에서 바닷길로 30여 km 떨어져 있는 해남군 송지면 바닷가에 있다. 어란 수군진은 조선 시대에는 영암에 소속되었으나 지금의 송지면 어란리로 이동하여 수군진성을 쌓고 정착한 것으로 전해지고 있으며, 1895년 폐진되었다.

현재(2019년 필자가 현지답사 시) 해남군 어란리 어란항에 있었던 것으로 추정되는 과거의 어란진 흔적은 거의 없다. 다만 극히 일부 성벽으로 추정되는 담벼락이 민가에 남아 있을 뿐이다. 더욱이 현지에는 지방정부나 중앙정부 등 공공기관에서 문화 사업으로 추진된 흔적도 찾아보기 어렵다. 표지판 하나 발견하지 못했다. 어란진 유적지가 체계적으로 관리되고 있지 않다는 의미다.

오직 설화로 내려오는 '어란 여인 이야기'를 미화하는 조그마한 기념석이 특정 민간단체 주도로 바닷가 언덕에 덩그러니 세워져 있다. 그것도 일제강점기 일본 순사의 유고집에 나오는 설화를 근거로 정유재란 시 어란진에 체류하고 있던 왜군 장수의 연인이던 조선 여자 어란이 왜군 장수한테 들은 군사기밀을 이순신한테 알려주었고, 이 정보가 명량해전의 주요 승리요인이었다고 적혀 있다. 참으로 통탄할 일이다. 국가 공조직에서 표지판 하나 세워두지 않은 유적지에 버젓이 자리 잡고 참으로 허무맹랑한 이야기를 당당하게 써놓은 돌 표지판이 필자를 서글프게 했다. 이 돌 표지판은 모 문예단체 장의 명으로 세워졌다. 사실 소설 같은 이야기를 확인하고 싶은 생각도 없지만, 당시 조선 함대의 이동로, 왜 수군의 조선 수군 추격로 및 시간과 공간 등에 대해 살펴볼 때 '어란 여인 이야기'는 가능한 내용이 아니다. 물론 과거 역사에서 이와 같은 설화를 미담으로 이야기할 수 있겠으나, 역사적 사실을 왜곡하는 수준이라면 문제가 된다. 어느 특정 시기에 대한 문제의식 없이 세워둔 '어란 여인 이야기' 같은 돌판 하나가 수백 년 수천 년을 지난 후에는 사실로 둔갑해버릴 수도 있기 때문이다.

이순신과 조선 함대는 어란진과 어란 해역에서 8월 24일부터 28일까지 머물렀다. 이 기간 중에 앞에서 언급한 바와 같이 전라우수사로 임명된 김억추가 전선 1척을 이끌고 합류했다. 이곳에서 유언비어 날조자를 처형하고 전시 군율을 세웠다. 특히, 조선 수군을 추격해온 왜 수군 전선 8척을 퇴각시키기도 했다. 일각에서는 이를 두고 '어란포해전'이라 부르기도 한다. 조선의 남은 함대 세력을 전멸시키기 위한 왜 수군의 집요한 추격이 시작되었고, 왜 수군의 대공격을 예상할 수 있는 징후였다. 이에 이순신과 조선 함대는 8월 28일 왜 수군을 퇴각시킨 어란진 해역으로부터 북서쪽으로 약 25km 떨어진 장도로 이동했다. 장도는 2019년 필자의 세부 답사 결과 해남군 황산면 학동리와 옥동리 사이의 매립지로 변했으며, 현재는 낮은 야산 형태로 남아 있다. 1918년 지도에는 '장도'라는 명칭의 섬을 확인할 수 있지만, 현재 지도에서는 섬의 명칭이 없다. 이순신은 왜 수군 추격을 물리친 후 어란진 해역에서 장도 해역으로 전략적 후퇴를 했다.

● **벽파진: 왜 수군의 조선 수군 정탐 및 격퇴**

벽파진은 진도군 고군면 벽파리에 있으며 과거부터 진도로 가는 관문 역할을 했을 뿐 아니라 국방상 주요 지역의 하나로 수군영이 있었고, 왜적들을 경계하는 데 중요한 지역이었다. 이곳에는 이순신 장군의 벽파해전 전적비가 있다. 이순신이 조선 함대를 이곳으로 옮긴 이유도 벽파진이 갖고 있는 지리적 및 시설적 이점이 있었기 때문이다.

조선 함대는 장도 해역에서 저녁을 보내고 8월 29일 바다 건너 진도에 있는 벽파진으로 이동했다. 벽파진은 지리적으로 장도에서 남서쪽으로 약 3km 떨어진 서남 해역의 해로 교통의 요지였다. 특히 장도에서 벽파진으로의 이동은 전선의 정박 시설과 진도 남쪽으로부터 해협을 따라 진입하는 적의 감시가 용이하기 때문이었을 것으로 추정된다. 장도 해역은 남쪽이 산등성이에 시야가 가리어 남쪽으로부터 진입해오는 적 전선을 감시하기에 지리적으로 불리한 점이 있다.

이순신의 조선 함대는 8월 29일부터 9월 15일 전라우수영으로 이동하기 전까지 벽파진에서 적의 움직임을 감시하며, 전열을 가다듬고 있었다. 이미 왜 수군은 지속적으로 끈질기게 추격을 해왔기에 조선 수군에 대한 규모의 실체를 대부분 파악하고 있었다. 이순신은 조만간 왜 수군의 대함대가 공격할 것이라고 예상하고 있었다. 따라서 벽파진 체류는 해상경계를 강화하면서 최후의 결전을 준비하는 기간이었다.

벽파진에 진을 친 지 며칠 지나지 않아 경상우수사 배설이 도망가는 사태가 벌어졌다. 훗날 배설은 체포되어 사형을 당했다. 이순신은 9월 3일 일기에 뜰 아래 머리를 웅크리고 있는 자신의 모습을 그렸다. 사실상 궤멸된 조선 수군의 패잔병들을 이끌고 왜 수군에게 추격당하는 전시 상황에서 통제사 이순신의 다음 서열이라 할 수 있는 배설 장군이 탈영한 것이다. 오늘날에 비유하면 함대사령관이 전쟁 중에 도망을 간 것이기에 참으로 있을 수 없는 일이 벌어진 것이다.

3. 명량대첩

● 명량해전 이전의 전황

앞에서 언급한 바와 같이 왜군은 1597년 1월 수백 척의 전선을 이끌고 부산 해역에 도착했다. 7월 8일에도 600여 척의 전선에 상륙군을 싣고 부산 해역에 도착했다. 칠천량해전에서 남해안의 제해권을 장악한 왜군은 섬진강 자락 두치진을 통해 남원성 전투에 참전하는 등 수륙병진전략을 구사하면서 8월 16일 남원성, 8월 25일 전주성을 차례로 함락했다. 왜군은 파죽지세로 북상하다가 명나라 군에 의해 천안 근처의 직산 전투에서 대패했다.

한편 왜 수군은 칠천량해전의 승리로 이전 해전과는 완전히 다른 모습으로 변신했다. 공세적 전략을 구사하면서 삼도수군통제사로 재임명된 이순신의 초라한 수군을 집요하게 추적하기 시작했다. 칠천량해전에서 패한 조선 수군 12척 전선을 이끌고 회령포를 출항한 이순신 함대 항로를 추적하면서 집요하게 따라붙었다. 울돌목의 턱밑이라 할 수 있는 벽파진까지 쫓아오면서 조선 수군을 염탐했다. 급기야 대군을 이끌고 추격해오는 왜 수군이 조선 수군에 탐지되었고, 조선 수군은 결전의 장소인 명량 해역으로 진을 이동했다.

조선 수군을 격멸하기 위해 해상 이동 중 끈질긴 추격해온 왜 수군의 대공격이 임박했음을 감지한 이순신은 임준형의 심상치 않은 정찰보고를 들은 다음 날 9월 15일 아침, 밀물을 타고 함대를 이동시켜 진도와 해남 우수영 사이 앞바다에 진을 치고 밤을 새웠다. 이순신은 만약의 사태에 대비하여 울돌목 명량 해역을 최후의 격전지로 판단하고, 함대를 벽파진에서 운명의 장소로 이동한 것이다.

울돌목은 협수로로서 '명량 해역'이라 부르기도 하며, 해안에 암초가 많고 조류 속도는 7~12노트로 초속 3m 정도이며, 소용돌이가 심하다. 이순신은 지리적 요소 등 평소 익힌 병법을 적용하여 이곳을 최후의 전략지로 선택했다.

울돌목은 항해가 가능한 폭이 좁아 함대가 수로를 통과하기 위해서는 선폭을 고려하여 소수의 종렬진으로 형성하면서 항해해야 한다. 따라서 소수의 전선으로 수백여 척의 적선을 상대하기 위해서는 통과 수로가 좁은 울돌목이 최적지였다.

군사력으로만 비교할 때 보통의 군사 상황 같으면 작전상 후퇴하는 것이 합리적인 판단이다. 그러나 이순신과 조선 수군은 더 이상 후퇴할 수 없는 상황이었다. 울돌목이 뚫리면 왜 수군은 마지막 남은 남해안의 제해권을 장악하고 목포 앞바다를 거쳐 일사천리로 서해로 진출할 수 있다. 이를 저지하기 위해 이순신과 조선 수군에게는 울돌목에 배수진을 치고 결사 항전하는 것 외에 선택의 여지가 없었다. 따라서 이순신은 칠천량해전에서 패배하여 공포에 떠는 군사들의 마음가짐을 다지고 죽기를 각오로 싸울 수 있는 자세를 갖도록 리더십을 발휘했다.

격전을 앞두고 필승의 각오를 다진 이순신은 장졸들을 모았다. 수백 척의 적과 싸워야 할 전투를 앞두고 불안과 공포에 떨고 있는 군사들을 향해 "병법에 이르기를 반드시 살고자 하면 죽고, 죽을 각오로 싸우면 살 길이 열린다"라고 역설했다. 또 "한 명의 병사가 길목을 지키면 천 명의 적도 떨며 두려워한다"라고 말하며 군인으로서의 책임과 의무를 강조한 한편 자신감을 키워주는 리더십을 발휘했다.

1597년 9월 15일 저녁 보름달이 훤히 비치는 명량 해역을 보며 이순신은 죽기를 각오로 싸울 것을 맹세하고, 쳐들어오는 왜 수군을 13척 전선으로 수비를 강화하고 공격력을 극대화하기 위해 일자진, 일명 '횡렬진'의 전술 진형을 생각하며 어쩌면 마지막 밤이 될지도 모르는 저녁을 보냈을 것이다.

● 해전 경과

이순신은 9월 16일(10.26) 아침 망군이 달려와 "헤아릴 수 없을 만큼 많은 적선이 우리 진을 향해 오고 있다"라는 보고를 하자, 출전 명령을 내렸다. 적은 이순신이 회령포 출항 이래 지속적으로 조선 수군을 추적해온 터라 조선 수군에 대한 전력을 충분히 파악했을 것이다. 또 남해안 일대의 제해권을 완전히 장악하고 있던 왜 수군의 전략은 조선 수군을 격멸하는 것이었다. 대군을 이끌고 공세적으로 쳐들어오는 적에 맞서는 조선 수군의 전략은 결사항전뿐이었다.

133척의 왜 수군은 조류가 강한 명량수로를 통과하며 유리한 상황에서 조선 수군을 공격하기 위해 순조류인 북서류를 타고 침공했을 것으로 추정된다. 조선 수군은 이순신의 명령에 따라 역류를 헤치며 명량 해역으로 항진하여 불리한 조건하에서 교전을 시작했다. 초기 교전 대형이던 일자진 역시 교전이 격화되고 조류의 영향 등으로 인해 흐트러졌을 것으로 추정된다. 특히 왜선들이 몇 겹으로 포위했다는 기록으로 보아 이런 추정을 가능케 한다. 또 상호 공방전을 치열하게 벌이면서 이순신의 전선이 포위되기도 하고, 아군의 장수들이 겁에 질리기도 했다. 그럼에도 이순신은 포연탄우 생사 간에 부하를 지휘할 수 있는 강력한 리더십을 발휘하며 교전했다. 대략 오후 2시를 전후하여 물길이 조선 수군에게 유리한 남동류로 바뀌고 조선 수군의 공격이 거세지면서 왜 수군은 전의를 상실하고 퇴각하기 시작했다. 조선 수군은 왜선 133척 중 31척을 격파하면서 해전은 막을 내렸다. 울돌목 밖의 외해에는 수백여 척의 전선이 울돌목으로 진입하지 못하고 대기하고 있었던 것으로 추정된다.

이순신은 13척의 전선을 가지고 적 함대 330여 척과 명량에서 싸워 단 한 척의 손실도 없이 적 전선 31척을 격침시키는 울돌목의 기적을 일구어냈다. 아군의 인적 피해는 이순신 기함 승조원인 순천 감목관 김탁과 수병 계생이 적탄에 맞아 전사했고, 박영남·봉학 및 이

[그림 20] 명량해전 초기 상황도

자료: 조성도의 《충무공 이순신》에서 인용 재작성.

극신이 부상했다.

● 명량해전의 평가와 의의

일제강점기 이후 국내에서는 이순신 관련 영화가 다수 제작되었다. 그중에서 2014년 명량해전을 주제로 한 영화 〈명량〉은 관객 수가 1,700만 명을 넘는 폭발적인 인기를 보여준 바 있다. 명량해전이 우리나라 해전사뿐 아니라 세계 전사에 빛나는 해전으로 칭송 받는 이유를 대변해주는 것으로 평가될 수 있는 대목이다.

명량해전에 대한 평가는 앞에서도 언급했지만, 이순신의 어록으로 대신할 수 있다.

첫째는 선조가 수군을 패하고 육군에 가서 싸우라는 명에 대한 회신으로 선조에게 보낸 장계에 기록된 "신에게는 아직도 12척의 전선이 있나이다"에서 볼 수 있는 불굴의 정신으로 승리할 수 있었다.

둘째는 명량해전에 출전하기 전 조선 수군에게 설파한 "살고자 하면 죽고, 죽을 각오로 싸우면 살 길이 열린다"라는 임전무퇴의 정신으로 승리했다.

셋째는 "한 명의 병사가 길목을 지키면 천 명의 적도 떨며 두려워한다"라고 호소한 이순신의 뛰어난 리더십으로 승리한 해전이라 할 수 있다.

이 외에도 해남 우수영 일원 백성의 헌신적인 지원, 자연적인 전장 환경 등도 승리의 요건이었다.

명량해전은 이순신이라는 걸출한 지휘관과 그 지휘관의 리더십을 따르는 조선 수군의 장교와 병사가 133척의 왜 수군을 맞아 턱없이 부족한 13척의 전선으로 맞서 기적적인 승리를 거둔 영원불멸의 대해전이었다. 명량해전에서 패전한 왜 수군은 다음 날 진도 해역 외해의 수군과 합세하여 조선 수군을 추격했으나, 조선 수군이 명량해전 승전 당일 밤 목포 앞바다를 거쳐 암태도 앞 작은 섬 당사도로 해상기지를 옮기는 바람에 교전은 이루어지지 않았다. 명량해전은 비록 조선 수군이 수적으로는 열세하지만 언제라도 적에게 결정타를 가할 수 있다는 점을 왜 수군에게 각인시켜주었다. 조선 수군이 해전 승리 후 40여 일을 남서해 오지의 섬으로 이동하면서 수세적 해상작전을 구사한 것은 매우 효율적인 전략적 행위로 보아야 한다. 결국 왜 수군은 조선 수군을 가볍게 보고 추격하다가는 명량수로에서처럼 치명적인 결정타를 입을 수 있다는 점을 인식하고 있었다고 보아야 한다. 왜냐하면 서해는 섬이 많고 조수간만의 차도 심하며, 왜 수군에게는 익숙지 않은 해역이다. 이러한 전략·전술적 장애 요소 때문에 왜 수군은 조선 수군을 더 이상 추격하지도 못했고, 결국 서해 진출을 포기했다.

5장

조·명 연합합동작전과 노량해전

1. 수륙사로병진 대작전

1598년 6월 명나라 군대가 입국하여 9월부터 수륙사로병진 대작전이 개시되었다. 수륙사로병진작전은 4개의 공격로로 바다와 육지를 병행한 작전을 구사하는 조·명 연합합동작전이다. 이 작전은 정유재란 말기인 1598년 명군의 최선임자이던 병부상서 총독군무 형개가 입안한 대공세 작전으로 동로는 마귀 제독 지휘하에 한성–충주–안동–경주를 거쳐 조선군의 선거이와 합류하여 울산의 가토 기요마사를 치는 공격로이며, 중로는 동일원 제독의 지휘하에 조선의 정기룡 부대와 연합하여 사천성을 치는 공격로이며, 서로는 유정 제독 지휘하에 한성–공주–전주를 거쳐 권율과 함께 순천의 왜교성에 진치고 있는 고니시 유키나가를 치는 공격로이며, 수로는 진린 도독이 지휘하는 명나라 수군과 이순신 함대와 연합하여 유정 제독과 합동작전으로 순천 왜교성을 치는 공격이다.

조·명 연합군이 대대적인 수륙연합합동 작전을 펼쳤지만, 울산성 전투와 사천성 전투 모두 패하고 말았다. 유정 제독이 지휘한 왜교성

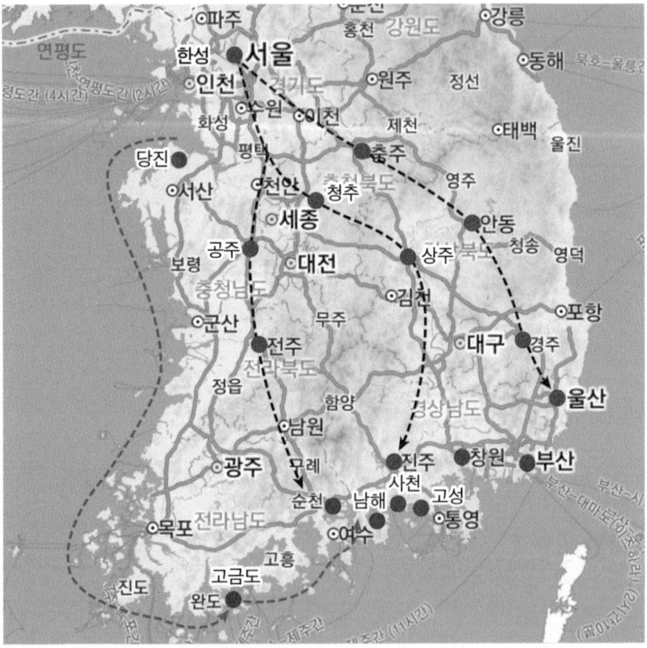

[그림 21] 수륙사로병진 작전도

자료: 제장명, 《이순신, 백의종군》에서 발췌하여 재작성.

공격도 실패했다.

한편 남해안 일대에서 조·명 수륙연합합동작전이 전개되고 있을 때 도요토미 히데요시가 1598년 8월 18일 사망했다. 히데요시는 죽기 전 조선에 출병한 군사들을 철수하도록 유언했다.

적들은 철수 계획에 따라 사천성과 고성에 있는 부대는 거제도로 철수하고, 왜교성의 고니시 부대는 해로로 퇴각하면서 전 부대를 부산으로 집결토록 했다.

이들의 철수작전과 수송은 구키 요시타카, 와카자카 야스하루 및 도도 다카토라 수군장 등이 임무를 수행했다. 가토는 서생포, 양산, 죽도성을 불사르고 부산으로 철수했다. 적군의 철수작전이 진행되는 동안 고금도의 조·명 연합수군도 수륙사로병진 작전계획에 따라 왜교성의 고니시 부대를 공격하는 조·명 연합합동작전에 참가했다.

2. 적의 철수작전과 왜교성 조·명 합동작전: 경과 및 결과

왜교성에 진을 치고 있던 고니시 부대는 적군의 철군작전에 따라 해로로 철군하려는 계획을 갖고 있었다. 조·명 연합수군은 적의 계획을 인지하고 왜교성에 인접한 해역에 대해 해로차단작전을 구상했다.

1598년 8월 24일 《선조실록》 기사에 따르면 우의정 이덕형이 선조에게 보고하는 내용이 있다. 이덕형은 순천 왜교성에 있는 적들이 성을 보강하고 나뭇가지를 치는 등 진에서 철수할 것 같지 않다는 보고를 했다. 또 이날 보고에서 조·명 연합수군이 적을 무찌르려고 출항했다는 내용도 함께 보고했다. 이 기록은 시기적으로 보아 절이도해전 이후 순천 왜교성 수륙합동작전 이전의 보고 내용임을 감안할 때, 적의 철군 첩보에 따라 해상 경계를 위해 출동한 것으로 추정된다.

이순신은 조·명 연합수군이 왜교성 수륙 합동 공격이 있기 전에 진린 도독이 왜적의 토벌작전을 방해한다는 장계를 올렸다. 《선조실록》 1598년 9월 10일 기사에 따르면 이순신이 출전하여 기회를 보아 적을 치려는 계획을 진린이 매번 강제로 중지시켰다고 했다. 조·명 연합수군의 지휘체계하에서는 조선 수군의 단독 작전이 어려움을 보고한 것이다.

실제로 명 수군이 1598년 7월 고금도 조선 수군에 합류하며 조·명 연합수군이 결성된 이후 명 수군장 진린과 명 수군의 횡포는 이순신이 수군을 지휘하는 데 큰 장애가 되기도 했다. 이러한 진린의 고자세는 절이도해전 직후부터 시작되었다. 앞서 설명한 바와 같이 절이도해전은 명 수군이 고금도 조선 수군통제영으로 합류하고 나서 곧바로 일어난 해전임을 감안할 때, 명 수군장의 이순신 길들이기는 조·명 연합수군이 결성되자마자 시작된 것이다.

명 수군 때문에 이순신이 얼마나 힘들어했는지는 1598년 8월 6일 조카에게 쓴 편지 내용에서도 알 수 있다. 다음은 이순신이 조카에게 보낸 편지 내용이다(박종평의 《난중일기》에서 인용).

> 서남쪽에 멀리 떨어져 있어 항상 마음이 아프고 간절한 것이 더하구나. 지금 조카 온을 만나고 또한 네 편지를 읽어보니 서럽고 슬픈 것이 더하는구나. 네 형 등은 고향에 돌아오고 싶어 하지 않더냐. 나는 비록 겨우 숨을 쉬고 있으나 명나라 장수(진린)가 연달아 와서 독촉하며 요구하는 것이 귀찮을 정도로 많아 하나하나 대응해 대답할 수도 없어 어찌할 수 없구나. 어찌할 방법이 없구나. 너는 고향에서 무얼 하고 지내냐. 반드시 빨리 내려오는 것이 좋겠다. 이 편지를 회(이순신 장남)에게 보여두어라.

왜교성의 고니시 부대를 치기 위해 유정이 지휘하는 명 육군과 조·명 연합수군이 합동작전을 위해 고금도를 출항한 것은 9월 15일이다. 《난중일기》 기록에는 9월 15일 이후의 작전 내용이 기록되어 있다. 조·명 연합수군은 고금도 수군기지를 떠나 9월 15일 나로도에 정박하여 이틀을 머문 후 오후 2시쯤 돌산도의 방답에 도착했다. 나로도에서 머무는 동안 명나라 도독 진린과 술을 마시며 작전 전개에 대한 논의도 했다.

다음 날 9월 19일 전라좌수영 앞바다로 이동하여 해상에서 정박했다. 이순신은 여수 앞바다에서 좌수영을 본 참담한 소감을 일기에 기록했다. 칠천량해전 이후 남해안 일대의 제해권을 장악한 왜군이 전라좌수영을 파괴했음을 본 것으로 추정된다. 이순신은 전라좌수사로 재직하면서 전란을 예상하고 전쟁준비에 몰두했고, 1592년 첫 해전이던 옥포해전을 비롯하여 많은 해전을 전라좌수영 전력을 중심으로 승리했다. 이순신은 삼도수군통제사로 한산도에 재직하면서도 전라좌수사를 겸하고 있었기에 수시로 전라좌수영을 드나들며 지휘했다. 또 노모가 여수에 체류하고 있었기에 더욱 애착이 가는 곳이었다. 폐허가 된 좌수영의 모습을 보면서 적을 치러 가는 이순신의 심정은 그야말로 분하고 억울함을 금치 못했을 것이라 생각된다.

9월 20일 오전 8시쯤 유도(광양군 골약면 송도)에 도착하여 명나라 육군 지휘관인 유정 제독 부대와 합동작전으로 왜교성의 고니시 부대를 공격했다.

연합수군은 공방전을 벌이며 포격전으로 적들을 공격했다. 치열한 공방전은 21일에 이어 22일에도 이어졌다. 21일에는 진격하여 하루 종일 활과 포로 적을 공격했다. 작전 중 썰물일 때는 더 이상 진격하지 못하기도 했다. 22일에는 사상자도 속출했다. 유격이 왼편에 적의 총탄을 맞았고, 명군 11명이 사망했다. 조선 수군의 지세포 만호와 옥포 만호도 적의 총탄을 맞았다.

조·명 연합 왜교성 수륙합동작전 중 명 육군의 수장 유정 휘하 부대의 소극적인 공격으로 고니시 부대는 연합수군의 공격에 맞서는 데 치중할 수 있었다. 9월 30일 저녁에 명 수군 왕유격 및 복유격 등이 전선 100여 척을 이끌고 본진에 합류함으로써 연합수군의 전력이 대폭 강화되었다.

이순신이 일기에 "불빛이 훤하여 적도들의 간담이 떨어졌을 것이다"라고 적고 있음을 볼 때 조선 수군의 사기가 충천했을 것으로 짐작된다.

10월 2일의 교전은 한 치의 양보도 없는 대공방전이었다. 오전 6시부터 시작된 교전은 정오까지 지속되었다. 적의 사상자도 많았지만, 조선 수군의 피해도 컸다. 사도 첨사가 죽고 이청일도 사망했다. 제포 만호, 사량 만호, 해남 현감, 진도 군수, 강진 현감도 총탄을 맞았으나 죽지는 않았다. 이날 명 육군의 피해도 심각했다.

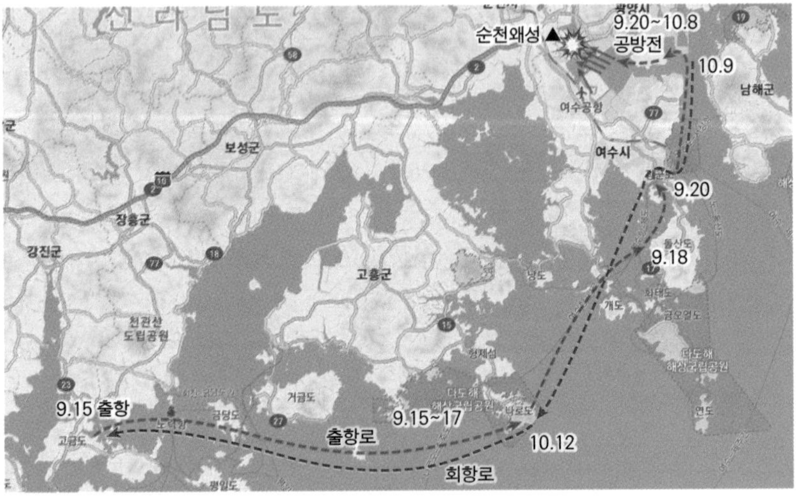

[그림 22] 왜교성 조·명 연합합동작전 출항로 및 회항로

10월 3일 교전은 초저녁부터 자정에 이르기까지 전개되었다. 진린 함대의 사선 19척과 호선 23척이 해안 모래사장에 좌초되었다. 이틈을 타 명군이 공격하여 대부분 불타거나 파괴되었다. 이는 진린 부대의 무리한 작전의 결과였다. 밀물과 썰물의 시간대를 잘 맞추지 않고 무리한 공격을 감행하다가 진린도 함께 갇혀 죽을 뻔했다. 이순신을 포함한 조선 수군이 진린을 포함한 명 수군을 구출했다.

10월 3일 치열한 공방전에서 피해를 크게 입은 명군을 포함한 연합수군은 10월 4일 이른 아침에 왜교성 인근의 해안까지 치고 들어가 하루 종일 싸웠다. 유도로 돌아와 정박하여 해상에서 날을 샜다. 10월 5일과 6일은 바람이 세차게 불어 교전이 없었으나, 도원수 권율로부터 전해진 소식에 따르면 명 육군 장수 유정이 퇴각한다는 것이었다. 10월 6일 이순신은 이 소식을 듣고, "통분하다. 통분하다. 나라일이 장차 어떻게 될 것인고…"라며 안타까운 심정을 일기에 썼다.

수륙합동작전에 소극적이던 명 육군 지휘관 유정은 사천성을 공격하던 중로군의 패배소식을 접하고 철수 명령을 내렸다. 구태여 피를 많이 흘리면서 적극적으로 싸우고 싶은 생각이 없었다. 유정은 퇴각하려는 고니시 부대의 퇴로를 터주어야 한다고 생각했다. 이는 명나라 군대의 기본전략이었다고 할 수 있다.

순천 예교성 전투 결과에 대한 이순신의 장계 내용은《선조실록》1598년 10월 13일 기사에 기록되어 있다. 이 보고서에서 이순신은 10월 2일 교전 내용을 보고했는데, 명나라 육군은 싸우지 않고 보고만 있다고 했다. 이 전투에서 조선 수군은 29명이 전사했고, 명나라 군사는 5명이 사망했다고 보고했다.

3. 이순신의 마지막 해전: 노량해전

● 해전 경과

야심차게 전개되었던 수륙사로병진 대작전은 대부분 연합군의 패배로 끝나고 있었다. 동로군과 중로군의 패배에 이어 서로군 육군 수장 유정마저 퇴각했다. 더 이상의 합동작전은 없었다. 결국 히데요시의 유언대로 적들은 안전하게 조선에서 철군하는 작전에 몰두했다. 대부분의 적군은 무리 없이 부산으로 집결할 수 있었으나 왜교성에 있는 고니시 부대는 해로를 통해 부산으로 철군해야 했다. 조선 조정에서는 적의 계획을 인지하고 있었다. 왜교성에서의 한 달 가까운 합동작전 후 고금도로 회군한 합동함대도 적의 철군작전을 예의 주시하고 있었다. 11월 8일 드디어 적의 철군 정보가 접수되었다. 이날 이순신이 명 수군의 사령부에서 진린이 베푸는 연회에 참석하여 진린으로부터 소식을 들은 것이다. 진린이 육지의 명군으로부터 전달 받은 정보에 따르면 11월 10일쯤 순천 왜교성을 빠져 해로로 도망간다고 하니 긴급하게 진군하여 퇴로를 막고 적을 쳐부수자는 제안을 했다. 이순신으로서는 철천지원수들에게 보복할 절호의 기회였다. 조선 수군 진으로 돌아온 후 출전 채비를 지시하고, 다음 날 11월 9일 진린 함대와 함께 출항하여 백서량(여수시 남면)에 진을 쳤다. 10일 전라좌수영 앞바다를 거쳐 11일 광양만의 유도에 도착하여 경계태세를 취했다. 사실상 해상차단작전에 돌입한 것이다.

11월 13일 적선들이 장도에 나타났다. 이순신 함대의 추격에 해안에서 도망친 적선들은 더 이상 나오지 못하여 연합수군은 장도에서 진을 쳤다. 다음 날 14일에는 적선 2척이 나타났다. 해상봉쇄를 인지한 고니시 부대의 협상책임자가 진린을 만나 환도 등 뇌물을 건넸고, 오후 8시쯤에는 왜군의 수장이 진린의 진으로 배를 타고 들어와 돼지 2마리와 술 2통을 뇌물로 바쳤다. 15일에는 이순신이 진린을 만났다. 왜군의 술책에 넘어가지 않도록 당부했지만, 여전히 이날도 적들은 진린의 진에 들락거리며 해상봉쇄를 해제토록 사정했다. 진린의 우유부단한 행동이 사실로 드러나기 시작했다.

11월 16일 진린이 왜군의 진으로 사람을 보낸 지 얼마 후 왜군은 배 3척에 말 1필과 창, 칼 등 뇌물을 가득 싣고 명 수군의 진으로 들어왔다. 연합군으로 왜교성 수륙합동작전에 참가했던 명 수군 최고지휘관의 행태를 두고 볼 수 없었던 이순신은 진린을 만나 왜군의 퇴로를 열러주어서는 안 된다고 조목조목 설득했다. 적들은 끊임없이 진린을 설득했고 명 수군은 퇴로를 터주고 싶지만 통제사 이순신의 반대로 길을 내줄 수 없다고 거절했다. 이에 적장 고니시는 이순신에게 사람을 보내 뇌물로 매수하려 했으나 실패했다. 오히려 이순신은 조선의 원수가 감히 조선 수군진에 올 수 있냐고 나무라며 사신들을 돌려보냈다.

11월 17일 복병으로 나간 발포 만호 소계남과 당진포 만호 조효열 등이 돌아와 적선 1척을 한산도 앞바다까지 추격하여 왜선과 군량을 빼앗았지만 명군에게 빼앗겼다고 했다.

왜교성의 적들은 지속적으로 뇌물로 진린을 설득했지만, 이순신의 강력한 반대에 부딪혀 해상 퇴로 확보에 실패했다. 결국 고니시는 구원부대를 요청하기에 이르렀다. 곤양과 사천의 적들이 노량 해역으로 집결하여 대응할 것이라는 첩보가 입수되었다. 조선 함대도 결전에 대비하여 철저한 준비를 했다.

11월 18일 운명의 날이 밝았다. 이미 노량 등지에 적선들이 셀 수 없을 만큼 많이 집결했다. 이날 밤 10시경 이순신은 진린과 함께 노량 해역으로 출동했다. 왜교성 해역의 봉쇄 대신 노량을 통해 쳐들어오는 적 수군을 치려는 작전이 전개된 것이다. 이순신은 진린과 부총병 등 자룡에게 판옥선 1척씩을 주어 지휘함으로 사용토록 배려해주었다.

● 교전 과정

노량 해역에 도착한 이순신은 밤 12시경 전선 위에서 손을 씻고 기도했다. 《이충무공유사(李忠武公遺事)》에는 "바라옵건대 하늘이시여! 이 적들을 빨리 무찌를 수 있도록 도와주소서! 적을 물리치는 날 신은 죽음으로써 나라에 보답하겠습니다"라고 기록되어 있다. 조·명 연합 함대는 노량수로로 이동하여 명 수군은 노량수로 서북쪽의 죽도에서, 조선 수군은 노량수로 동쪽 해역의 관음포 위쪽에서 대기했다. 서진하는 적을 양쪽에서 포위하려는 작전계획에 따른 조치였다.

경상우수사 이순신은 통제사 이순신에게 초탐선을 보내 적정을 급보했다. 적 함대 수백 척이 남해 동북단 국사봉 앞바다를 지나 노량수로를 통해 광양만 쪽으로 향한다는 보고였다. 연합수군은 노량수로로 출동하여 새벽 2시쯤 도착했다.

노량수로도 명량수로처럼 폭이 좁아 횡렬 전투 진형으로는 교전하기 어렵다. 적 함대는 수로가 좁아 소수의 종대로 항진할 수밖에 없다. 수로 입구에서 연합수군은 적 함대 선두를 양쪽에서 맹렬히 공격했다. 연합수군의 공격에 기세가 꺾인 왜군은 흩어지다가 재반격하는 등 결사항전으로 전투에 임했다. 연합수군은 불화살을 쏘면서 화공작전도 펼쳤다. 야간의 북서풍에 유리한 위치를 점유한 연합군의 포격과 화공 등에 왜 수군의 피해는 커져갔고, 마침내 퇴로를 찾기 시작했다. 왜 수군은 관음포 쪽으로 퇴각했으나 갈 길이 막혀 연합수군과 왜 수군 사이에 치열한 공방전이 계속되었다.

적 함대는 진형이 흩어지고 조선 수군의 사기는 충전하여 가리포 첨사 이영남, 낙안 군수 박덕룡, 흥양 현감 고득장 등이 왜적 수군의 장기인 접현등선 전법으로 적 전선으로 올라가 백병전을 감행하여 수많은 적병을 사살했다. 명 수군도 결사항전으로 싸웠는데, 진린의 전선이 왜 수군에 포위되어 이순신이 구출하기도 했다. 또 이순신의 전선이 위기에 처했을 때 진린 수군이 구출하기도 했다. 부총병 등자룡은 전사했다. 등자룡은 명 수군 장수 중 가장 고위층으로 당시 나이가 70세였는데, 수많은 왜 수군을 사살하고 장렬히 전사한 명장이었다.

관음포 해역은 연합수군과 적들이 엉켜 교전하는 모습이 육안으로 식별되었다. 도주하려는 적의 퇴로를 차단하고 모조리 격파하려는 연합수군과 사력을 다해 도주하려는 적과의 교전은 처절하기 짝이 없었다. 치열한 공방전 속에 어느새 날이 밝아왔다. 패색이 짙은 왜 수군은 도주하기 시작했고, 관음포 안으로 방향을 잘못 잡고 들어가 독안에 든 쥐 꼴이 되었다. 해로가 막힌 적의 일부는 배를 포기하고 남해도로 상륙하여 육지로 도주했고, 일부는 뱃머리를 180°로 돌려 북으로 향해 달리며 결사적으로 역습해왔다. 최후의 발악을 한 것이다.

이순신은 함대의 선두에 나서서 독전하며 적을 추격했고, 해남현감 유형, 당진 만호 조효열, 진도 군수 선의경, 사량 만호 김성옥 등도 뒤따라 합세했다. 흥양 현감 고득장, 군관 이언량은 적선에 뛰어올라가 육박전으로 적을 모조리 죽이고 전사했다. 이순신은 근접전으로 교전하던 중 총탄을 맞았다. 오전 10시쯤이었다. 어디선가 홀연히 날아든 흉탄이 통제사 이순신의 왼쪽 겨드랑이를 관통했다. 통제사 이순신은 총탄을 맞고 숨을 거두면서도 “싸움이 급하니 내 죽음을 알리

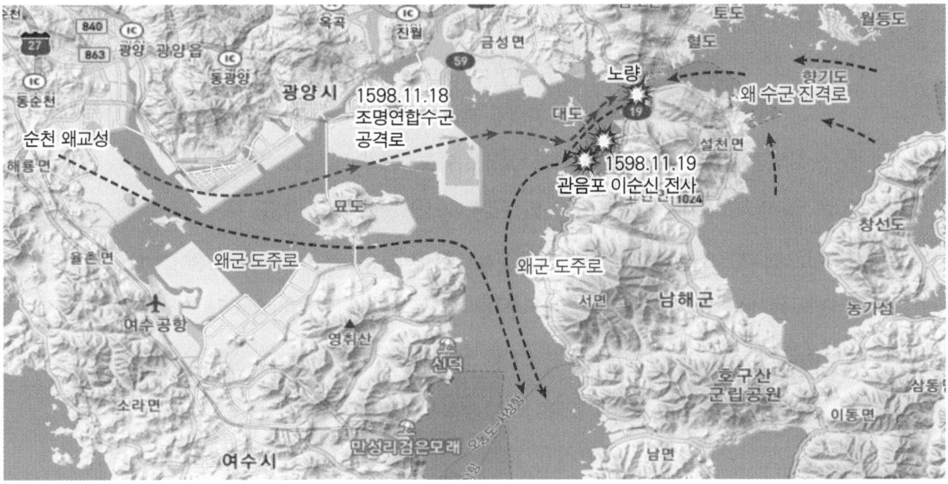

[그림 23] 노량해전 상황도

지 말라"라고 유언을 남겼다.

1598년 음력 11월 19일(12.16) 조선의 삼도수군통제사는 이렇게 54세의 일기로 생을 마감했다. 이순신이 전사한 후 교전은 정오까지 이어지다가 종결되었다. 적도들은 퇴로를 찾아 도주했고, 순천 왜교성에 진치고 있던 고니시 부대는 해전을 틈타 해로를 따라 도주했다. 고니시 부대는 여수만으로 내려가 남해를 돌아 거제도로 퇴각했다. 왜군은 사전 계획대로 전 부대를 부산으로 집결시킨 후 1598년 11월 말 이전에 모두 철수했다. 1592년 4월 13일 조선 바다에 무단 침입하여 조선을 황폐화시킨 후 도주한 것이다. 이렇게 지루한 7년 전쟁이 종결되었다. 관음포는 고려 시대 정지 장군이 왜구를 크게 물리친 해역이기도 하다. 그의 승전을 기념하는 승전탑이 세워져 있다.

전과 및 의의

노량해전 교전 직전 노량 해역에 도착한 이순신이 밤 12시경 전선 위에서 손을 씻고 "바라옵건대 하늘이시여! 이 적들을 빨리 무찌를 수 있도록 도와주소서! 적을 물리치는 날 신은 죽음으로써 나라에 보답하겠습니다"라고 기도한 것처럼 이순신은 나라를 구하고 전사했다. 이순신 외에도 가리포 첨사 이영남, 낙안 군수 박덕룡, 흥양 현감 고득장, 거북함 건조의 공로자 나대용의 종제 나치용 등 장수급만 해도 10여 명이 전사했다. 명 수군의 부총병 등자룡 등도 전사했다. 노량해전에 참전한 연합수군의 전선 수는 조선 수군 80여 척, 명 수군 200여 척, 왜 수군의 참전 전선 수는 500여 척이었다. 조선 수군 전선 4척도 침몰되었고, 적선은 200여 척이 격파되었다.

노량해전은 임진왜란의 마지막 전투이자 통제사 이순신이 마지막 해전을 승리로 이끌며 전쟁을 종식시킨 해전이라는 데 큰 의의가 있다. 또 연합수군 결성 초기에는 포악하고 거칠기만 했던 진린도 이순신의 군인다운 모습과 뛰어난 리더십 등에 감명을 받았고, 차츰 이순신의 리더십 역량을 높이 평가하면서 연합수군의 전투력이 강화되어 마지막 해전을 승리로 이끈 것도 의의가 있다.

4. 이순신 전사 후 조치

이순신이 교전 중 전사했지만, 전사 소식은 진중에 알려지지 않았다. 전투가 끝나고 이순신의 전사 소식이 진중에 알려지자 관음포 해상은 울음바다가 되었다. 한때 연합군 수장으로서 이순신과 갈등과 마찰도 있었고 왜교성 수륙합동작전에서는 왜군 수장 고니시 부대의 퇴로를 열어주려고도 했지만, 결국 이순신의 강력한 설득으로 왜군의 퇴로를 열어주지 않았던 진린도 대성통곡을 했다.

이순신의 전사 소식이 조정에 전해지자 선조는 물론 조정의 관리들도 모두 슬퍼했다. 조정에서는 12월 4일 현지에 관리를 보내 제사를 지내게 했고, 의정부 우의정으로 추증했다.

이순신의 시신은 고금도에 일단 가매장한 후 아산으로 보내졌다. 이순신의 영구는 1599년 2월 11일 아산으로 옮겨졌고, 그로부터 16년 후 현재의 어라산 아래로 이장되었다.

1604년(선조 37) 이순신이 전사한 지 6년 후에 선무 1등 공신으로 추대되어 좌의정 겸 덕풍부원군으로 추증되었다. 이후 1793년 정조는 영의정으로 증직했고, 인조 21년(1643)에는 시호를 '충무'로 했다. 이후 오늘에 이르기까지 전국 도처에 이순신의 유적지 및 전승지 해역에 사당, 비석 및 기념물 등을 세워 충무공을 기리고 민족의 얼을 배우는 도장으로 삼고 있다. 지금도 매년 충무공 이순신 탄생일인 4월 28일과 순국일인 12월 16일에는 주요 단체와 기관에서 기념행사를 하고 있다. 또 다양한 방법으로 충무공 이순신의 숭고한 정신을 배우고 익히며, 많은 학자들이 충무공 이순신 관련 학술 연구 등을 하고 있다.

II. 이순신의 리더십 · 전략 · 정신

6장

강화협상 시기의 리더십

(1593~1596)

1. 강화협상에 대한 이순신의 심정

명·일 간 지루한 강화협상이 진행되는 동안 이순신이 이끄는 해전의 양상은 어떠했을까.

임진왜란 첫해 육전에서의 연전연패와는 달리 이순신이 이끈 해전에서는 옥포해전을 시작으로 부산포해전까지 모두 승리했다. 1592년 이순신은 1차 출전하여 옥포(5월 7일)·합포(5월 7일)·적진포해전(5월 8일)을 치렀다. 2차 출전하여 사천(5월 29일)·당포(6월 2일)·당항포(6월 5일)·율포(6월 7일) 해전을 치렀다. 3차 출전해서는 한산도(7월 8일)·안골포(7월 10일)에서, 4차 출전해서는 부산포(9월 1일) 해전을 치렀다. 1592년 이순신이 참전하여 격파한 왜 수군의 전선 수는 자료마다 다르게 집계되고 있지만, 대·소선을 합하여 대략 350척으로 추정된다. 그럼에도 조선 수군의 전선이 1척도 격파되지 않았다는 데는 대부분의 자료가 일치한다.

1592년 가을 부산포해전에서 왜 수군이 대패한 후 그해 말까지 바다에서의 전투는 소강상태에 접어들었다. 왜 수군은 조선 수군이 부산포해전에서 승리한 이후에도 여전히 안골포, 웅포, 제포 등지에 진을 치고 체류하면서 인근의 해역을 드나들고 있었으나 해전에는 소극적이었다. 그러나 빈약한 경상우도 함대 세력은 이곳의 제해권을 장악하지 못했다. 이순신의 전라좌도와 이억기가 이끄는 전라우도 함대가 주축이 되어 적의 해상활동을 경계하면서 상시 출격 준비 태세를 갖추고 있었다.

강화협상기인 1593년부터 1594년 사이에 치러진 해전으로는 1593년 2월 6일~3월 8일 사이의 웅포해전(상륙작전), 1594년 3월 3~7일 사이의 2차 당항포해전(진해 해전 및 2차 당항포해전) 및 1594년 9월 27일~10월 8일 장문포 수륙합동작전이 있었다. 1593년과 1594년 사이의 해전은 임진왜란 첫해이던 1592년에 비해 빈도수도 적고 해전 양상이 주로 경상도 웅포, 진해 등지의 진에서 버티고 있는 왜군을 상대로 상륙작전 또는 수륙합동작전 형태의 전투로 치러졌다. 그 이유는 왜군이 강화를 핑계로 내륙에 진을 치고 있으면서 해전에 소극적이었기 때문이다.

이순신은 1593년 10월 1일 삼도수군통제사로 임명장을 받은 후부터는 통제사로서 지휘권을 확보했다. 따라서 2차 당항포해전이나 장문포 수륙합동작전은 삼도수군통제사로서 지휘했다. 이순신은 삼도수군통제사로 임명 받기 전인 1593년 6월 21일 전라좌수영의 전진기지로 한산도를 택하여 체류하고 있었다. 이순신이 수군통제사로 임무를 시작하면서 한산도 본영은 삼도수군통제영이 되었다. 이순신은 한산도 삼도수군통제영에서 통제사로 임무를 하면서도 전라좌도 수사를 겸하고 있었기 때문에 진리좌도 본영에 가끔 들러 전라좌도의 군사업무를 보기도 했다. 이순신은 1593년 10월 1일부터 한산도 통제영에서 삼도수군통제사로 조선 수군을 지휘하다가 1597년 2월 26일 한양으로 압송되었다. 정유재란 직전 왜군의 적장 가토 군을 사전에 차단하지 못한 죄를 물어 선조는 이순신 체포명령을 내렸다. 이순신은 한산도를 떠난 후 생전에 다시는 한산도 통제영으로 복귀하지 못하고 임진왜란 마지막 해전인 노량해전에서 1598년 11월 19일 전사했다.

한편 지루한 명나라와 일본 간의 강화협상을 바라보는 이순신의 심정은 어떠했을까.

이순신은 조선을 불법 침략한 왜군을 상대로 임진년부터 벌어진 모든 해전에서 죽기를 각오로 싸워 승리했고, 왜적을 철천지원수로 규정하며 조선의 바다에서 그들을 쫓아낼 생각만 하고 있었다. 그의 눈에 비친 강화협상에 대한 솔직한 기록을 살펴보자.

이순신은 자신의 생각을 1593년 9월 15일 일기 뒤에 다음과 같이 적고 있다(박종평의 《난중일기》).

> 더러운 오랑캐에 짓밟힌 지 2년이 다 되어간다. 오늘이 바로 회복할 때이다. 명나라 군사의 수레와 말 울음소리를 하루가 1년이 되는 것처럼 기다렸다. 그런데도 적을 무찔러 없애지 않고 강화에 주력하고 있다. 흉악한 무리가 잠시 물러나 있으나, 우리나라는 수년 동안 침략당한 치욕을 아직도 씻지 못하고 있다. 하늘까지 닿은 분노와 부끄러움이 더욱 사무친다.
>
> (중략)
>
> 신이 비록 어리석고 겁쟁이지만, 마땅히 화실과 돌을 무릅쓰고 직접 나아가 여러 장수보다 먼저 몸을 바쳐 나라의 은혜를 갚고자 합니다. 지금 만약 기회를 놓친다면 후회한들 무엇하겠습니까.

이순신은 장수로서 왜군에 대한 적개심은 물론 지원군으로서 입국한 명나라가 왜군을 치는 데 주력하지 않고 강화에 치중하는 데 대해 비판적 시각을 분명하게 갖고 있었음을 알 수 있는 기록이다.

2. 강화기 이순신의 리더십: 1593~1594년

● 둔전 운영과 군량미 확보

1592년 임진왜란 발발 이후 조선은 왜군의 침략을 막기 위해 동원된 엄청난 군사 및 물자 등으로 인해 백성의 삶은 극도로 피폐해졌고, 전장에서는 당장 필요한 군사와 군량을 확보하는 데 애를 먹고 있었다. 특히 전쟁에 지친 백성은 군역을 피하여 도망가는 사람이 많았을 뿐 아니라 군사 동원을 하라는 지방관리들도 행정력을 정상적으로 발휘하지 못했다. 변방의 전라좌수사 이순신도 이러한 어려움에 직면했다. 이순신은 임진년 싸움에서 대승을 거두고 전라좌수영에 체류하면서 우선 향후 전쟁에 대비하여 군사와 군량미 확보에 심혈을 기울였다.

군량미 확보에 대한 이순신의 노력을 살펴보자.

이순신은 둔전 운영에 대한 주요 계획과 실태를 조정에 보고하고 성심으로 둔전을 운영했다. 임진년 전란 후 왜군의 약탈을 피해 경상도 일원에서 전라좌수영 인근까지 피난 백성이 몰려오자 이순신은 피난민의 거처를 마련해주기도 하고 한겨울을 보내도록 지원했다. 그럼에도 굶어 죽는 자가 발생하는 등 피난민의 삶은 비참하기 그지없었다. 그래서 이들을 여수 돌산도로 보내 둔전을 일구어 생계를 꾸리게 하면서 군량미 확보에도 도움이 될 수 있도록 조치하겠다는 내용으로 1593년 1월 26일 장계를 올리기도 했다.

이순신의 군량 확보에 대한 노력은 계속되었다. 1593년 1월 보고에 이어 9월에도 둔전 운영에 대해 보고서를 올렸다. 일전에 장계로 둔전 운영 허락을 받은 이순신은 좀 더 구체적인 운영 계획을 세웠다. 둔전 운영은 삼도수군통제사가 되면서 더욱 박차를 가했다. 통제사가 된 후 1593년 윤11월 17일 보고서를 살펴보면 더욱 적극적으로 둔전 운영을 한 것으로 나타난다. 이 보고서에는 전라좌도 산하 지역에 비어있는 목장과 빈 땅을 논밭으로 개간하여 군사들에게 경작하게 하고, 피난민이 경작할 경우에는 절반을 세금으로 받는다는 구체적인 둔전 운영계획이 포함되어 있다.

이순신이 둔전 운영을 하는 등 군량미 확보에 노력했지만, 군량미 부족은 여전히 심각한 문제였다. 특히 수군 소속으로 할당된 전라도 해안 지방의 고을에서 확보된 군량을 육군에서 아무런 협의도 없이 실어가 바닥이 나기도 했다. 이순신은 1594년 3월 10일 이러한 폐단을 막아 달라고 조정에 요청했다. 이때는 이순신이 통제사이던 시기임을 감안할 때 지휘체계상 상급자인 도원수나 체찰사의 지시로 수군의 군량을 육군으로 가지고 간 것으로 추정되는 대목이다. 이순신이 군량미 부족에 대해 얼마나 심각하게 생각했는지 살펴보자.

전라좌도와 전라우도의 전선은 110척, 사후선 110척, 사부와 격군 수는 1만 7천여 명이었다고 쓴 1594년 3월 10일 보고서 기록으로 볼 때 당시 조선 함대의 주축을 이루고 있는 전라좌도와 전라우도의 전력을 알 수 있다. 이 보고서에는 군사들을 먹일 군량미를 상세하게 셈한 흔적이 있다. 당시의 군사 1인당 아침, 저녁 각각 5홉씩 할당하면 하루 양식이 100여 섬이고, 한 달이면 약 3,400여 섬이 필요한데 남은 군량은 5월 15일까지 먹을 것밖에 없다고 보고하면서 육군에서 더 이상 수군의 곡식을 실어가지 않도록 해달라고 애원하다시피 청원했다.

이상에서 살펴보면 수군 할당 지방에서의 군량 확보는 둔전 운영 등으로 부족하지 않았던 것으로 보인다. 그러나 육군에서 지속적으로 가져가는 바람에 수군의 군량마저 부족하다는 절박한 상황을 조정에서 헤아려 달라고 애원한 것이다. 이 대목에서 임진년 이후 피폐해진 국토와 민심 이반, 흉작 및 질병 등 어려운 여건 속에서도 피난민을 돌보고 군량을 확보하며 변란에 대비하는 이순신 고유의 치밀한 리더십을 엿볼 수 있다.

● **통제사 리더십 확보 및 통합전력 강화 노력**

이순신은 임진왜란 발발 전 전라좌수사로 임명된 후에도 왜군의 1592년 침략을 예견하고 전쟁준비를 지속적으로 했기 때문에 모든 해전에서 승리할 수 있었다. 삼도수군통제사로 1593년 10월 1일 임명장을 받은 후 이순신의 모든 조치는 왜군의 재침에 대비한 삼도수군의 통합전력 강화였다. 1592년 해전에는 삼도수군통제사라는 통합지휘관이 없었기에 실제 해전에서 통합전투력을 발휘하는 데 애를 먹기도 했으나, 이순신의 뛰어난 리더십과 이억기 전라우수사의 지혜가 해전 승리의 큰 원동력이 되었다. 이순신이 삼도수군통제사로 임명받은 후 조기에 지휘권을 확립하고 통합전력을 강화하는 데는 1592년 해전에서 통합지휘권 확보가 얼마나 중요한지에 대한 교훈을 얻었기 때문이다.

이순신이 통제사가 되기 전의 수군 상황은 다음과 같다.

1593년 2월 초부터 3월 초까지 웅포해전에 참전하고 여수로 돌아온 이순신은 장거리 장기 출동에 따른 문제점을 해결해야 했다. 따라서 그 해결책으로 이순신은 전라좌수군을 한산도로 전진 배치하는 전략적 결정을 했다. 전라좌도 수사 시절인 1593년 6월 21일이었다. 이순신은 한산도를 전라좌수군의 전진기지로 활용하면서도 여수의 본영을 관리했다.

임진년의 치열했던 해전이 강화협상기에 소강상태에 접어들자 전시 동원체제의 영향권에 있는 해안지방 관리들과의 협조도 원활하지 못했다. 이러한 이순신의 애로사항은 1593년 9월의 보고서에 잘 나타나 있다. 이 보고서 내용을 보면 지방의 수령들이 군사협조 사항에 대해 나태하고 매우 미온적으로 대한다며 전쟁이 끝날 때까지 수군절도사에게도 지방 수령들을 지휘할 수 있는 지휘권을 달라고 조정에 요청했다. 전투가 소강상태인 시기라서 이순신의 군정권에 대해 지방관리들이 소극적인 자세를 보인 것에 대한 선제적 대응조치였다.

이순신은 한산도 전진기지에서 전라좌수사로 체류하면서 여수 본영과 한산도 전진기지를 오가며 서진하려는 왜 수군에 대한 차단 작전과 경계작전을 병행하여 전력을 증강하고 있던 중 '삼도수군통제사' 임명 교서를 받았다. 임명장을 받은 날은 1593년 10월 1일로 1593년 윤11월 21일에 쓴 장계에서 확인되지만, 실제로 조정에서의 임명은 이보다 앞선 8월이었다. 따라서 이순신이 삼도수군통제사로서 지휘권을 행사한 것은 10월 1일 이후라고 보아야 할 것이다.

이순신은 본인이 삼도수군통제사로 임명된 데 대한 소회를 1593년 윤11월 17일에 쓴 보고서에서 밝히기도 했다. 이순신은 "삼도수군통제사 임명을 받고 보잘것없는 자신은 결코 막중한 통제사 임무를 맡기에 능력이 없어 놀랍고 두렵고 죽고 싶은 마음"이라고까지 표현했다. 또 "전혀 예상치도 못한 상황에서 갑작스럽게 통제사라는 중책을 맡게 되어 입이 마르고 괴로워 마음이 답답하다"라는 표현까지 하며 자신의 심정을 토로했다. 이순신은 파격적인 통제사 임명에 대해 선조에 대한 말로 표현할 수 없는 고마움의 표시는 물론 전시에 삼도수군을 지휘하는 데 대한 막중한 책임감과 더불어 중압감이 공존했던 것으로 보인다.

이순신이 삼도수군통제사로 임명된 시기의 전후 전황을 살펴보면, 명나라와 일본 간의 진실성 없는 강화협상이 진행되는 동안 해상에서의 큰 교전은 없었으나, 안골포, 거제도, 웅천 등지에 진을 치고 있던 왜군은 수시로 견내량을 넘나들다가 조선 수군에 발각되어 퇴각당하는 일이 종종 있었다.

이순신이 삼도수군통제사로 임명되었지만 모든 전력이나 조직은 전과 다름없었고, 새로운 리더십 확보를 위해 본인이 알아서 해야 했다. 현대 해군처럼 직급에 부합한 조직 확대나 이에 부응한 군사나 참모조직이 추가된 것도 없었다. 조선 수군 역사상 초대 통제사로서의 직무를 수행하게 되었지만, 기존의 삼도수군을 통합관리하는 것 외에 조정에서의 병력이나 군관을 추가로 할당하는 일은 없었기에 통제사 스스로 리더십을 발휘하여 모든 것을 슬기롭게 헤쳐나가야 했다.

그러나 통제사 이순신이 직접 관리해야 하는 예하 조직이 현저하게 늘어나 업무도 증가했고, 이에 따른 책임도 무거워졌다. 늘어난 삼도 수군진을 직접 관리 및 통제할 방안의 하나로 유능한 참모도 필요했다. 통제사 임명을 받은 지 한 달 보름 정도 지난 11월 17일 이순신은 통제사 임명 후의 달라진 상황을 선조에게 보고했다. 한산도에 체류하면서 넓어진 관할 구역을 통제하면서 발생하는 여러 가지 애로사항에 대해 보고했다. 여기에는 부대점검, 예하 부대의 업무 감독, 도원수와 순찰사 등과의 지휘권 문제 등이 포함되었다. 특히 멀리 떨어진 부대와 소통하는 데 주로 인편을 통한 공문으로 처리하는 관계로 종종 기일을 어기는 경우가 발생한다고 했다.

따라서 필요 시 직접 멀리 떨어진 진을 직접 오가며 둔전관리, 군량 확보 및 군사 확보 등 군사업무를 보좌할 수 있는 참모 임명을 요청했다. 이에 장흥에 있는 전직 관리 정경달을 종사관으로 쓸 수 있도록 청했다. 쉬고 있는 전문가를 적소에 쓰고자 하는 용인술을 볼 수 있는 대목이다.

전라좌수사에서 삼도수군통제사로 승진했지만 여전히 지휘체계상 상급자인 도원수나 순찰사, 체찰사 등과도 상호 간 매끄럽지 못한 일들이 발생하곤 했다. 이순신은 이러한 것들을 조정에서 교통정리를 해달라며 거듭 요청했다. 통제사 임명은 받았지만 통제사로서 확고한 리더십을 발휘하는 데는 여러 가지 장애물이 가로막고 있었다. 이를 극복하기 위해 이순신이 어떤 조치를 했는지 그의 기록을 토대로 살펴보도록 한다.

> 1593년 윤11월 17일 상황 보고에는 "1월 안에 한 곳에 합쳐 모여 바다를 덮을 진을 이루어 곧바로 부산 바다를 끊고 북소리 한 번으로

적을 다 죽일 기회를 잃지 않도록 이미 삼도의 수사들과 거듭거듭 약속을 했습니다.

(중략)

삼도 바닷가에서 모집했다는 장정 군사가 이름은 비록 군대 명부에 실려 있지만 여러 가지 이유로 면제된 사람이 절반 이상으로 그 실제 수는 아주 적습니다. 상급 관청에서 하급 관청으로 공문을 보내 시도 때도 없이 징발해가고 있습니다. 바닷가 지역의 백성은 바다와 육지 양쪽의 명령을 받기에 견디기 어려워 아내와 가족을 데리고 다른 지역으로 이사하는 사람의 행렬이 줄을 잇고 있습니다.

(중략)

배가 많이 있어도 격군이 함께 갖추어지지 않는다면 배를 어떻게 부릴 수 있으며, 격군이 갖추어진다 해도 군량을 공급할 수 없다면 앞으로 군사들을 어떻게 먹일 수 있겠습니까. 두 항목에서 한 개도 뺄 수 없습니다. 그런데도 군사를 징발하고 군량을 옮겨 내는 것이 모두 이렇게 심해졌으니 변두리 바닷가 백성들의 고통은 내지의 백성보다 배나 되기에 그들은 결코 배를 몰거나 군사들의 군량을 감당할 수 없습니다. 아주 염려됩니다.

(중략)

지금 이후에라도 삼도수군에 소속된 각 고을에서 모집한 군사, 군량, 군기물 모두 수군에서 육군으로 자리를 옮겨 이동시키지 말고 수군에 전속시키도록 도원수와 삼도순찰사에게 모두 다시 특별히 단단히 타일러 경계하도록 분부해주시기를 요청합니다."

이처럼 초대 삼도수군통제사 역할을 하면서 그동안 문제가 되었던 군사 확보, 군량 확보 및 각종 상급기관의 불합리한 처사 등에 대해 보고했다.

위에서 살펴본 바와 같이 삼도수군통제사로서 삼도수군을 관리한 지가 넉 달이 넘었지만 조직을 완전히 장악하지는 못하고 있음을 보여준다. 무엇보다 국가 행정기관과 군 상급 지휘관들의 불합리한 처사가 통제사로서의 임무 활동에 막대한 지장을 초래하고 있음을 말하고 있으며, 본인 스스로 해결할 수 없는 지휘권에 대해 조정에서 통제해줄 것을 요청했다.

통제사 이순신은 변란에 대비한 삼도수군의 통합전력 강화를 위해 부대장악 및 확고한 리더십 확보가 필요했다. 이순신은 조정에서 통제해줄 사안에 대해 요청하기도 했지만, 주어진 지휘권을 스스로 확보하기 위한 노력도 계속했다. 1594년 2월 25일 보고서를 살펴보면 조직 장악력을 위한 이순신의 뛰어난 리더십의 일면을 엿볼 수 있다.

이순신은 삼도수군통제사로서 삼도의 수군을 한산도 통제영에 집결시켜 통합검열 및 훈련 등을 통해 삼도수군의 통합전력을 시험하고 강화하고자 전라우수영 수군은 1월 25일까지, 충청수영 수군은 2월 5일까지 집결토록 사전에 공문으로 지시했다. 오늘날 같으면 해군작전사령관이 통합전력을 강화하기 위해 통합전술기동훈련을 하는 일종의 통합기동훈련 및 지휘검열이라 할 수 있다. 지휘관이 지휘권을 확보하고 부대의 전투력을 강화하는 데는 예나 지금이나 훈련과 지휘검열만큼 좋은 방법은 없다.

통제사 이순신이 통제영으로 부대소집을 했음에도 전라우수사 이억기와 충청수사 구사직이 제때 군사를 이끌고 한산도로 오지 못했다. 이유는 새로 건조한 전선의 격군을 확보하지 못했기 때문이다. 더욱이 각 고을의 관리들이 수군으로 할당된 사람들을 차출하여 보내지 않아 각 진의 전선 정비마저 힘든 상태였다. 통제사 이순신은 지시사항을 제때 이행치 않은 지휘관들과 관리들을 직접 문책해 달라고 건의했다. 당시 비록 삼도수군을 지휘하는 통제사라 할지라도 각 수영의 군사들에 대한 직접적인 지휘권은 대부분 해당 수사에게 있었고, 부임 초기라서 고위급 수사를 직접 통제하는 데 한계가 있었다.

삼도수군의 핵심 전력은 전라좌·우도 수군이었는데, 1592년 임진년 전쟁을 치르면서 호남 지역에서는 수군 소속 19개 지방 중 9개 지방이 육군으로 이관되어 수군 전력이 약화된 상태였다. 당시 군 지휘계통상의 문제점과 군과 관청 간의 문제점 등 군역이나 전시 행정에 허점이 많았다. 이순신은 통제사 초기 시절 본인의 리더십이 미치지 않는 것에 대해서는 조정에 요청하여 해결하는 지혜를 발휘했다.

통제사 이순신의 처절한 하소연

이순신이 한산도 전라좌수영 전진기지에 체류하던 중 1593년 10월 1일 초대 삼도수군통제사 임명장을 받은 후, 조기에 삼도수군을 원활하게 지휘할 수 있는 지휘권 확보를 위해 노력했지만, 통제사 임명 후 1년이 지나서도 만족할만한 성과를 거두지 못했다. 이순신은 적이 다시 침공해올 것이라는 예견을 하고 있었기에 일사불란한 지휘와 강한 전력을 유지하는 것이 매우 중요했다. 스스로의 노력에도 권한 밖의 일에 대해서는 수시로 조정에 상황 보고를 하면서 해결할 방안을 모색하는 등 고군분투했지만 현실은 녹록지 못했다.

이러한 상황에서 삼도수군을 지휘하고 있는 변방의 통제사 이순신의 심정은 오죽했을까. 이 시기 이순신의 답답하고 애절한 우국의 심정을 엿볼 수 있는 글을 소개한다.

다음은 1594년 11월 28일 일기 뒤에 첨부된 내용을 요약한 것이다(박종평의 《난중일기》 번역본의 자료).

> 영남 좌우 바닷가에 대규모의 적들이 넘쳐나니, 앞뒤 가리지 않고 밀어닥칠 걱정거리가 반드시 곧 있을 것입니다. 그러나 전쟁이 일어난 지 3년이 되어 공사의 재물은 다 없어지고 여역(전염병)도 심하게 번져 다 죽어가고 있습니다.
>
> (중략)
>
> 명나라 유정 장군도 이미 철수하고 돌아갔습니다. 온갖 생각을 해

봐도 방어하고 지킬 방법이 전혀 없습니다. 위급한 상황이 숨 한 번 쉴 사이에 닥쳐오고 있습니다. 바다와 육지의 여러 진이 모두 군사와 군량을 호남의 한 도에 의지했기에 호남도 무너져 전쟁의 재앙을 당한 땅보다 더 심한 상태입니다. 앞으로 일을 어떻게 조치해야 할지 모르겠습니다. 군사 양식과 군사를 어디에도 의지할 곳이 없습니다. 급히 모아놓은 것도 날이 갈수록 줄어들고 있습니다.

(중략)

왜놈이 겁먹고 두려워하는 것은 수군이지만, 수군의 군사로 전쟁에 나서려는 사람이 한 사람도 없습니다. 그럼에도 떠돌아다니며 얻어먹는 백성들을 격군으로 만드는 것도 힘듭니다. 또한 군사는 물론이고 양식조차 구경하지 못하고, 질병이 심하여 죽는 자들이 많습니다. 여러 번 이것을 자세히 원수와 방백(순찰사)에게 공문을 보냈지만, 대책도 회답도 없습니다. 임금님께 긴급보고서를 올린 것도 한두 번이 아니지만, 어찌하라는 명령이 없습니다. 온갖 생각을 해보아도 방어하며 지킬 방법이 없습니다. 수군은 곧 파탄이 나서 그만둘 형편입니다. 모(이순신)의 한 몸이야 만 번 죽어도 참으로 달게 여길 수 있습니다. 그러나 나랏일은 어떻게 해야 합니까.'

수군은 얼마 되지 않는 군량이라도 순천 등지의 바닷가 고을에 쌓아놓고 있었습니다. 그런데 방백(순찰사)과 원수가 군관을 보내 창고를 뒤엎고 실어갔습니다. 모(이순신)는 다른 도(경상도)의 먼 바다에 있었기에 조치할 수도 없었습니다. 상황이 이와 같은데 어찌해야 합니까. 어찌해야 합니까. 수군에 어사를 특별히 파견해주시어 수군의 일을 전체적으로 검사할 수 있게 해주신다면 도움이 될 듯합니다. 헛된 생각이나마 임금님께 긴급보고서를 올립니다.

이 글을 남긴 시점은 이순신이 7차 출전 후 회항한 1594년 10월 8일로부터 한 달쯤 지난 시기였다. 당시 도체찰사 윤두수가 직접 참전한 수륙합동작전이었지만, 적의 요새함대작전과 육군의 합동작전 비

협조로 전과는 크지 않았으며, 아군의 피해도 상당했다. 통제사 이순신의 심정이 매우 심란한 시기였다.

이순신이 남긴 기록 중 위의 내용처럼 어떻게 보면 자포자기하듯, 하소연하듯 처절하고 비참하게 쓴 기록을 찾아보기 어렵다. 위의 내용은 이순신이 얼마나 처절하고 절박한 심정으로 삼도수군을 지휘하고 있는지를 알 수 있는 대목이다. 당시 전국적으로 질병이 확산되어 많은 백성이 죽고 흉년으로 인해 굶어 죽는 사람이 많아 변방의 군사업무에도 위기가 닥쳐왔다. 더욱이 이순신이 한산도 통제영에 체류하고 있었기에 순천이나 흥양 등 전라도 곡창지대에서 확보한 수군의 군량을 모아둔 창고에 육군들이 와서 수시로 가져가는 일이 빈번하여 수군마저 심각한 군량미 부족으로 작전을 수행하기 어려운 상태가 되었다. 이순신은 이러한 심각하고 절박한 상황을 수없이 보고하고 통제해줄 것을 건의했지만, 조정에서는 아무런 조치도 없었다. 당시 조정에서도 특별한 방안이 없었고, 군 지휘계통도 무너지는 등 변방의 통제사는 답답할 뿐이었다. 오죽했으면 위와 같은 피눈물 나는 하소연을 했을까. 상기와 같은 짧지 않은 이순신의 기록을 이 책에 담아 독자들과 공유하기 위해 평정심을 잃지 않고 서술해야 하는 것은 당연하지만, 필자의 심정도 함께 무너져 내리는 것 또한 당연한 것 같다.

3. 해전이 없던 강화기 이순신의 리더십: 1595~1596년, 해상경계를 강화하고 미래전에 대비하다

명·일 간 강화협상 등의 이유로 해전이 없었던 1595년부터 1596년까지 이순신과 조선 수군의 행적은 크게 주목받지 못하고 잘 알려지지도 않았다. 이 장에서는 정유재란이 발발하기 2년 전인 1595년부터 1596년까지 2년간 통제사 이순신과 조선 수군의 흔적을 살펴보고 그 의미를 재조명하고자 한다.

임진왜란 7년 기간 중 이순신 함대는 1594년 9월 24일부터 전개된 장문포 수륙합동작전을 마치고 10월 8일 한산도로 돌아온 이후 1595년과 1596년까지 눈에 띄는 교전은 없었다. 삼도수군통제사 이순신 휘하의 조선 수군은 한산도에 주둔하면서 변란에 대비하며 해상경계를 강화하고 있었다. 왜 수군은 여전히 안골포, 웅포, 거제도 등 경상도 남해안에 진을 치고 있었으며, 부산을 거점으로 조선 수군을 피해 해상활동을 하고 있었기 때문이다. 큰 해전은 없었지만 적은 여전히 조선 수군 본영 근거리에서 주둔하며 상호 대치한 상태였기 때문에 조선 수군의 긴장감은 높았다. 왜 수군은 견내량 해역을 수시로 염탐하며 조선 수군의 동태를 살폈고, 조선 수군은 복병을 두거나 경계를 강화하면서 적의 도발을 억제했다.

1595년 1월 1일 진중의 이순신은 새해 첫날부터 나랏일과 팔순 모친을 생각하며 눈물을 흘렸다. 새해가 되어 인사차 방문한 장수들에게는 술도 대접했다. 《난중일기》 기록에는 이순신이 술을 마셨다는 내용이 수없이 많이 나온다. 지금 시각으로 보면 이해가 안 되겠지만, 과거 우리나라 풍습에 일상생활에서 손님이 찾아오면 술을 대접하는 문화가 있었다. 1960년대만 하더라도 명절이나 외부 손님이 집에 방문하면 어머니들은 술상을 차리는 것이 큰일이기도 했다. 이순신은 부하 군관들을 만나 위로하고 격려할 때는 거의 빠짐없이 함께 술을 마셨다.

1월 중 이순신은 순천, 장흥, 거제, 흥양, 고성, 웅천, 영등포, 영암 및 강진 수령 등 수십 명의 관료를 만났다. 1월 19일에는 정박 중인 전선에 불이 나 4척이 피해를 입기도 했으며, 관리 책임을 물어 불을 낸 여러 장수를 처벌하기도 했다.

2월 중에는 첫날부터 진중에 있는 보성 군수에게 죄를 묻고 포로로 잡혀온 왜군을 붙잡아 처형했다. 또 흥양 현감을 체포하여 금부나

장에 인계하기도 하고, 전선을 손괴한 부하들을 가두기도 하는 등 군율을 엄하게 집행했다.

그동안 관리해온 둔전에서 조세 300석을 가져와 진별로 나누어 주기도 했으며, 군사를 징발하지 않고 전선을 만들어오지 않은 전라도 함평 및 영암 수령을 처벌하면서도 멀리서 온 지방 수령들에게는 술을 먹여 보내는 등 공과 사를 철저하게 했다. 장문포해전 이후 상당 기간 왜 수군과의 교전은 없었지만, 통제사 이순신은 삼도의 군사들과 한산도에서 겨울을 보내면서 경계태세 강화, 군량미 비축을 하면서 예하 수령들에게는 할당된 군사와 전선 준비에 만전을 기하도록 독촉하고, 결과가 미진한 수령들에게는 벌을 가하는 등 신상필벌의 리더십을 발휘했다.

3월 들어 기온이 오르고 건조하여 전선에 화재가 발생해 큰 손실이 발생하기도 했다. 충청수사 이계훈의 배에 불이 나 수사는 물론 군관과 격군 등 140여 명의 사망자가 발생했다. 한 척의 배와 한 명의 군사가 아쉬운 때에 전투도 아닌 화재 사고로 손실을 입은 것은 삼도수군에 큰 손실이었다. 이순신의 심정도 무너져 내렸을 것이다.

다소 뜸했던 적들의 활동도 4월이 되면서 활발해졌다. 4월 25일에는 50여 척의 대선단이 웅천에서 진해로 이동한다는 보고를 받고 20여 척의 전선을 현지로 보내 적들을 퇴각시켰다. 앞에서도 언급했지만, 적들은 강화를 핑계로 적극적인 교전은 피하면서 조선 수군을 자극했다. 이날도 상호 간에 교전은 없었다.

진중에서의 군량미 확보는 늘 걱정되는 문제였다. 이순신은 물고기를 잡고, 소금을 구워 군량을 구하기도 하고, 둔전의 조세 등으로 군량미를 보충하기도 했지만, 여전히 군량미 부족은 걱정거리가 아닐 수 없었다. 4월 12일에는 지방별로 할당된 군량 확보가 미진하여 순천, 광양, 광주, 흥양, 보성, 구례 및 곡성으로 사람을 보내 독촉했다. 대부분 호남의 곡창지대에서 군량미를 지원받고 있었지만, 호남지방도 흉

년이 지속되어 이곳에서도 군량미 확보는 원활하지 못했다.

비록 임진년 같은 적의 도발은 없고 해상에서 조우 시에도 적들이 도망하는 등 소극적으로 임했기에 큰 교전은 없었지만, 최전방에서 적과 마주 보고 있는 형국이나 다름없었기 때문에 엄한 군기 하에 함대 관리를 해야 했다.

이순신은 지방의 관리들에게 전선을 짓게 하고, 군량 확보를 독촉하면서도 군율을 어기거나 지시사항을 이행하지 않은 관리들은 엄격한 잣대를 적용했다. 4월 29일 한산도로 오기로 약속한 기일을 어긴 하동 현감에게 곤장 90대, 해남 원에게 곤장 10대를 때리는 등 평소 군사업무 등을 통해 친분이 있는 지방의 관리들에게도 예외는 없었다. 공사를 구분하여 전시에 준하는 엄격한 규율은 변함이 없었다.

음력 5월은 단오와 소서가 있다. 여름 양식인 밭작물을 수확하는 절기라서 둔전 세금 등 군량미 확보를 위한 중요한 시기이기도 하다. 두치, 남원, 순창 등 각 지방에서 군량을 배편으로 한산도 통제영으로 실어 날랐다.

오늘날도 마찬가지이지만, 아무리 부대관리나 조직관리를 잘해도 각종 검열에서 완벽할 수는 없다. 이순신도 예외는 아니었던 것으로 보인다. 6월 9일 이순신이 선조로부터 받은 유지에 비변사 관리가 한산도 통제영을 점검한 결과가 있었다. 오늘날 같으면 지휘·감사 검열 결과에 대한 주의조치나 개선사항 등과 유사한 상부의 조치사항이다. 이순신은 통제영을 감사한 비변사 조형도를 비판했다. 이순신은 그가 통제영 점검 결과를 보고하면서 "수군 한 명에게 매일 양식은 5홉, 물은 7홉을 준다"라는 글을 올린 것에 대해 사실과 다르다며 비판했다. 앞에서 언급했지만 이순신의 기록에는 매일 군사 1인당 아침, 저녁으로 각 5홉씩 1일 10홉의 식량을 제공했다.

특히 6월 중에는 조정에서 이순신의 휘하 장수인 경상 수사 배설을 잡아 올리라는 공문이 왔고, 경상 수사는 권준으로 교체되었다. 배설은 15일 체포되어 금오랑과 함께 통제영을 떠났다. 배설이 무슨 이유로 잡혀 갔는지는 알려지지 않았지만, 훗날 배설은 다시 경상우수사로 재임명되어 칠천량해전에 참전했으나 예하 전선을 이끌고 도망나왔다. 이순신이 백의종군 중 삼도수군통제사로 재임명된 후 수습한 12척 전선의 군사들과 함께 1597년 8월 장흥 회령포에서 삼도수군통제사 지휘권 선포식을 할 때 불경을 저지르기도 했다. 이순신은 배설을 대신해 그의 부하에게 곤장을 치는 것으로 응징했다. 결국 배설은 명량해전 전 벽파진에서 탈영했고, 탈영죄를 물어 조정에서는 배설을 체포하여 사형에 처했다. 영화 〈명량〉에서는 배설이 도망갔다고 나오지만 사실이 아니다.

1595년 을미년도 절반이 지났지만, 여전히 명·일 간의 강화협상은 지루하게 진행되고 있었다. 양국의 강화파 주동자들이 서로를 속이며 진척될 기미가 보이지 않는 가운데 왜군의 강화협상 적장인 고니시의 부하 요시라와 경상우병사 김응서의 밀착 관계는 선을 넘고 있었다. 김응서는 요시라와의 친분을 과시하며 요시라가 준 첩보를 조정에 주고, 조선의 정보를 요시라에게도 주면서 서로의 유대 관계를 돈독히 했다. 이순신은 이러한 김응서에게 내린 선조의 경고장이나 다름없는 문서를 입수하여 7월 7일 일기에 기록했다.

> 나라의 재앙이 참혹하고 사직의 원수가 남아 있어 신의 부끄러움과 사람의 원통함이 천지에 사무쳤건만, 아직도 깨끗이 쓸어버리지 못하고 원수와 함께 한 하늘을 이고 있으니 무릇 혈기를 가진 자로서 어느 누가 팔을 부르걷고 마음을 썩이면서 그놈의 살을 산적 뜨고자 아니하랴.
>
> 그런데 그대는 원수와 마주 진치고 있는 장수로서 조정의 명령도 없이 함부로 적과 대면하여 감히 무리한 말을 뇌까리고, 또 자주 사사로이 편지를 통해 현저히 놈들을 높이고 또 거기 애교를 보이는 일이

> 있을뿐더러 서로 화친하자는 것을 말하여 저 명나라 조정에까지 들려서 부끄러움을 끼치고, 혼단을 열어놓기에 조금도 꺼림이 없이 했으니 군법에 부쳐도 모자랄 게 없건마는, 오히려 너그러이 용서하고서 돈독히 타이르고 책망하여 경고하기 분명히 했었다. 그랬으나 고집을 더 세우고 스스로 죄 구덩이로 빠져 들어가니 나 보기에는 못내 해괴하기도 하고 또 그 까닭을 알 수가 없다. 그래서 이제 비변사 낭청 김용을 보내어 구두로 내 뜻을 전하니 그대는 마음을 고쳐 정신을 가다듬어 후회할 일을 끼치지 말라.

이순신은 이 글을 읽고 김응서를 강하게 비판했다. 뒤에서 언급하겠지만, 이렇게 김응서를 비난한 선조도 나중에는 김응서를 높이 평가했을 뿐 아니라 요시라에게 벼슬을 내리고 뇌물도 하사했다. 조선 조정은 요시라가 전해준 왜적의 첩보를 높게 평가하며 적장의 이중간첩에게 속임수를 당했다.

명·일 간의 진실성 없는 지루한 강화협상이 진행되는 동안에도 조정에서의 군대 관리는 게을리하지 않았다. 임진년 전과는 사뭇 다른 점이다. 임진년에 한성을 떠나 의주까지 피난 갔던 선조도 강화협상에 대해서는 매우 못마땅하게 생각하며, 적의 재침에 대해 경계심을 갖고 있었다. 이와 같은 조정의 전쟁준비는 변방의 통제영에서도 확인된다.

7월 27일에는 한산도로 암행어사가 방문한다는 공문이 내려왔다. 통제사는 한산도 포구에 삼도수군의 위용을 과시하며 진을 쳤다. 오후 2시에 암행어사 이식이 변방의 수군진을 점검하려고 내려온 것이다. 29일에는 어사가 직접 전라좌도 예하 진을 점검했다. 8월 1일에도 어사는 순천 등 다섯 고을의 전선을 점검했다. 오늘날 합참 전비검열단의 점검과 유사한 전투태세 점검이라서 이순신도 무척 신경을 썼다. 8월 2일에는 전라우도를 점검하고, 8월 3일에는 경상도 진을 검열했다. 어사 이식은 며칠간 삼도수군진을 검열하고 8월 5일 돌아갔다. 통제사 이순신은 어사가 돌아간 다음 예하 수사와 조방장들과 함께 어사의 검열 평가 등에 대해 논의했다. 이와 같은 군사업무의 흐름은 오늘날과 크게 다르지 않았던 것 같다.

암행어사가 돌아간 이틀 후 8월 7일 도원수가 삼도수군과 함께 적의 소굴을 치는 일에 대해 전갈을 받았으나 이후 기록에서 수개월 동안 도원수 및 통제사가 삼도수군을 이끌고 적들이 진을 치고 있는 안골포나 웅천으로 출동한 기록은 없다.

암행어사가 통제영을 점검한 뒤 이순신은 진주에 있는 체찰사를 만나기 위해 전선을 타고 곤이도(통영시 산양면)－소비포－사천－남강으로 가서 23일 체찰사를 만난 후 소비포로 돌아왔다. 며칠 후 체찰사가 수군진을 살펴보고 조직개편을 할 것에 대한 사전 보고를 했을 것으로 추측된다.

25일 이순신은 체찰사와 함께 경상도 해역에 있는 수군진을 직접 살펴보고 점검했다. 일종의 부대 통폐합을 하기 위해 현장을 확인 방문한 것이다. 이와 같은 조직개편은 매우 특이한 경우로 당시에 계속되는 군사 확보의 어려움을 해소하고 전투력을 강화하기 위한 전략으로 해석된다. 남해의 곡포와 평산포, 상주포와 미조, 적량과 삼천진, 소비포와 사량, 가배량과 당포, 지세포와 조라포, 제포와 웅천, 율포와 옥포, 안골포와 가덕진을 통합했다. 인접해 있는 2개의 진을 하나로 통합한 것이다. 검열단 일행이 떠난 후 군사 5,480명에게 음식을 먹였다. 암행어사 방문과 검열 및 체찰사 방문 등으로 수고한 군사들에게 특식을 제공한 것으로 추정된다.

오늘날 군에서 큰 행사 후 병사들에게 특식을 제공하는 것과 흡사한 과거 지휘관의 단면을 엿볼 수 있다.

체찰사 이원익은 12월에도 사천을 거쳐 삼천포진에 왔다. 이순신은 전선을 타고 체찰사를 만나 군사 업무를 논의했다. 이 시기에는 강화협상이 제대로 이루어지지 않을 것이라는 첩보들이 조정에 들려오던 시기였고, 만일의 사태를 대비하기 위해 체찰사가 육군과 수군진을 순회하며 전략회의를 하던 시기였다.

전시에 전투가 없는 부대의 군사들은 다소 정신적으로 해이해질 수 있기에 이순신은 늘 군기확립에 지휘 중점을 두고 있었다. 가을철에 접어들었지만 적과의 교전은 없었다. 하지만 적들은 여전히 안골포와 웅천 등지에 진을 치고 수시로 견내량 등지에 출몰하여 조선 수군을 자극했다. 일종의 신경전이자 심리전이었다. 이에 대비하여 이순신은 척후선을 보내 경계를 강화하고 있었다. 이와 병행하여 미래에 있을 적의 재침략에 대비하여 군량미를 확보하기 위해 둔전 사용세를 걷고 전선을 건조하는 일에 치중했다.

강화협상기가 길어지면서 통제영 예하 지휘관의 인사도 있었다. 9월 14일에는 전라우수사 이억기, 경상우수사 권준 및 충청수사 선거이 등 수사들과 작별의 술잔을 나누었는데, 충청수사 선거이 송별 자리였다. 선거이는 충청수사로 1595년 5월 한산도로 합류하여 근무하다가 9월 15일 본영으로 복귀했다. 선거이는 이순신과 함께 함경도 변방에서 함께 근무하며 오랑캐를 상대로 싸운 바 있는 전우임과 동시에 절친한 사이였다. 9월 14일 송별연 자리에서 선거이에게 손수 지은 시를 전할 만큼 전우애가 돈독했다. 다음은 이순신이 선거이에게 전한 애틋한 시로《난중일기》9월 14일 기록 내용이다.

> 북쪽에 갔을 때도 같이 일하고
> 남쪽에 와서도 죽고 삶을 같이하더니
> 오늘밤 이 달 아래 잔을 나누면
> 내일은 우리 서로 떠나겠구려.

충청수사가 복귀하고 통제영 진중에는 전라좌·우수영 및 경상우수영 전선만 남았다. 그 당시 무슨 이유로 충청 수영 병력을 복귀시켰는지는 알 수 없으나 한산도에서 가장 멀리 떨어진 수영을 오랜 기간 비워둔 탓에 조정에서 병력 재배치를 한 것으로 추정된다.

이 무렵 모처럼 한산도에도 명나라와 일본과의 지루한 강화협상 소식이 전해지고 있었다. 10월 6일에는 부산과 가까운 웅천 현감으로부터 명나라 사신이 부산에 도착했다는 보고가 있었다.

한편 날씨가 추워져 진중에서는 월동 준비에도 박차를 가하고 있었다. 11월에 섬에서 띠를 베어 오고 칡넝쿨을 잘라 오게 하는 등 월동 준비를 했다. 섬에서 띠 400동과 칡넝쿨 100동을 실어왔다. 월동 준비는 군량미 확보도 예외가 아니었다. 벼와 콩 820석을 수확하고, 청어 1만 3천여 두름을 곡식과 바꾸기도 했다. 12월에도 수군이 청어 7천여 두름을 잡아와 곡식과 바꾸기도 했다. 당시에 수군이 청어를 잡아 군량미를 확보하는 일은 군량을 자급자족하는 데 큰 도움이 되었다.

또 수시로 왜영을 탈출하거나 항복한 왜인을 관리하는 일도 주요 군사업무 중 하나였다. 항복한 왜인이 도망치다가 잡혀온 왜인을 본보기로 목을 쳐 효시하기도 했다. 적들은 견내량을 중심으로 산발적으로 조선 수군을 염탐하기도 했다. 상시 조선 수군 경계망에 포착된 왜선들은 긴급 출동한 조선 수군에 의해 쫓겨나는 일도 빈번하게 일어났다. 그러나 여전히 큰 전투는 없었다. 명나라와 강화협상을 하고 있는 적의 수장은 안골포 등지에 주둔하고 있는 왜군의 지휘관 고니시였다. 강화협상을 주도하는 입장에서 수하 부대가 공세적으로 교전한다는 것은 명분에도 맞지 않았기 때문이다.

앞에서 언급한 바 있지만, 이순신이 확보한 군량은 육군에도 수시로 지원한 기록이 있다. 심지어 어떤 경우는 멀리 떨어진 지방의 창고에서 이순신의 허락도 없이 육군에서 군량을 실어 가기도 했다. 11월에 수군 통제영에서 체찰사에게 보내는 토지 사용료로 군량 30섬을 보내기도 했는데, 당시 둔전을 일구면서 상급 기관인 수장인 체찰사에게도 일정 부분의 곡식을 지원했음을 알 수 있는 대목이다.

4. 왜군 재침에 대비한 전비태세 강화

1596년 새해가 되었지만, 병영의 군사업무는 크게 달라지지 않았다. 명나라와 일본 간의 강화는 큰 진전이 없었고, 안골포와 웅천 등지에 주둔하고 있는 왜군은 견내량까지 수시로 드나들고 있었기에 조선 수군은 견내량에 전선을 출동시키고 매복작전을 폈다. 수시로 항복한 왜인이나 도망 나온 왜인이 조선 수군진으로 들어오기도 했다. 오랜 기간 조선에 주둔하면서 왜군 병영 내에 이탈자가 생겨나는 등 군기가 해이해지고 있음을 보여주는 대목이다.

견내량은 왜군이 조선 수군을 염탐하기에 좋은 길목이었다. 4월 3일에는 왜군 4명을 잡아 목을 치기도 했다. 이미 충청수사 예하 전선 8척도 돌아와 합류했다. 진중에 있으면서 이순신은 조정의 대신들과도 종종 연락을 취하면서 정세를 파악했다. 영의정, 판부사 정탁, 판서 김명원, 지사 윤자신, 조사척, 신식, 남이공에게 편지를 써 보내 변방의 상황을 알리기도 했는데, 5월 30일 이들로부터 회신을 받았다. 이처럼 이순신은 조정의 대신들과 서신을 주고받으면서 정세를 파악하고 있었다.

부산 왜영에 머물고 있던 명나라 사신이 도망갔다는 놀라운 소식도 진중에 들려왔다. 명나라 사신은 이종성과 양방형이었는데, 이종성이 도주하자 훗날 명나라는 양방형과 심유경을 사신으로 다시 책정해 일본으로 보냈다. 강화협상이 진행되는 가운데 이순신은 5월 13일 가토군이 본국으로 철군했다는 소식과 부산 왜영에 대기 중인 명나라 사신을 왜군이 데리고 바다를 건널 것이라는 소식도 들었다. 진중에서도 명나라와 일본의 강화 진행 사항은 관심거리였던 것으로 보이나 적과 대치하고 있는 상황이라 한 시도 방심할 수 없었다. 이순신은 군관들과 활을 쏘며 심신을 단련시키고 경계강화에 치중하고 있었다.

비록 강화협상이 진행되고 있었지만 왜군의 재침 정보가 들어오고, 조정에서도 왜군의 재침에 대비하여 전비태세를 강화하라는 명령이 내려오고 있었다.

한편 통제사 이순신은 일본으로 떠나는 명나라 사신과 조선 통신사들이 타고 갈 배를 준비하는 일에 신경을 써야 했다. 7월에는 배 3척과 격군들을 부산으로 보냈다. 또 일본으로 떠나는 통신사들이 요구하는 표범 가죽과 화문석을 준비하여 보냈다.

8월에는 전선을 만들고, 체찰사를 만나 군사작전에 대해 논의하고, 견내량 등지에 복병을 세워 해상 경계강화를 했다. 또한 군사 1천여 명을 선발하여 전선을 만들 목재를 준비하고, 체찰사를 만나 군사정보를 입수하기도 했다.

전비태세를 강화하면서도 군사들의 사기를 위해 진급시험을 치르기도 했다. 군 특성상 전시나 평시를 막론하고 진급은 군사들의 사기를 함양시키는 데 도움이 된다. 따라서 현대 해군에서도 지휘관은 부하들의 진급에 무척 신경을 쓸 수밖에 없다. 많은 부하들이 진급하는 것은 해당 지휘관의 위상과도 직결된다. 1596년 윤8월 10일에는 진중에서 초시를 치렀는데, 이순신의 조카들과 아들도 합격했다.

이 무렵 주로 육상에 체류하는 체찰사가 직접 수군진에 검열을 나왔다. 이순신은 윤8월 11일 당포에서 직접 만나 현장에서 군사업무를 보고했다. 윤8월 12일 한산도에서 여수로 떠나 모친을 만난 후 윤8월 14일부터 전라도 내륙지방의 전투태세를 검열하기 위해 장기간 출장길에 올랐다. 이날 이후 이순신의 동선은 상당 부분 체찰사 이원익 일행과 겹친다. 이로 미루어 일부 구간은 함께 이동하면서 점검하고, 일부 구간은 별도의 계획으로 시차를 두고 검열한 것으로 나타난다.

이하 이순신의 내륙지방 동선을 중심으로 살펴보도록 한다.

이순신은 8월 13일 모친께 아침 식사를 대접한 후 여수 본영에 들러 배를 저어 윤8월 14일 선진강변 두치에 도착하여 본격적인 순회 검열을 시작했다. 두치진은 본래 전라남도 광양의 행정구역이었으나 현재는 경남 하동군에 편입되어 있다. 두치에서 광양현으로 이동 중 왜군에 의해 쑥대밭이 된 고을을 보면서 차마 눈으로는 볼 수 없었다고 일기에 적었다. 전선 정비 등 전시 동원 업무에서 면제하여 이 지역 백성의 마음을 풀어주어야겠다고도 적었다.

15일 순천에 도착해서는 체찰사 일행을 만났다. 17일에는 낙안에 들렀고, 18일에는 산성에 올라가 각 포구와 섬들을 살펴보았다. 19일 녹도 가는 길에 체찰사와 함께 둔전을 살펴보았는데, 체찰사가 매우 만족해했다. 20일에는 체찰사와 함께 배편으로 백사정을 거쳐 장흥에 도착했다. 21일에는 강진에 있는 육군 병영에 들러 여기서 원균을 만났다. 이때 병사는 원균이었는데, 원균은 경상수사에서 보직이 바뀌었다. 24일에는 가리포로 가서 망대에 올라 섬들을 살폈다. 가리포진은 지난번 조직개편 시 해남의 이진진과 통합한 바 있다. 특히 이날 원균의 병영에서 묵었는데, 원균의 흉한 행동에 대해서는 기록하지 않았다. 25일 이순신 일행은 해남에 들렀고, 26일에는 전라우수영에 들렀다. 다음 날 진도에서 돌아온 체찰사 일행이 우수영에 합류했다. 앞서도 언급했지만, 통제사의 동선과 체찰사 일행의 동선이 겹치는 것으로 보아 체찰사는 전라도 일원의 전쟁준비 상태를 점검하는 것 외에 각 지방의 관리들과 군수지원 등을 협조했을 것으로 추정된다.

이순신 일행은 29일 해남현에 들렀다가 9월 1일 영암에 도착하여 9월 2일까지 체류하면서 관리들을 만나 업무를 논했다. 9월 3일 나주에 도착하여 4일에는 체찰사와 공자 사당에 들러 참배했다.

이순신이 들렀던 공자 사당은 나주향교다. 향교는 공자를 비롯한 여러 성현에 제사를 지내고 지방민의 교육과 교화를 위해 나라에서 세운 교육기관으로, 나주향교는 태조 7년(1398)에 세워 제사와 교육기능을 수행하다가 신학제 실시 이후로는 제사 기능만을 수행하고 있다. 나주향교는 공자의 아버지를 모시는 계성사가 있어 명륜당과 대성전의 자리가 바뀌어 있는 것이 특징이다.

9월 6일 체찰사와 작별하고 고막원을 거쳐 무안에 도착했다. 7일에는 다경포(무안군 운남면)에 도착해 영광 군수를 만나 업무를 논의했다.

8일에는 임치진(무안군 해제면)에 들렀고, 9일에는 첨사 홍견을 불러다가 적을 방비할 대책을 묻고, 뒷성(봉대산성)에 올라가 형세를 살펴보고 함평으로 이동했다. 함평에서 고을의 선비들을 만나 민원을 듣기도 했다. 함평에서 김억추도 만났는데, 훗날 칠천량해전 후 전라우수사로 임명된 김억추는 어란포 해상에서 전선 1척을 갖고 이순신 함대에 합류한다. 그리고 명량해전에도 참전한다. 11일 영광에 들러 군수 김상준을 만나 밤이 깊도록 군사업무를 논의했다. 12일 고창의 무장에 도착해 14일까지 묵었다. 16일 고창에서 체찰사 일행과 만나 장성으로 이동했다. 17일 체찰사와 부사는 입암 산성(내장산 국립공원의 경계에 위치. 전북 정읍시 입암면과 전남 장성군 북하면의 서부지역에 해당)으로 가고 이순신은 진원현(장성군 진원면)으로 이동해 오랜만에 두 조카딸을 만나 밤새도록 이야기했다. 18일은 광주로 이동했다. 20일에는 화순 이양원(화순군 청풍면 이양리), 22일에는 보성에 도착했다. 24일에는 선 병사(선거이) 집에 들렀는데, 선 병사는 병이 위중했다. 선거이는 충청수사로 1595년 5월 한산도로 합류하여 근무하다가 9월 15일 충청본영으로 복귀했다. 9월 14일 송별연 자리에서 선거이에게 손수 지은 시를 전할 만큼 전우애가 돈독한 사이였다. 이순신은 내륙 순회 중 충청수사직 후에 황해 병사를 하다가 병환으로 집에 머물고 있는 친구이자 전우를 만나 위로했다. 25일 순천에 도착한 이순신은 40여 일간의 전라도 관포 순회 검열을 마친 후 고음천의 모친을 만났다. 40여 일 전 순회 검열을 위해 출발하기 전에도 모친께 인사를 드렸다. 장기간의 순회 검열을 마친 이순신은 전라좌수영에서 10월 9일까지 업무를 보고 10일 다시 한산도 통제영에 복귀했다. 이순신이 한산도를 벗어나 생전 처음으로 전라우도 관할구역인 전라도 서안해역인 무안과 내륙의 광주, 화순 등을 장기간에 걸쳐 순회 검열한 데는 몇 가지 의미가 있다.

첫째는 삼도수군통제사 지휘권을 행사하는 것이고, 둘째는 적의 재침공을 예견한 전비태세 검열이었으며, 셋째는 임진년부터 조선 수군의 전선, 군량과 군사들의 제공 핵심지역인 전라도 지역을 직접 돌아보고 현 실태를 확인하는 데 있었다. 내륙 순회 전비태세 검열이 있은 지 약 3개월 후 정유재란이 발발했다. 이순신이 명량해전 이후 목포 고하도에 체류하면서 조선 수군 재건 과업을 할 때 과거 내륙 순회 시 방문했던 전라도 지방의 지원은 전선 건조, 군사 및 군량미 확보 등에 결정적인 도움이 되었다.

따라서 고하도에서의 조선 수군 재건은 조선 수군의 마지막 통제영인 고금도로 이어지며, 이순신의 내륙 순시 시 거쳐간 지역의 군수지원과 병력지원은 최후의 해전을 승리로 이끈 데 결정적인 역할을 했다.

정유재란이 일어나고 왜 수군에 의해 원균이 이끄는 조선 수군이 칠천량해전에서 궤멸된 이후 이순신이 이끄는 조선 수군의 활동 해역은 경상 해역의 제해권 완전 상실로 전라도 서남 해역으로 제한되었다. 조선 수군의 활동은 수군 재건의 거점 목포 고하도와 임진왜란 최후의 통제영 완도 거금도를 중심으로 이루어졌다.

임진왜란 마지막 해전인 노량해전 참전 전선이 80~85척임을 감안할 때 칠천량해전 이후 조선 수군의 전선은 13척에서 67~72척이 증가된 것으로 추정된다. 조선 수군이 1598년 2월 고하도 수군진에서 고금도 수군진으로 이진 시 13척에서 40척이 증가된 53척이었음을 감안하면 나머지 27~32척은 고금도 주둔 시 건조된 것으로 볼 수 있다. 이와 같은 조선 수군의 전력 증강은 시기적으로 보았을 때 대부분 전라남도 연근해 지방 행정기관과 지역민의 적극적인 동참이 있었

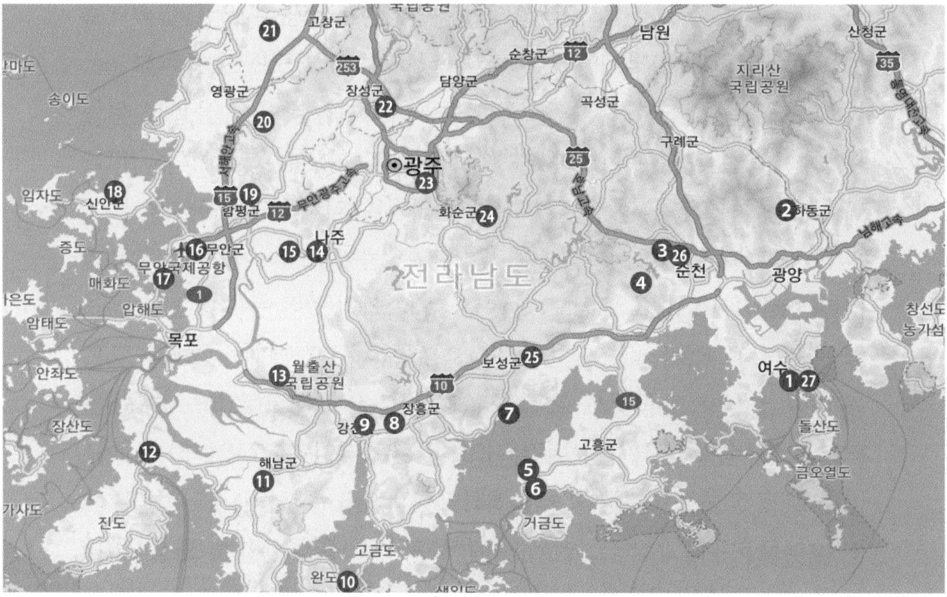

[그림 24] 정유재란 발발 전 전라도 내륙 전비태세 검열 순회도

❶ 여수, ❷ 두치, ❸ 순천, ❹ 낙안, ❺ 도양둔전, ❻ 녹도, ❼ 백사정, ❽ 장흥, ❾ 강진, ❿ 가리포, ⓫ 해남, ⓬ 전라우수영, ⓭ 영암, ⓮ 나주, ⓯ 고막원, ⓰ 무안, ⓱ 다경포, ⓲ 임치진, ⓳ 함평, ⓴ 영광, ㉑ 고창, ㉒ 장성, ㉓ 광주, ㉔ 화순, ㉕ 보성, ㉖ 순천, ㉗ 여수

기에 가능했다.

이순신은 정유재란 당시 전선을 운용할 군사와 격군을 확보하는 데 연근해 지방 행정기관의 비협조에 대해 토로한 적도 있었다. 그럼에도 마지막 해전 참전시 80여 척의 전선을 차질없이 운용한 데는 정유재란 발발 전 전라도 내륙지방 전비태세 검열 시 지방 행정기관의 관료들과 백성과의 교감이 크게 영향을 미쳤을 것으로 짐작된다. 평소 이순신이 왜 "호남이 없으면 조선이 없다"라고 했는지 알 수 있는 대목이기도 하다.

7장

이순신의 전략과 수군 부활

1. 명량해전 대승 후 이순신의 전략

● 조선 함대의 전략적 이동과 경로

1597년 9월 16일 조선 수군을 추격하던 왜 수군은 명량 해역에서 조선 수군의 결사항전에 크게 패하고 퇴각했다. 명량해전 대승 후 조선 함대가 교전 현장을 떠난 근본적인 이유와 왜 수군의 행적에 대해 비중 있게 다룬 국내 발간 간행물은 거의 없다. 명량해전의 승리에 초점을 맞춘 나머지 명량해전 이후 조선 수군의 불가피한 퇴각과 왜 수군의 반격이나 추격에 대한 객관적인 사실이 있음에도 이를 간과한 측면이 있다. 특히 명량해전 이후 퇴각했던 왜 수군이 조선 수군을 반격하기 위한 행적에 대해서는 거의 다루지 않고 있다. 따라서 명량해전 직후 조선 함대의 이동 경로와 적 함대의 행적을 살펴보는 일은 당시의 조선 수군과 적 수군의 상황을 이해하는 데 의미가 크다.

아래에서는 명량해전 후 조선 함대와 왜 수군의 행적을 살펴보고자 한다. 이순신은 명량해전에서 대승을 거둔 이후 9월 16일 저녁 승전 지역인 해남 우수영 해역을 떠나 북쪽으로 항해하여 약 20마일(약

37km) 떨어진 당사도(무안군 암태면 소재의 작은 섬으로 2019년 4월 개통한 천사대교 우측에 있으며, 현재도 약 60호의 주민이 살고 있다)에서 승전 후 첫 밤을 보냈다. 이후 1597년 10월 29일 조선 수군 재건의 성지라 할 수 있는 목포 고하도로 상륙하기 전까지 40여 일 동안 한반도 서남 해역 오지의 섬을 오가며 고난의 시기를 보냈다.

이순신은 왜 그렇게 조급하게 승전 해역을 떠나 한겨울 바다에서 고난의 시기를 보내야 했을까?

비록 해전에서는 대승을 거두었지만, 턱없이 열세한 조선 수군을 이끌고 있던 이순신이 불가피한 전략적 선택을 한 것이다. 명량해전은 칠천량해전 후 수습된 보잘것없는 조선 수군을 이끌고 작전상 후퇴하는 과정에서 벌어진 불가피한 결전이었다. 해전의 승리 요인 역시 이순신의 리더십과 조선 수군의 결사항전 등이 큰 몫을 했지만, 이순신이 결전 후 스스로 "천운이다"라고 할 만큼 운이 좋았기 때문이라 볼 수 있는 대목이다. 명량해전 후 이순신은 열세한 전력을 보유한 채 수세적인 작전을 수행하면서 수군을 재건하여 미래를 도모하고자 하는 전쟁 지휘관으로서의 결단이 필요했다.

이순신은 해전이 끝난 후 저녁에 적과의 안전거리를 충분히 유지하면서 해상경계를 할 수 있는 당사도로 이동했다. 당사도에는 전라도 해역 여러 고장에서 탈출한 많은 피난민 어선도 미리 와서 정박하고 있었다. 이순신은 9월 17일 어의도, 9월 20일 위도 등 조선 함대의 기항지 대부분에서 피난민을 발견했다.

9월 17일에는 여오을도(무안군 지도면 어의도)로 옮겨 9월 18일 영광 법성포로 떠나기 전까지 이곳에서 체류했다. 9월 18일 일찍 법성포에 들렀다가 홍릉곶(영광군 홍농면)으로 돌아와 바다 위에서 잤다. 9월 20일에는 고참도(영광군 위도면 위도)로 항해했고, 9월 21일 새벽 고군산도로 항해한 후 고군산도에서 체류하다가 남하하여 10월 3일 법성포로 이동했다.

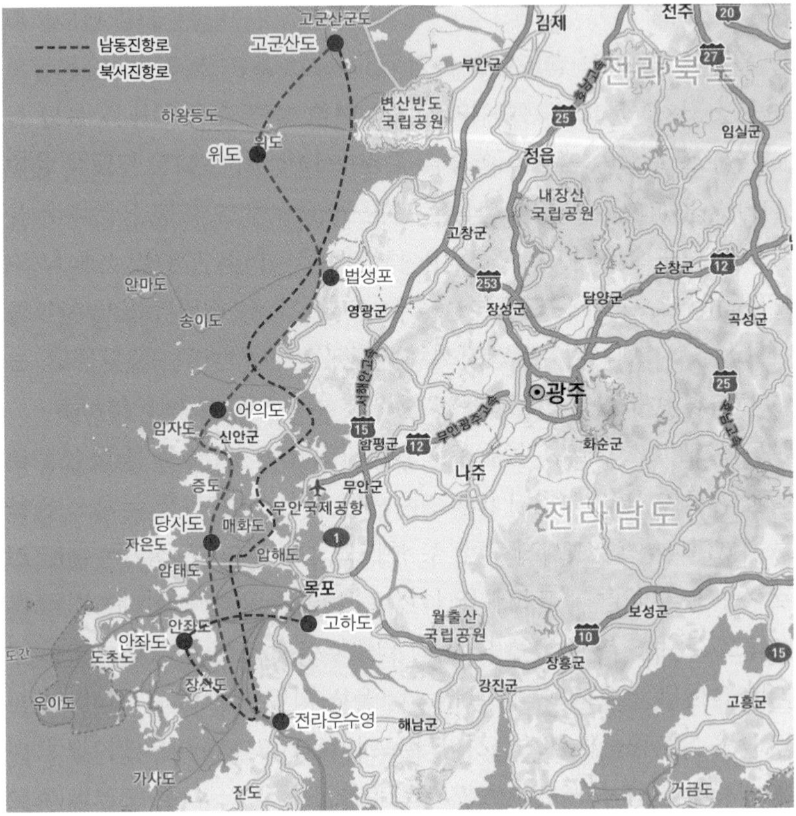

[그림 25] 명량해전 후 조선 함대의 이동 경로

이순신은 조선 함대를 이끌고 서남 해역을 이동하는 과정에서도 육상의 관리들과 지속적인 연락을 취하고 있었다. 9월 18일에는 임치 첨사가 해상의 함대를 찾아와 전황을 알렸고, 9월 21일 군산 앞 고군산도에서는 호남 순찰사 소식도 들었다. 9월 27일 고군산도 해상에서는 명량해전에서 승리한 결과를 작성하여 조정으로 보내기도 했다.

격전을 치르고 거친 파도와 싸우며 왜 수군의 추격을 피해 고군산도까지 올라온 통제사 이순신은 심신이 극도로 지쳐 있었다. 9월 27일 장계를 써보낸 날 일기에는 온몸이 지쳐 밤새도록 고통스러웠다고 적고 있으며, 10월 2일에는 홀로 배 위에 앉았으니 심회가 천 갈래 만 갈래라고 적었다. 그도 그럴 것이 13척 남은 전선으로 하늘이 도와 일순간 명량 해역에서 적에게 큰 타격을 가했지만, 왜 수군은 조선 수군과는 비교도 할 수 없을 만큼 대함대를 보유하고 있었고, 여전히 남해 전역의 제해권을 완전히 장악한 상황이었다.

이를 모를 리 없는 통제사 이순신에게 가장 시급한 일은 바다에서 적도들을 몰아내기 위해 조선 함대를 증강시키는 일이었으나, 현실은 한 치 앞을 내다볼 수 없었다. 더욱이 전쟁을 지휘하는 조정 역시 이순신과 조선 함대에 도움을 줄 수 없었고, 모든 것을 통제사 이순신 스스로 해결해야 했다. 일기 내용은 오지의 한반도 서남 바다 섬들을 떠돌다시피 들락거리며 새로운 터전을 찾아야 하는 이순신 자신의 처참한 신세를 에둘러 표현한 기록이리라.

군산 앞 고군산도까지 올라간 조선 함대는 육상에 있는 왜군의 상황을 살피며 다시 남으로 향했다. 적의 동태를 살피며 수군 재건을 위한 전략기지를 물색하기 위함이었다. 10월 3일 새벽 변산을 거쳐 법성포로 이동하여 10월 7일까지 체류하다가 10월 8일 법성포 인근 섬 부근으로 항해하여 바다 위에서 잤다. 9월 16일 명량 해역에서 교전을 치른 후 떠났던 전라우수영으로 돌아온 날은 10월 9일이었다. 이순신은 전라우수영에 돌아왔으나 더 이상 우수영은 수군기지로서 적합하지 않았다. 성은 폐허가 되고 백성은 피난을 떠나 황량했을 뿐 아니라 우수영 인근 해남에는 흉측한 적도들이 진을 치고 있었다. 명량해전 후 왜 수군이나 육상에 있던 잔여 왜적의 소행이 분명해 보였다. 이순신은 그날 밤을 우수영 앞바다에서 보내고 나서 새로운 전략기지를 찾아 이동하기로 결심했다.

10월 11일 우수영을 떠나 낮에 안좌도(안편도)에 도착했다. 이순신은 10월 29일 고하도로 상륙하기 전까지 이곳에서 체류하면서 전시 상황 점검은 물론 향후 조선 수군의 재건에 대한 전략적 계획을 구상했다.

명량해전 후 왜 수군의 조선 수군 추격작전

명량해전 후 조선 함대의 이동에 대한 가장 근본적인 이유는 앞에서 설명한 바와 같이 절대적으로 우세한 왜 수군의 반격을 피하고 조선 수군을 재건하여 적도들을 몰아내기 위한 전략적 군사 조치였다. 그렇다면 왜 수군은 이순신이 우려했던 것처럼 반격을 위해 명량해전 대패 후 교전 현장이었던 명량 해역으로 출동했을까?

결론부터 말하자면 적 수군은 해전 이후 격전 현장을 찾았고, 이어서 조선 함대 격파를 위해 이순신의 조선 함대를 서남해 일부 해역까지 추격했다. 왜 수군이 조선 함대를 어떻게 추격했는지 살펴보도록 한다.

명량해전 발발 전 왜 수군의 행적과 이순신의 기록

왜 수군은 칠천량해전에서 조선 수군을 궤멸시켰으나 여전히 조선의 함대가 존재한다는 것을 인지했다. 왜 수군은 이순신이 삼도수군통제사로 재임명되어 수습한 12척의 전선을 이끌고 1597년 8월 20일 장흥의 회령포를 출항한 이래 집요하게 추격하면서 탐색전을 펼쳤다. 중간중간 공방전을 치르기도 했다. 왜 수군은 끈질긴 정보수집과 추격으로 조선 함대의 실체를 파악했고, 조선 수군을 격파하기 위해 대군을 이끌고 어란포 등지에서 기회를 엿보고 있었다. 그러다가 벽파진까지 조선 수군을 몰아붙였다. 이를 알아차린 조선 수군이 전라우수영 해역으로 물러나 진을 치자 왜 수군은 9월 16일 조선 함대 말살작전을 감행했다. 그리고 그날 왜 수군은 조선 수군의 의외의 결사항전에 부딪혀 31척의 전선 피해를 입고 퇴각했다. 명량해전 후 왜 수군이 전라우수영이나 조선 수군을 추격했다는 명확한 공식 문서 등의 기록은 찾기 어렵다. 그러나 왜 수군이 반격 작전을 개시했음을 시사하는 이순신의 기록이 있다. 바로 이순신이 조선 함대를 이끌고 우수영으로 돌아와 참담한 현장 상황을 기록한 10월 10일 일기다. 이 기록에서는 왜 수군이 명량해전 후 조선 함대를 치기 위해 우수영으로 진격해왔으나 이미 현장을 떠난 조선 함대를 발견하지 못하고, 그 대신에 향후 조선 수군 재건의 근거지가 될 수도 있는 우수영을 초토화시켰다는 내용이 들어 있다. 명량해전 이전 이순신이 조선 수군을 이끌고 우수영을 떠나기 전까지 전라우수영은 왜군에 의한 피해가 없었던 데서도 조선 함대에 보복하기 위해 우수영으로 출동한 왜 수군에 의한 만행이었음을 알 수 있다. 즉, 왜 수군은 명량해전 이후 조선 함대를 치기 위해 우수영으로 출동했다는 흔적이다.

왜 수군 지휘부의 전략

명량해전에서 왜 수군은 최소 31척의 전선 피해를 입었다. (여기서는 일본의 명량해전에 대한 평가나 명량해전 이후 조선 수군을 추격했다는 등의 사료는 적용하지 않고, 다만 이순신의 일기나 장계 기록만을 인용하여 분석했다.) 이순신이 직접 쓴 일기의 기록만을 참고하여 분석하더라도 명량해전 후 왜 수군의 전선은 적어도 250여 척 정도가 여전히 해남의 어란포 및 진도 해역에 포진하면서 전라도 해역의 제해권을 장악하고 있었다. 이러한 대함대가 존재하고 있는 상황에서 적(여기서는 조선 수군을 의미함)에 대한 보복 공격을 하는 것이 동서고금 군사전략의 기본 원칙이다. 이순신 역시 왜 수군의 잔존 세력 및 적의 기본적인 전략·전술을 충분히 알고 있었기에 더 이상의 정면승부를 피하고 후일을 도모하기 위해 교전 현장을 떠났다고 판단된다. 조선 수군 지휘관 이순신이 전략적 후퇴를 한 행동이나 왜 수군 지휘부가 조선 수군에 보복하기 위해 군사조치를 한 것도 가장 기본적인 군사행동의 조치였다고 보는 이유다. 이순신은 10월 10일 우수영으로 돌아와 명량해전 후 출동한 왜 수군의 만행을 확인했다.

강항의 《간양록》

《간양록》에서 확인된 바 명량해전 이후 왜 수군의 반격은 실제로 존재했다. 그의 기록에 따르면 명량해전 이후 왜 수군이 조선 수군을 반격하기 위해 대군을 이끌고 우수영에 도착했으나 조선 함대를 발견하지 못했다. 이어서 왜 수군은 이순신이 거쳐간 무안, 함평 및 영광 등지까지 추격했으나 조선 함대를 발견치 못하고 조선 백성에게 분탕질만 일삼다가 순천의 왜성으로 돌아갔다고 기록했다.

또 강항이 기록한 왜 수군의 행적과 조선 함대가 9월 16일 명량해역을 떠나 고군산도로 이동하면서 거쳐간 무안, 영광 등의 경유지 방문 일자를 비교하면 매우 흥미로운 사실을 알 수 있다. 즉, 조선 수군이 체류하다가 떠난 지역에 며칠 후 왜 수군의 행적이 나타난다. 또 조선 수군이 고군산도에서 남쪽으로 이동하면서 들렀던 곳의 날짜를 살펴보면 이미 수일 전 왜 수군의 행적이 나타나고 있음이 확인된다. 다시 말해 조선 수군은 왜 수군의 동태를 예의 주시하다가 왜 수군이 떠났음을 확인하고 우수영으로 회군하는 과정에서 경유지에 들렀음을 알 수 있는 대목이다.

2. 오지의 섬 안좌도(안편도) 수군 통제영: 고통의 시기에도 빛나는 리더십

9월 16일 명량해전 직후 왜 수군의 보복 반격을 피해 고군산도까지 올라갔다가 10월 9일 우수영 앞바다 해전 현장을 떠나 우수영에 도착했으나 적들의 만행으로 더 이상 우수영은 수군기지로서 적합하지 못했다. 이순신의 조선 함대는 우수영에 안착하려 한 계획을 바꾸어야 했다. 고난의 해상 방랑을 하루 속히 끝내고 함대를 추슬러 혹한기에 대비해야 했다. 미지의 섬 안편도를 전시 수군 통제영으로 선택한 이유였다. 이순신은 1597년 10월 11일 전라우수영 앞바다에서 미지의 섬 안편도로 이동하여 상륙했다.

이 섬은 이순신 장군이 명량해전 승리 후 왜군의 추적을 피해 한반도 서남해를 항해하면서 정박했거나 체류했던 장소 중 유일하게 어느 곳인지 밝혀지지 않았던 장소였다. 그 이유는 이순신 장군이 당시 상륙했던 섬의 이름을 일기에 '안편도'라고 기록했으나, '안편도'라는 지명을 갖는 섬은 현재 우리나라 어느 곳에서도 존재하지 않는다. 따라서 오랜 기간 이은상을 비롯한 《난중일기》 번역자 및 연구가들은 '안편도'라는 섬의 현재 위치를 신안군 팔금도 또는 장산도로 추정해왔으나, 두 섬 어느 곳도 이순신 장군이 그의 일기에 기록한 지리적 위치와는 거리가 멀다는 사실이 확인되었다. 필자 고광섭을 비롯한 항법학자들의 연구 결과 안편도가 현재의 안좌도(기좌도와 안창도라는 섬이 하나로 합쳐진 섬)라는 사실이 최초로 규명된 것은 최근의 일이다. 이들은 과거 안편도로 추정되었던 팔금도와 장산도가 이순신이 기록한 《난중일기》의 지리적 위치와 맞지 않음을 밝혔고, 팔금도와 장산도 사이에 있는 안좌도(기좌도)가 이순신의 기록과 가장 일치함을 확인하여 논문으로 세상에 알렸다.*

안편도가 현재의 안좌도임이 규명된 연구 결과의 핵심 요지를 요약하면 다음과 같다. 기존의 안편도로 추정해온 팔금도와 장산도는 《난중일기》에 기록된 것처럼 북쪽과 서쪽 경관이 일부 일치하는 부분이 있으나, 가장 중요한 '동쪽 시야를 가리는 섬'이 존재하지 않는다. 반면에 현재의 안좌도는 과거 안창도와 기좌도로 분리된 섬이었는데, 이순신이 섬에 상륙 후 지형 정찰을 위해 올랐던 산은 기좌도의(현 안좌도의 일부) 매봉산인 것으로 밝혀졌다. 《난중일기》 기록에 동쪽 시야를

* 고광섭·박태용·김득봉, 〈《난중일기》에 기록된 안편도(발음도)의 지리적 위치에 관한 실증 연구〉(2018); 〈이순신 장군의 안좌도 수군기지에 대한 해양전략적 분석〉(2020).

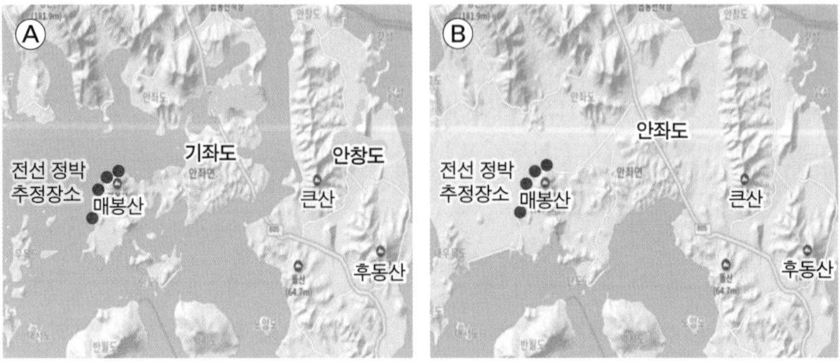

[그림 26] 안좌도의 과거(Ⓐ)와 현재(Ⓑ)

과거에 기좌도와 안창도로 나뉘어 있던 2개의 섬이 일제강점기 이후 방조제 및 매립작업 등으로 '안좌도'라는 하나의 섬이 되었다.

가리는 섬은 과거 안창도(현 안좌도의 일부)로 확인되었다.

〔그림 26〕 Ⓐ는 현재의 안좌도 지형도에 과거의 지도를 근거로 바닷물이 들어와 2개의 섬으로 분리된 지형을 묘사한 것인데, 왼쪽의 기좌도와 오른쪽의 안창도로 분리되었음을 보여주고 있다. 실제로 이순신 장군이 1597년 10월 11일 상륙했던 섬으로 밝혀진 〔그림 26〕 Ⓐ의 기좌도의 해발 약 129m 매봉산 정상에서 보면 동쪽에 안창도의 해발 150m가 넘는 큰산과 후동산에 막혀 가까이 있는 바다를 볼 수 없다. 이순신 장군이 일기에 기록한 내용과 일치함을 알 수 있다. 〔그림 26〕 Ⓑ는 1개의 섬으로 합쳐진 현재의 안좌도 실제 위성 지형도다.

이순신은 매봉산에 올라 산 주변이 과연 전시 임시 수군기지로 적합한지 살폈다. 한나절 정도 매봉산에 체류하면서 지형 정찰을 포함하여 참모들과 향후 대책에 대해서도 많은 토론을 했을 것으로 추측된다.

필자는 2018년을 전후하여 탐사차 이 산을 포함하여 주변의 산들을 수십 회 오른 바 있다. 지금은 국립 목포해양대학교 학생들과 교수, 지역학생 및 주민과 함께 매봉산 정상과 섬 일원에서 이순신과 조선 함대의 안좌도 수군기지 입도를 기념하기 위해 일명 '충무의식'이라는 행사를 갖고 있다.

안좌도로 조선 함대를 이동시킨 통제사 이순신은 함대의 안전과 군수물자 확보, 정부 공조직과의 소통, 안좌도 주변의 민정 관리 등을 하면서 수군 전력 강화에 대한 구상에 몰두했다. 안좌도에 체류하는 동안 섬에 군사들의 숙소나 창고 및 지휘부 숙소 등을 짓지는 않았다. 이순신은 안좌도 역시 수군을 재건하기에는 불리한 점이 많았을 것으로 판단했다. 안좌도는 2019년 4월 4일 천사대교 개통 전까지만 해도 목포에서 여객선으로만 왕래할 만큼 오지의 섬이었다. 하물며 이순신과 조선 함대가 이곳에 진을 칠 당시의 사정은 오죽했겠는가. 아래에서는 이순신과 조선 수군이 10월 29일 목포 앞 고하도로 이진하기까지의 행적을 살펴보도록 한다.

비록 조선 함대를 안좌도에 이동시킨 후에도 해남 등지에 정찰선을 띄워 왜군을 정탐하여 적의 동태를 늘 감시했다. 휘하 장수들과의 잦은 작전회의 및 군율 위반자에 대한 철저한 신상필벌 등을 통해 내부 결속을 강화하면서도 왜군에게 붙어 백성을 괴롭힌 자들의 목을 베는 등 철저하게 응징했다. 나라의 위기를 틈타 이적 행위를 한 자들을 붙잡아 단죄하기도 했다. 전시 사령관으로서의 리더십을 발휘한 것이다.

10월 13일 일기를 살펴보도록 하자.

> 이윽고 정찰선이 임준영을 싣고 왔다. 그 편에 적의 정세를 들으니 해남으로 들어와 웅거했던 적들이 초10일에 우리 수군이 내려오는 것을 보고 11일에 모두 도망했는데, 해남 향리 송언봉과 신용들이 적진 속으로 들어가서 왜놈을 데리고 와 지방 사람들을 많이 죽였다고 하니 통분함을 이길 길이 없다. 그래서 곧 순천 부사 우치적, 금갑 만호 이정표, 제포 만호 주의수, 당포 만호 안이명, 조라 만호 정공청 및 군

관 임계형, 정상명, 봉좌, 태귀생, 박수환 등을 해남으로 보냈다. 늦게 언덕에 내려앉아 배 조방장과 장흥 부사 전봉 들과 함께 이야기했다. (중략) 섬 안에 누구인지 모르나 산골에 숨어서 소와 말을 잡아 죽인다고 하므로 황득중, 오수 들을 보내서 수색하게 했다. 이날 밤 달빛은 비단결 같고 바람 한 점 없는데 혼자 뱃전에 앉아 심회를 달래지 못했다. 이리 뒤척 저리 뒤척 앉았다 누웠다 밤새 잠을 이루지 못한 채 하늘을 우러러 탄식할 따름이었다.

특히 눈에 띄는 내용은 "이날 밤 달빛은 비단결 같고 바람 한 점 없는데 혼자 뱃전에 앉아 심회를 달래지 못했다. 이리 뒤척 저리 뒤척 앉았다 누웠다 밤새 잠을 이루지 못한 채 하늘을 우러러 탄식할 따름이었다"라는 글귀다. 전쟁 중 한 국가의 모든 수군과 함께 사실상 적을 피해가면서 생사고락을 함께하는 통제사의 처절하고 애틋한 우국의 심정을 생생하게 느낄 수 있는 대목이다.

설상가상 안좌도 체류 나흘째 되는 10월 14일, 이순신은 아들 면의 죽음 소식을 접했다. 이순신은 10월 14일 아들 면의 부음 소식을 들은 날부터 19일까지 군사업무와 병행하여 아픈 자신의 심정을 적었다. 이에 대해서는 제10장에 잘 표현되어 있다.

전쟁터에서 군대를 지휘하는 수군통제사의 운명이란 이런 것일까? 10월 15일 일기에는 아들 면을 생각하며 새벽에 흰 띠를 띠고 향을 피우고 곡을 하고 비통해하면서도 해양경계 영역을 확대하는 전략적 변화를 취하기도 했다. 왜 수군의 활동을 파악하기 위해 멀리 흥양(지금의 고흥지역) 및 순천 앞바다까지 정탐선을 보내기도 했다. 조선 함대가 안좌도에 체류하는 시기 왜 수군은 순천의 왜성을 근거지로 활동하고 있음을 시사하는 대목이다.

또 10월 16일에는 부하들이 해남의 왜적 13명과 왜적에게 투항한 몇몇 조선인의 머리를 베어왔음을 적고 있다. 민심 이반을 단호히

척결하고자 하는 이순신의 의지로 볼 수 있다. 아직 해남을 비롯한 전라도 해역 일부 지역에서 왜 육군이 퇴각하면서 우리 백성에게 만행을 저지르고 있었다는 증거이기도 하다.

전시에 군량미 확보는 전선, 병력 및 무기처럼 중요한 전력 자산이다. 명량해전 이후 조선 수군의 군량미는 어떻게 확보되었을까?

우선 이순신의 기록에 나타난 내용으로만 보면 다음 두 가지 내용이 돋보인다.

10월 24일 일기에 따르면 해남에 있던 왜의 군량 322섬을 실어와 군량미를 비축했다. 왜의 군량이라 표현했으나 사실 모두 백성이나 관아에서 강제로 강탈한 식량이었다. 또 안좌도 주변 13개 섬의 소금 생산을 관리하는 관리자로 김종려를 직접 파견했는데, 이는 군량을 확보하기 위함이었다. 안좌도를 떠나 고하도로 이진한 후에도 소금 관리는 계속되었다. 소금은 조선 수군에게는 군량미 확보를 위한 중요한 수단이었다. 전쟁 중 적과 싸우고 군사업무에만 몰두하기도 어려운 상황에서 직접 군량 확보도 해야 했다.

이순신은 10월 25일 일기에 "향후 명나라 수군기지를 선정하여 보고하라"라는 지시를 받고 곧바로 선조에게 장계를 보냈다. 향후 조·명 연합수군 결성에 대한 첫 번째 임무를 수행한 것이다. 장계를 보낸지 며칠 지나지 않은 10월 29일 조선 함대를 안좌도에서 목포 고하도로 이동시켜 수군 재건에 치중했다. 1598년 2월 16일에는 전략적 환경이 고하도보다 나은 완도 고금도로 이진했다.

여기서 주목해야 할 점은 선조가 이순신에게 명나라 수군의 주둔지를 물색하여 보고하라는 시점이다. 실제로 1597년 10월 25일은 앞에서 서술한 바와 같이 보잘것없는 조선 함대를 이끌고 사실상 왜 수군을 피해 다니며 재기의 기회를 엿보던 시기였다. 이런 와중에 왕으로부터 당시의 보잘것없는 조선 수군에 비해 월등한 세력을 가진 참전국을 생각해볼 때 만감이 교차했을 것이다. 특히 당시 상황에서 13척 전선뿐인 조선 수군의 전력을 감안할 때 가장 시급한 것은 조선 수군의 전력을 증강시키면서 향후 명 수군 합류에 따른 군사전략을 짜야 했다. 선조의 하명을 받고 올린 장계의 내용이 알려지지는 않았지만, 장계를 올린 날부터 약 8개월 후인 1598년 7월 16일 명나라 진린이 수군 5천여 명을 이끌고 고금도 수군 통제영에 합류했다. 장계에는 훗날의 조·명 연합수군 기지로 고금도를 적시했을 것으로 추정된다. 고통의 시기에도 이순신의 앞서가는 리더십을 엿볼 수 있는 대목이다. 이순신은 10월 29일 새벽 비와 우박이 내리는 안좌도 기지를 떠나 목포 고하도로 이진했다. 본격적인 수군 재건의 시기가 도래했다.

3. 주요 해전에 나타난 이순신의 전략·전술

● 해양전략 이론과 해군작전 수행원칙

국내의 주요 해양전략 학자들의 해양전략 이론을 종합해보면 해양통제전략의 대표적 전략인 함대결전은 가용한 전력을 집중하여 적 함대를 격파하는 전략이며, 현존함대전략은 상대적으로 약한 함대가 함대결전을 피하면서 아군의 전력을 보존하고 적에게는 공격의 의지를 약화시키는 전략이다. 반면에 해양거부전략이란 연안방어에 중점을 두는 전략으로, 임진왜란 발발 전 조선의 진관체제에 따른 조선 수군의 해양전략이 여기에 해당한다. 해군작전 수행원칙은 해군작전을 수행하는 데 필요한 기본적인 원리이자 오랜 기간 동안 수많은 전쟁을 통해 얻어진 공통된 결론으로서 지휘권 행사와 해군작전을 성공적으로 수행하는 데 중요하다. 물론 인류 역사에서 지금까지 도출된 전쟁의 원칙이라 할지라도 전쟁의 원칙 상호 간에 밀접한 상관관계가 있으며, 상황에 따라 보완되고 변경되어왔다. 대한민국 해군 기본교리는 시대에 따라 다소 보완되고 있지만 목표, 공세, 집중, 기동, 통합, 기습,

경계, 사기 등이 일관된 해군작전 수행원칙이었다.

● 해양통제전략 측면에서 본 이순신의 주요 해전

임진왜란 초기 이순신이 치른 해전은 1차 출전과 2차 출전 모두 함대결전 형태의 해전은 아니었다. 왜 수군의 주력부대가 아닌 소부대를 각개 격파하는 방식으로 해전을 이끌며, 왜 수군의 전력을 약화시키는 현존함대전략을 구사했다. 그러나 이순신의 3차 출전인 한산도해전에서는 왜 수군의 전략이 바뀌어 1차 및 2차 해전과는 양상이 달랐다. 도요토미 히데요시가 와키자카, 가토 및 구키 등의 왜 수군 지휘관들에게 조선 수군을 격파하라는 강력한 주문을 함으로써 왜 수군과 조선 수군은 한산도해전에서 상호 공격적인 함대결전을 시도했다. 한산도해전에서 패배한 이후 왜 수군은 사실상 일정 기간 요새함대전략을 구사하게 되었다. 한산도해전에서 자신감을 얻은 이순신은 왜 수군의 본거지인 부산항으로 원거리 항해를 하여 400~500여 척의 왜 수군을 공격함으로써 사실상 왜 수군을 격멸하려는 함대결전전략을 구사했으나 100여 척의 왜 수군만을 격파하고 회항했다. 4차 출동하여 치러진 부산 해전은 조선의 승리로 끝났지만, 이순신의 함대결전 의지에도 결전을 회피하는 왜 수군의 수세적 전략으로 함대결전의 최종 목적인 적 함대를 완전히 파멸시키지는 못했다.

조선 수군이 칠천량해전에서 궤멸된 이후 이순신이 삼도수군통제사로 재임명되어 처음으로 치러진 명량해전은 이전과는 상황이 완전히 달랐다. 전력 면에서 미미한 조선 수군을 왜 수군은 끝까지 추격하면서 사실상 궤멸시키려는 강력한 함대결전전략을 구사했다. 반면 이에 맞서는 이순신은 정상적인 해전을 치를 수 없었다. 사실상의 결사항전뿐이었다. 마지막 노량해전의 경우는 왜 수군이 순천의 왜교성에서 진을 치고 있는 왜군을 구출하려고 500여 척을 이끌고 노량해협으로 진입해옴으로써 이를 저지하려는 조·명 연합수군과의 필사적인 함대결전식의 전투를 치렀다. 이 해전에서 조·명 연합수군이 승리하기는 했지만, 이순신은 전사했다.

해군작전 수행원칙을 적용한 이순신의 해전 검토

420여 년 전 이순신이 치른 해전에 대해 오늘날의 해군작전 수행원칙 측면에서 살펴보는 것은 매우 흥미로운 일이다. 이에 대해 해군 출신의 대표적인 해양전략가 강영호는 자신의 저서《해양전략론》에서 한국해군의 전쟁의 원칙, 일명 해군작전 수행원칙의 제 요소를 적용하여 매우 주목할 만한 분석을 한 바 있다. 그러나 그의 연구에서 오늘날의 해군작전 수행원칙 제 요소를 모두 이순신의 해전과 연계하여 분석함으로써 다소 중복되거나 무리한 해석도 엿볼 수 있었다. 따라서 이 책에서는 오늘날의 해군 기본교리에 제시된 해군작전 수행원칙을 시대에 크게 영향을 받지 않는 제 요소만을 골라 선택적으로 적용하여 살펴보기로 한다.

공세의 원칙

공세란 아군의 의지를 적에게 강요하는 능동적이고 적극적인 작전행동을 의미하는 것으로, 전장의 주도권을 확보함으로써 지휘관의 의도대로 전투를 수행하는 것이다. 이순신이 치른 해전은 대부분 공세적 해전이었다. 이순신은 해전에서 함포로 적함과의 거리를 유지하면서 전투를 수행했다. 각종 총통을 발사하여 적선을 당파(격파)하는 전술로 공격적인 전투를 했다. 빈약한 수군 전력으로 강력한 왜 수군과 맞서 싸운 명량해전의 경우 수세적 상황이었음에도 명량수로에서 배수진을 치고 공세적 결사항전으로 승리를 이끌었다. 이순신이 해전에서 물러난 사례는 한 번도 없었다.

경계의 원칙

전쟁의 원칙에서 경계란 적의 기습이나 첩보수집 활동을 거부함으로써 아군의 전투력을 보존하고 행동의 자유를 확보하기 위한 제반 활동이다. 그러므로 적의 기습을 방지하고 아군부대에 관한 적의 첩보활동을 거부하기 위해 항시 적의 위협에 상응하는 경계태세를 유지함으로써 전투력을 보존할 수 있다고 정의한다.

이순신은 1차 출동부터 진형의 좌우에 척후장을 첨사급으로 임명하여 전방해역 경계를 강화했고, 적선을 발견하면 신기전을 발사하여 천지가 진동하는 소리를 내어 적의 침공을 알렸다. 이 외에도 조선수군이 포구 또는 해상에 정박해 있을 때도 항상 전방 해역에 탐망선을 보내어 적의 동태를 철저하게 감시했다. 따라서 이순신이 지휘하던 시기의 조선 수군은 왜 수군의 기습에 의한 선제 타격을 받은 사례를 찾아볼 수 없다. 이순신이 전방 해상 경계에 얼마나 철저했는지를 보여주는 대목이다. 이순신은 명량해전 이후 고금도로 이진하기 전 고하도에 체류할 때인 수군 재건 기간에도 탐망선을 해남, 완도 지역까지 보내 해상 경계활동을 철저히 했다.

기동과 집중의 원칙

기동이란 아군에게 유리한 상황을 조성하기 위해 상대적으로 유리한 위치로 전투력을 이동하여 적 중심에 영향을 줄 수 있도록 하고, 또 적의 취약한 곳으로 기동하여 전투력을 집중토록 하는 것이다. 그리고 집중이란 결정적인 시기와 장소에 우세한 전투력을 집중 투입하여 상대적 우세를 확보하는 것이다. 전투력의 우세는 각 전투 요소를 적절하게 결합함으로써 달성할 수 있다. 결정적인 위치에 전투력을 집중하기 위해서는 결정적인 위치 이외의 장소에는 최소한의 전투력만 할당한다고 정의한다.

이순신은 해안에 정박해 있는 적선들을 공격하거나 넓은 해역으로 유인하여 포위작전으로 적을 공격하는 전술을 사용했다. 한산도해전에서 적을 협수로인 견내량에서 상대적으로 전투에 유리한 넓은 한산도 해역으로 유인하여 학익진으로 화력을 집중하여 왜 수군을 격멸한 것은 대표적인 기동과 집중의 원칙을 잘 살린 예라 할 수 있다. 또 명량해전의 경우도 삼도수군통제사로 재임명된 후 보잘것없는 조선수군을 이끌고 회령포진, 이진, 어란진, 장도, 벽파진까지 왜 수군의 기습을 피해 이동하다가 결정적인 순간에 협수로인 명량수로로 이동하여 수로를 차단하고 화력을 집중하여 적을 섬멸한 것 역시 오늘날의 해군작전 수행원칙에서 보더라도 기동과 집중의 원칙을 잘 적용한 놀라운 작전이라 평가할 수 있다.

● 이순신의 주요 해전에 대한 전술 진형

조선 전기의 《신진법》과 《오위진법》에는 방진, 원진, 곡진, 직진, 예진의 5종과 학익진, 장사진, 어린진, 조운진, 언월진, 각월진 등 11개의 진형이 수록되었으나, 일자진은 나오지 않는다. 1780년을 전후한 시기에 작성된 것으로 추정되는 〈전라우수영 전진도첩〉에는 학익진을 비롯해 총 12종의 수군진형이 수록되었다. 수군용 학익진이 처음으로 등장한 사료다. 해군사관학교 박물관에 보관하고 있는 〈군점홀기〉에는 학익진, 장사진, 방진, 일자진, 첨자진, 변환첨자진 등이 수록되었다. 이 중에서 이순신의 조선 수군이 실제 해전에서 교전 시 사용했던 대표적인 전술 진형은 학익진, 일자진 및 장사진이었다. 또 기동항해 시 적절한 것으로 알려진 첨자찰진은 화포를 주력무기로 하는 조선 수군의 특성상 화력 집중에 제한사항이 많아 교전 시에는 사용하기 어려웠을 것으로 짐작된다. 이순신은 자신의 일기에서 기존의 해전에 대해서도 명확하게 전술 진을 적시한 적은 없다. 가장 잘 알려진 한산도해전의 학익진 및 명량해전의 일자진에 대해서도 구체적인 기록이 없어 오늘날까지도 다양한 연구자들이 제시한 해전의 상황도에 차이가 있다. 다만 일기를 근거로 후세에 군사전문가나 연구자들이 이순신이 치렀던 해전의 전술 진을 과거 병법서에 나오는 진형을 토대로 합리적 추정을 하는 것이 일반화되었다.

이순신은 대부분 임진왜란 초기 출항통제를 적용하여 적 함대가 기지에 대기 중일 때 기습공격을 함으로써 장사진(종렬진) 기동을 한 것이 특징이다. 실제로 부산포해전에서 조선 수군은 기습 공격으로 포구 내에 정박 중인 왜 수군 100여 척을 격파했다. 조선 수군은 장사진(종렬진)을 형성하여 포구에 돌진하면서 화포 공격을 가하여 적함을 격파했다. 한산도(견내량)해전에서는 학익진 진형을, 명량해전에서는 한산도해전과는 다르게 왜 수군의 종렬진 기동을 13척의 횡렬진(일자진)으로 함포를 집중하며 승리했다. 노량해전은 조·명 연합수군이 왜 수군을 좌우에서 포위하여 진로를 차단하고 공방전을 벌이며 근접전을 치렀다. 양측 모두 공세적 함대결전의 치열한 공방전이 있었음을 암시한다. 임진왜란의 주요 해전에서 이순신이 보여준 해전 양상 전술 진형은 장사진(종렬진), 학익진 및 일자진(횡렬진) 등이었고, 전술 진형으로는 볼 수 없지만 혼전 상태에서 나타날 수 있는 노량해전 같은 근접전 형태가 있었다. 절이도해전의 전술 진형에 대해서는 이 책의 8장에 별도로 수록했다. 절이도해전은 필자 고광섭의 연구 결과 학익진으로 대승한 해전으로 밝혀진 바 있다.

4. 수군 재건의 성지: 목포 고하도 통제영

● 고하도 수군진의 역사적 의의

충무공 이순신이 임진왜란 7년 중 삼도수군통제사의 직위를 갖고 체류했던 수군진으로는 여수의 전라좌수영, 통영의 삼도수군통제영, 신안군 안좌도(안편도) 수군진, 목포의 고하도 수군진 및 완도의 고금도 수군진이다. 이 중 필자의 연구로 규명된 신안군 안좌도를 제외한 나머지 수군진에 대해서는 잘 알려진 사적지로 이순신 장군 사후 현재까지 규모와 방법은 차이가 있지만 국가와 지자체에서 관리하고 있다. 이 중 고하도는 칠천량해전에서 궤멸된 조선 수군을 재건한 역사적 의의가 큰 곳이다.

이순신이 조선 수군과 함께 고하도에 상륙한 날은 1597년 음력 10월 29일이다. 이에 앞서 이순신은 명량해전에서 대승을 이끈 후 왜 수군의 재반격을 피해 전략적 후퇴를 했다. 조선 수군은 명량해전을 대승리로 이끈 첫날밤에 격전지였던 전라우수영 앞바다를 떠나 40여 일 이상을 한반도 서남 해역의 바다와 오지의 섬에서 체류한 후 고하도에 상륙했다. 특히 고하도 상륙 직전 안편도(현 안좌도, 구 기좌도)에 상륙하여 18여 일 동안 머물면서 한반도 서남 해역 지방관리는 물론 조정과도 소통하면서 향후 조선 수군의 재건과 명 수군과의 연합군 창설과 운영에 대한 전략적 구상을 했다.

이순신은 전력을 재건하기 위한 기지를 물색하면서 병력자원, 조선소 설치장소, 조선 및 무기제작 기술자 확보, 원자재 조달 등에 대한 정보를 수집하고 가능성에 대해 면밀히 검토한 연후에 최종적으로 고하도를 통제영 사령부 위치로 택했다.

고하도는 최근 유달산과 고하도 간 해상케이블 연결로 관광지로 주목받고 있으나, 6·25 참전 영웅 최영섭 해군 예비역 대령이 자신의 저서《민족성지 고하도》에서 우리 민족의 성지로 부를 만큼 역사적 의미를 갖고 있다. 이순신이 칠천량해전에서 궤멸된 조선 수군으로 명량해전을 승리로 이끌었지만, 당시 조선 수군의 전력은 사실상 왜 수군에 비해 턱없이 빈약했다. 임진왜란 역사에서 고하도 수군진이 갖는 역사적 의의는 이순신의 고하도 주둔 시 궤멸된 조선 수군을 재건하고 이를 토대로 마지막 해전인 노량해전에서 승리할 수 있는 기반을 만들었기 때문이다. 고하도를 '충무공 이순신의 섬'으로 부르는 이유도 여기에 있다.

● 고하도 진의 성격과 주둔 목적

고하도 수군진은 조선 수군의 편제상에는 없는 임시 수군진이다. 그럼에도 삼도수군통제사가 사실상의 조선 수군 전부와 함께 주둔하면서 전시 작전 지휘권을 행사했던 전시 임시 삼도수군통제영의 실체가 있던 곳이다. 다시 말해 6·25 동란 때 부산 전시 임시 경무대와 유사한 성격으로 볼 수 있다. 전시인 만큼 이순신이 고하도에 수군진을 차리고 주둔한 목적 또한 분명하다. 이순신은 고하도에 상륙하기 전 안좌도 수군기지에 체류하는 동안 이미 서남 해역의 지방관리 및 조정과의 소통을 지속적으로 유지하면서 조선 수군을 조속히 재건하여 훗날 적을 치겠다는 구상을 했다.

이순신은 안좌도(안편도) 체류 시 명군 참전 소식을 인지했고, 명군의 수군진을 확보하라는 선조의 지시가 있었다. 또 고하도 주둔 시기였던 12월 1~27일 일기를 보면 순찰사가 방문하여 군사 방책을 상의한 기록이 있고, 전라도 연해 19개 고을을 수군에 전속시키기로 하는 등 전력 보강을 위한 군사 대책을 세운 바 있다. 조선 수군이 훗날 조·명 연합군을 창설한 후 주군으로서 행세하기 위해서는 무엇보다 전력 강화가 시급한 문제였다. 명군의 참전 소식은 전시에 수세에 몰린 전쟁 당사국 입장에서는 천군만마를 얻은 듯한 소식임과 동시에 연합군의 지휘관으로서 전략적 판단을 해야 할 과제가 생긴 셈이다. 조·명 연합군이 창설되면 기존에 이순신 장군 지휘하에 조선 수군 단독 작전을 했을 때와는 많은 변화가 생기기 때문이다. 이에 대해 이순신은 다음 몇 가지를 생각하고 있었다.

첫째, 조·명 연합군 창설에 따른 새로운 수군진 필요
둘째, 조선 수군 전력 강화

셋째, 연합군의 전시 작전지휘권 등

이상과 같은 상황에서 고하도 상륙 후 추진해야 할 우선 과업은 그의 일기에서도 잘 나타난 바와 같이 부대를 조기에 정착시키고 안정화하는 일이 급선무였다. 조선 수군은 고하도에 상륙하자마자 선착장 확보, 사령부 지휘소 설치 등에 착수했다. 이어서 전선 건조를 비롯하여 연합군 창설에 따른 연합 수군진 장소 물색, 전방의 적 동태 파악, 지역관리 및 조정과의 협력을 진행했다. 당시 상황으로 전방인 완도, 순천 근교까지 탐망선을 보내어 적의 상황을 파악하고 해상경계를 강화하면서 수군 재건에 몰두했다.

● 고하도 수군 재건과 전황

이순신의 조선 수군 전력강화의 목표는 전선 건조, 무기 제작, 군사 확보 및 군량조달이었다. 전선을 건조하는 데는 당시 고하도뿐만 아니라 전라도를 중심으로 여러 지방에 있는 조선소에서 건조되었다. 이순신은 타 지역의 조선소로 사람을 보내 감독했다. 《난중일기》에 기록은 없지만, 기존의 13척 전선은 명량해전 및 해전 후 장기간 항해로 피로도가 누적되어 건조 수준의 보수가 필요했을 것으로 추정된다. 군량 확보를 위해 목포 주변 섬의 염전에서 소금을 굽게 하고, 해로통행첩을 발행하기도 했다. 기록에는 없지만 신조 전선에 탑재할 무기 건조 및 군사 확보에도 심혈을 기울였을 것으로 추정된다. 특히 고하도 상륙 전에 전라도 해역의 19개 고을을 수군관리 지역으로 조치한 바 있다.

이순신이 고하도에서 수군 재건에 심혈을 기울이고 있을 무렵 명 수군의 조선 도착 소식이 알려졌다. 또 순천 왜교성에 고니시 부대가 성을 강화하고 있고, 사천에서는 적장 시마즈가 축성을 하고 병력을 증강시키고 있다는 정보가 입수되었다. 더불어 도요토미 히데요시가 조선에 증원군을 파병한다는 정보도 입수되었다.

이순신의 전략도 새로운 국면을 맞았다. 전략적으로 고하도는 후방이다. 따라서 적을 견제하고 위협을 가할 수 있는 연합수군 기지 고금도로 이진을 고려할 시기가 도래했다. 이순신은 수군 재건 결과를 점검하고 고금도 이진 계획을 세웠다.

● 통제영을 고하도에서 고금도로 이진

이순신은 1598년 2월 16일 목포 고하도를 떠나 2월 17일 고금도로 통제영을 옮겼다. 기록에 따라 다소 차이는 있지만 고하도 출발 시 전선은 53척, 군사는 대략 8천 명으로 추정된다. 고하도 체류 시 40척의 전선이 신조되었다. 고금도로 옮긴 지 4개월이 되는 6월 말경 함대 세력은 전선 85척, 사후선 85척으로 늘었고, 병력은 대략 1만 7천 명으로 늘어났다. 고금도 이진 후에도 꾸준히 전력 증강을 한 결과였다.

이 수치만 보더라도 106일(이순신의 목포 고하도 체류 기간에 대해 108일, 107일, 106일 등 자료마다 다르게 기록되어 있다. 최근 목포시청은 106일로 정정하여 공지한 바 있다)의 체류 기간 중 이순신이 얼마나 전력강화에 박차를 가했는지 짐작할 수 있다. 고하도는 당시의 전황으로 미루어 장기적인 수군진으로는 적합지 않았다. 적은 부산과 거제를 거점으로 남해안 일대를 장악하고 있었다. 이순신은 명 수군이 도착하기 전 수군 재건을 위해 후방인 고하도를 우선적으로 수군 재건의 적합지로 선택했다. 고하도는 적의 제해권역 밖으로 비교적 안정적으로 전력강화를 할 수 있는 적임지였다. 따라서 이순신은 연합함대 구축에 어울리는 수군 재건을 마치고 적 함대와의 작전거리를 좁히면서 연합함대에 적합한 고금도로 이진한 것이다.

고금도는 왜장 고니시 유키나가가 진치고 있는 순천 왜교성에서 약 100km 거리인 강진만 어귀에 위치해 있으며, 서쪽으로는 완도 청해진, 동쪽에는 조약도, 남쪽은 신지도로 성곽같이 둘러싸여 있어 외부에서 공격하기가 매우 어려운 곳이다.

이순신이 고금도로 진을 옮긴 목적은 순천에 집결하고 있는 적의 주력부대인 고니시 부대의 퇴로를 막고, 수륙 협공으로 적을 섬멸하고자 한 것이다. 이순신은 고금도에 정착한 후 조정에 장계로 보고했다. 다음은《선조실록》1598년 3월 18일 기사 내용을 간추린 것이다. 이순신은 장계에 적들이 낙안, 흥양 등 남쪽 바다에서 제멋대로 활동하고 있으나 멀리 목포 고하도에 있는 관계로 경계에 어려움이 있고, 기상이 좋아지게 되면 흉악한 적들의 활동이 늘어날 것을 걱정하여 진을 고금도로 옮겼다고 했다. 특히 고금도는 전략적으로 한산도 진보다 좋고 주변에 농장이 많아 1,500여 호에 이르는 사람들에게 농사를 짓도록 하고, 1593년 전라좌수영 수사 시절부터 둔전을 했기에 앞으로도 군사와 백성에게 농사를 짓게 하겠다는 생각도 보고했다. 둔전 운영은 군량미 확보에 매우 중요한 수단이었다.

이순신은 또 3월 18일 다른 장계에서 조선 수군이 고금도로 이진한 것을 알아차린 적들이 왜교성 전력을 강화하고 성을 쌓고 있다는 보고를 했다. 이순신이 고금도로 진을 옮긴 후 순천 예교성에 진을 치고 있는 적들에게도 위협이 되었다. 왜군은 조선 수군이 진을 옮겼다는 소식을 듣고 예교성을 강화했다. 진린은 7월 16일 명 수군 5천여 명과 함께 고금도에 합류했다.

조·명 연합수군 사령부가 설치된 고금도 통제영에서 이순신은 명 수군의 진린과 함께 적을 몰아내고 조선의 제해권을 다시 찾을 날을 기다리고 있었다. 고금도 통제영은 이순신 생전 조선 수군의 마지막 통제영이었으며, 조·명 연합수군의 연합사령부 기지로서 절이도해선과 노량해전의 전진기지 역할을 했다.

● 고하도 수군진의 현 실태

이순신의 구국 혼과 역사적 의미가 있는 고하도는 이순신이 고하도를 떠난 지 420여 년이 지난 오늘날 어떠한 모습일까? 이순신의 조선수군 재건과 애국 충혼을 기리기 위한 흔적은 1708년 제82대 수군통제사 오중주가 발의한 이래 14년 후인 1722년 8월 이순신의 5대 손인 제94대 수군통제사 이봉상이 세운 유허비가 유일하다. 이순신이 고하도를 떠난 지 124년 후의 일이며, 이 유허비는 오랜 세월이 흐르면서 부식이 심한 상태여서 읽기도 어려운 상태로 고하도 모충각 안에 보존되어 있다. 장군을 추모하기 위한 행사로는 지역 기관장, 군 지휘관, 학생 및 시민 등이 참석하는 충무공 이순신 탄생일 행사가 명목을 유지해오고 있다. 1974년 9월 24일 유허비가 있는 모충각을 포함한 큰산 일대는 '이충무공 유적지'로 도 지정 기념물 제10호로 지정된 바 있으나, 과거 해군 관계관 및 이 책의 공동 저자인 최영섭 등이 진터로 추정된 위치에 최초로 세워놓은 팻말자리에 목포시장과 3함대사령관 공동명이 표기된 입간판이 세워져 있을 뿐이다. 더욱이 이순신 장군과 조선 수군 주둔 시기 장군의 일기에도 기록되어 있는 사령부 건물, 선창(선소) 등 당시 삼도수군통제영의 수군진 형체나 규모 등을 기념하는 상징물은 없다.

8장

학익진으로 승리한 절이도해전 복원

1. 개요

조선 수군이 승리한 임진왜란 해전 중 왜 수군의 격파된 전선 수 규모를 기준으로 순서를 매긴다면 이순신 장군이 이끈 노량해전, 부산포해전, 한산도해전, 절이도해전, 명량해전 순이다. 반면에 왜 수군이 승리한 해전은 원균이 지휘한 칠천량해전이다. 위에서 언급한 해전 중 한산도해전은 학익진에 의한 승리, 부산포해전은 조선 수군의 원정 출전으로 왜 수군 본진을 타격했다는 상징성 있는 해전이다. 명량해전은 궤멸된 조선 수군의 잔여 전력 13척으로 왜적을 물리친 결사항전의 승리였고, 노량해전은 임진왜란 마지막 해전이자 이순신이 전사한 해전으로 우리 국민의 가슴에 각인된 해전이다. 또 칠천량해전은 이순신이 백의종군 시 원균이 삼도수군통제사 임무를 수행하면서 치른 해전으로, 조선 수군이 궤멸된 대표적인 패전으로 기록된 해전이다.

절이도해전은 어떤 해전일까?

절이도해전은 한산도해전이나 명량해전에 비견할 만큼 비중 있는 해전임에도 임진왜란 해전이나 이순신 연구가 외에 일반인들에게는 잘 알려지지 않은 해전이다. 절이도해전에 대한 상황을 알 수 있는 사료가 적어 해전에 대한 연구가 활성화되지 못한 것이 큰 이유다. 수년 전 절이도해전이 있었던 해역으로 추정되는 거금도의 해당 지자체인 고흥군 주관으로 절이도해전에 대한 학술대회가 개최된 바 있어 절이도해전에 대한 관심을 제고하는 데 큰 역할을 했다. 또 국내의 이순신 전문가 중의 한 사람인 제장명은 〈절이도해전 관련 몇 가지 문제들〉이라는 연구에서 절이도해전의 각종 사료를 분석하여 절이도해전의 전투 장소, 해전 일자, 이순신 참여 여부 등에 대해 각각 두 가지 가능성이 있다고 제시한 바, 절이도해전을 이해하는 데 기여했으나 여전히 절이도해전 전개 과정이나 전황을 살피는 데는 한계가 있고, 당시의 전장 환경, 이순신의 전략 및 전술 등을 고려하지 못한 아쉬움이 있다.

420여 년이 지난 오늘날 절이도해전에 대한 명확한 기록 및 현장의 유물 등이 새롭게 발굴되지 않는 한 당시의 상황을 그려내는 일은 쉽지 않다. 지금까지 절이도해전에 대한 해설이나 연구는 일관성이 부족한 사료를 근거로 했기 때문에 절이도해전을 이해하는 데 제한적이고 추상적일 수밖에 없었다. 이 장에서는 절이도해전에 대한 사료를 비롯하여 당시의 교전 상황과 전장 환경, 이순신의 해양전략과 전술 등을 종합적으로 검토하고 분석하여 절이도해전에 대한 실체를 규명한 필자 고광섭의 연구 결과를 요약 정리한다.

2. 절이도해전에 대한 사료 분석

절이도해전에 대한 사료는 《선조실록》, 《이충무공행록》, 《선조수정실록》, 《난중잡록》, 《난중일기》 및 《징비록》 등이 존재하지만, 어느 하나의 사료로 절이도해전을 이해하는 데는 한계가 있다. 그렇다고 존재하는 모든 사료를 참고하는 데는 혼란스러움이 더욱 가중됨을 느낀다. 사료에 적힌 내용이 부족하고 작성자, 작성 동기 및 작성 시기가 달라 일관성이 떨어지기 때문이다. 절이도해전에 대한 견해가 보는 시각에 따라 차이가 나는 이유다. 그러나 사료의 기록을 근간으로 절이도해전에 대한 합리적인 개념을 파악하는 일은 중요하다. 이를 위해 주요 사료를 독립적으로 분석하고, 가장 신뢰성이 높은 사료로 꼽히는 사료를 근거로 하여 단계적으로 개념 설정을 하고자 한다. 따라서 국가 주도로 작성된 국가 문서의 성격을 갖는《선조실록》과 비록 작성 시기는 다르더라도《선조실록》을 보완하려는 데 목적을 두고 작성된《선조수정실록》 및 이순신의 친조카로 이순신과 함께 전장을 누볐던 이분의《이충무공행록》 세 가지 사료를 토대로 살펴본다. 가장 신뢰도가 높은 사료로는 이순신이 해전 직후 작성한 장계를 바탕으로 기록된 1598년 8월 13일《선조실록》의 내용이다. 임금에게 이순신이 보고하는 절이도해전에 대한 결과보고임을 감안하여 사실과 다른 내용으로 허위로 보고하지 않았을 것이기 때문이다. 따라서《선조실록》의 내용을 시작으로 작성 연도순으로《이충무공행록》,《선조수정실록》 순으로 단계적 분석을 하여 절이도해전에 대해 일관성 있게 개념 정립을 했다.

《선조실록》 분석

첫째로 이순신이 절이도해전 이후 처음으로 조정에 보낸 공문서인 장계를 바탕으로 기록된《선조실록》 1598년 8월 13일 자료를 살펴보도록 하자.

> 지난번 해상 전투에서 아군이 총포를 일제히 발사하여 적선을 쳐부수자 적의 시체가 바다에 가득했는데, 급한 나머지 끌어다 수급을 다 베지 못하고 70여 급만 베었습니다. 중국 군대는 멀리서 적선을 바

라보고는 원양으로 피해 하나도 포획하지 못했습니다. 그러다가 우리 군사들이 참획한 수를 보고 진 도독이 뱃전에 서서 발을 둥둥 구르면서 그 관하를 꾸짖어 물리쳤으며 신 등에게 공갈 협박을 가하여 못하는 짓이 없었으므로 신 등이 마지못해 40여 급을 나눠 보내줬습니다. 계 유격도 가정을 보내어 수급을 구하기에 신이 5급을 보냈는데 모두들 작첩하여 사례했습니다.

상기 장계의 내용으로부터 조선 수군은 총통으로 일제사격을 가하여 적선을 분멸했으며, 이 전투는 대규모 해전으로 적의 사망자가 많았고, 긴박한 상황에서 적의 목 70여 급만 베었다. 더욱이 "중국 군대는 멀리서 적선을 바라보고는 원양으로 피해 하나도 포획하지 못했습니다. 그러다가 우리 군사들이 참획한 수를 보고 진 도독이 뱃전에 서서 발을 둥둥 구르면서 그 관하를 꾸짖어 물리쳤으며"라는 기록은 절이도해전이 조·명 연합수군의 작전이었음을 알 수 있다. 분명한 것은 비록 해전에 소극적이었고 전공에 대해 탐을 냈으나 진린이 해전 해역에 있었다는 사실이다. 진린이 해전 현장에 있는 상황에서 조선 수군의 최고 지휘관인 이순신이 해전 현장에 없었다는 일각의 견해는 논리적으로 맞지 않는다. 지금까지 절이도해전에서 이순신이 참전하지 않았을 수도 있다는 논란에 동의하기 어려운 대목이다. 그럼에도 전투에서 많은 적선이 격파되었을 것은 분명해 보이나 기록에 격파된 적선 수가 빠진 이유에 대해서는 알 수 없다. 추후 살펴보겠지만 《선조수정실록》에 절이도해전에서 격파한 왜 수군의 전선이 기록된 점은 《선조실록》에 빠져 있는 부분을 보완한 것이다.

● 《이충무공행록》 분석

두 번째로 이순신의 조카 이분이 이순신 사후 저술한 이순신의 첫 전기로 평가되는 《이충무공행록》을 살펴보도록 한다. 1598년 7월 내용을 살펴보자.

18일: 적선 100여 척이 녹도를 침범해오고 있다는 소식을 듣고, 공과 도독은 각각 전선을 거느리고 금당도에 이르렀다. 적선이 다만 2척이 있었는데 우리 군대를 보고 도망쳐 달아났다. 공과 도독이 밤을 지내고 그대로 돌아왔다. 공은 녹도 만호 송여종을 머물게 하고, 8척을 거느리고 절이도에서 숨어있게 했고, 도독도 그들의 배 30척을 남겨 비상상태에 대비하게 했다.

24일: 공은 도독을 위해 운주당에 술자리를 마련하고, 바야흐로 취할 즈음에 도독 휘하의 천총직위에 있는 사람이 절이도에서 와 보고하기를 '새벽에 적을 만났는데, 조선 수군이 다 붙잡았고, 명나라 군대는 바람이 순탄하지 않아 서로 싸우지 못했습니다'라고 했다. 도독이 크게 화가 나서 끌어내라고 소리치고, 술잔을 던지고 소반을 밀쳐내며 분풀이를 했다. 공은 그의 의도를 알고, 화가 난 것을 풀어주려고 말하기를, '노야께서는 명나라의 대장으로 바다의 도둑들을 무찌르려고 오셨으니, 진에서의 승리는 곧 노야의 승리입니다.'

(중략)

이날 송여종이 붙잡아 바친 배는 6척, 적의 머리는 69급이었다. 도독에게 보내고 그대로 임금님께 장계를 올렸다.

다음은 절이도해전에 관련된 《이충무공행록》을 분석한 결과다.

첫째, 7월 18일 내용은 왜 수군 기습, 조·명 연합군 출동, 금당도 이동, 적선 2척 퇴각, 절이도 해역에 조·명 연합수군 일부 야간 경계근무 조치 후 일시 회항했다는 내용으로 절이도해전 초기 전황을 이해하는 데 중요한 사료다.

둘째, 7월 24일의 《이충무공행록》 내용은 상당한 논란거리가 될 수 있는 내용이 담겨 있다. 이순신과 진린이 연회 중 해전 현장에서 온 진린의 부하로부터 해전 결과에 대해 구두보고를 받는 내용이다. 이 내용만으로 해전 상황을 추정한다면 이순신과 진린은 해전 현장에 없었다. 조명 연합수군의 최고 지휘관은 참전하지 않았고, 두 지휘관의 부하 장수들이 해전을 지휘한 셈이다. 그러면 앞의 《선조실록》에서 언급한 조·명 연합수군의 지휘관 이순신과 진린이 해전에 참전한 내용을 임금에게 보고한 장계는 허위 보고가 된다. 신뢰하기 어려운 내용이다. 따라서 본 연구에서는 7월 24일 보고 내용 중 이순신과 진린이 해전에 참전하지 않은 것으로 해석될 수 있는 부분에 대해서는 절이도해전에 대한 개념 정립에서 제외했다. 그럼에도 송여종이 수급 69개를 바친 내용은 이순신이 장계로 보고한 《선조실록》 8월 13일 내용, 즉 70여 개 수급 내용과 일치함을 알 수 있어 송여종이 절이도해전에서 큰 공을 세운 것은 사실인 것으로 평가된다.

셋째, 7월 24일 기록으로 보면 해전이 있었던 날은 7월 24일이다. 사료에 기록된 내용으로만 추정하면 절이도해전이 있었던 날은 7월 19일 또는 7월 24일로 추정된다. 그러나 7월 24일 교전이 있었다면 이순신과 진린은 해전 당일 해전에는 참석치 않고 연회장 앉아 술을 마시며 해전 결과 보고를 받은 셈이다. 이 내용 또한 《선조실록》에서 확인된 두 지휘관이 해전에 참석한 사실과 정면 배치되는 셈이다. 따라서 7월 24일 해전 가능성을 동의하기 어려운 대목이다.

그렇다면 절이도해전이 일어난 날은 7월 19일인가?

왜 수군이 7월 18일 이미 녹도 근해까지 진입했다는 사실에 주목할 필요가 있다. 또 7월 18일 기록으로 보면 적의 탐망선으로 보이는 2척이 쫓겨나기는 했으나, 적의 탐망선은 왜 수군의 본진으로 돌아가 조·명 연합수군이 금당도 해역까지 추적해왔음을 지휘부에 보고했을 것은 분명해 보인다. 비록 쌍방 간 날이 어두워 해상에서 주력부대의 전선들을 직접 확인하지는 못했으나 조선 수군은 이미 고금도 수군진에서 출동 전에 녹도로 적선 100여 척이 진격하고 있다는 정보를 들었고, 왜 수군도 쫓겨난 2척의 탐망선으로 조선 수군 또는 연합수군 세력들이 금당도와 절이도 해역까지 추격해왔음을 모를 리 없다. 사실상 7월 18일 밤은 쌍방 간 다음 날 교전을 앞둔 숨고르기 시간으로 볼 수 있는 이유다.

18일, 조·명 연합수군과 왜 수군은 어디서 밤을 보냈을까?

왜 수군은 녹도 근해, 조·명 연합수군은 금당도 해역에서 일정한 거리를 두고 해상에 진을 치고 보냈을 것으로 추정된다. 추정 근거는 우선 왜 수군의 경우 1차 공격 목표로 추정되는 녹도를 장악했다고 보아야 하는데, 녹도와 소록도 사이에 전선을 숨기기 좋은 해협이 위치하고 있는 이유다. 다음으로는 조·명 연합수군이 어디에 진을 치고 있었는가다. 18일 기록에 조·명 연합수군이 밤을 보내고 돌아왔다는 내용이 있으나 돌아온 곳이 고금도 통제영인지 금당도 해역인지, 또 날을 완전히 새고 다음 날 이동한 것인지 불분명하다. 그러나 중요한 것은 지휘관 이순신이 이미 적선 100여 척이 녹도 근해까지 침범했고, 적의 탐망선 2척을 퇴각시킨 마당에 고금도 본영으로까지 회항하지는 않았을 것으로 짐작된다. 왜적을 코앞에 두고 고금도 본영으로 후퇴하면서 경계부대에만 적을 감시케 한다는 것은 이순신의 전략이나 전쟁철학으로 미루어 감히 상상할 수 없는 일이다. 따라서 전방에 경계부대를 배치하고 적과의 일정한 거리를 유지하면서 금당도 해역을 전진기지로 활용하여 18일 야간을 보내면서 조만간 벌어질 전투 준비에 골몰했을 것이라고 판단된다. 또 18일 야간에 조·명연합군의 경계부대는 다음 날 적의 출동을 예상하고 가시권 내인 절이도 서북부 해역에서 해상경계를 했을 것으로 추정된다.

《선조수정실록》 분석

마지막으로 《선조수정실록》을 살펴보도록 하자. 기록 내용은 다음과 같다.

> 통제사 이순신이 적병을 강진의 고금도에서 크게 격파했다. 순신이 진린과 더불어 연회하려고 하는데, 적이 습격하려 한다는 보고를 듣고는 제장으로 하여금 군사를 정돈해 대기하게 했다. 얼마 후 적선이 크게 이르자 순신은 스스로 수군을 거느리고 적중으로 돌격해 들어가면서 화포를 쏘아 50여 척을 불사르니, 적이 마침내 도망했다.

다음은 위의 《선조수정실록》 내용을 앞에서 살펴본 《선조실록》이나 《이충무공행록》 내용과 비교한 결과를 요약한 것이다.

> 첫째, 통제사 이순신이 직접 참전한 사실은 《선조실록》과 일치한다.
>
> 둘째, 날짜를 명시하지 않았으나 이순신과 진린이 연회 중 적의 기습 정보를 보고 받고 군사들에게 전투태세를 취하고 비상 출동에 대기한 내용은 《이충무공행록》의 7월 18일 내용과 맥을 같이하고 있다.
>
> 셋째, 적선 50여 척을 분멸한 내용은 《선조실록》에 빠진 부분을 훗날 보완한 것이다.
>
> 넷째, 해전 장소를 '고금도'라고 명시한 것은 일종의 오기로 봐야 한다. 이러한 오기의 사례는 명량해전 장소를 진도의 벽파정이라고 기록한 《선조실록》(1597년 11월 10일) 및 《선조수정실록》 등에서도 찾아볼 수 있다.
>
> 다섯째, "얼마 후 적선이 크게 이르자 순신은 스스로 수군을 거느리고 적중으로 돌격해 들어가면서 화포를 쏘아…"라는 내용 중 '얼마 후'라는 표현으로 보아 해전일은 왜적이 습격한다는 보고를 받고 전투태세를 취한 후 오랜 시간이 경과하지는 않았을 것이라는 추측을 가능케 하는 대목이다.

● 절이도해전 사료분석 결과

앞 절에서 《선조실록》, 《이충무공행록》 및 《선조수정실록》 기록을 토대로 분석한 결과 절이도해전에 대한 개념은 다음과 같이 정리할 수 있다.

첫째, 조·명 연합수군이 참전했으나 명 수군은 소극적인 자세로 임했고, 전공만 탐했다.

둘째, 이순신과 진린이 직접 참여했다.

셋째, 7월 18일 이순신과 진린이 연회 중 적의 기습 공격에 대한 보고를 받았다. 왜 수군 기습에 대한 정보 보고를 받고 조·명 연합군이 금당도 해역으로 출동하여 적선 2척을 퇴각시키고, 18일 저녁 조·명연합수군 지휘관들의 지시로 절이도 해역에서 조·명 연합수군이 합동경계 강화를 했다. 조·명 연합수군은 일시 회항했다. 당일 야간 일시 회항 해역은 금당도로 분석되었다.

넷째, 전과는 적선 50척 분멸, 수급 70여 개였다.

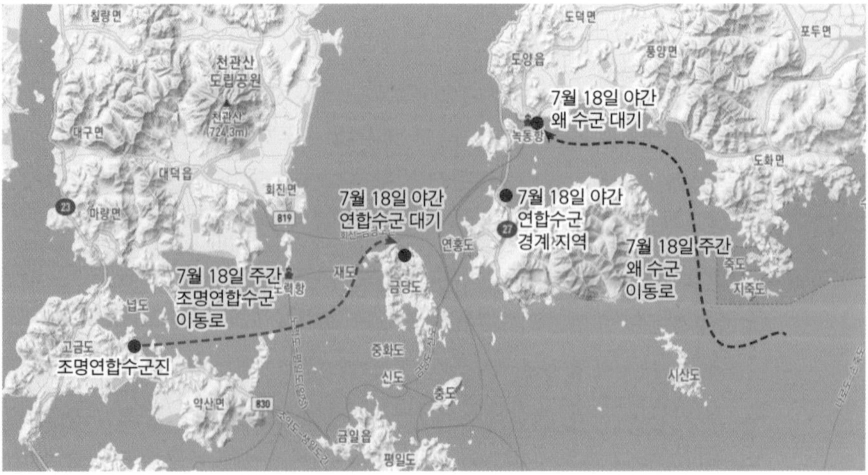

[그림 27] 1598년 7월 18일 주간 및 야간 상황도

다섯째, 절이도해전에서는 송여종이 눈부신 활약을 한 것으로 추정된다.

여섯째, 7월 24일을 해전 가능 날짜로 보는 것은 논리적으로 맞지 않다. 따라서 절이도해전 날짜는 7월 19일로 보는 것이 합리적이다. 그 이유는 첫째, 《이충무공행록》 기록 분석에서 7월 24일은 논리적으로 맞지 않음을 알 수 있었고, 둘째, 《선조수정실록》에서 '얼마 후…'라는 문구를 적의 출몰 이후부터 시간적으로 24일보다는 바로 다음 날인 19일로 해석하는 것이 더 합리적이라 생각된다.

3. 절이도해전 전술 진형

전술 진형을 살펴보기 위해서는 해전 참전 세력 쌍방의 기동 형태를 고려해볼 필요가 있다. 왜 수군의 경우 고흥반도와 거금도 사이의 해협 내에서 기동항해 시 몇 개의 행을 유지하며 기동항해를 했거나 몇 열의 장사진으로 기동항해를 했을 것으로 추정된다. 이러한 왜 수군의 기동진형은 해협의 출구 쪽에서 장애를 받을 수밖에 없었을 것으로 추정된다. 〔그림 28〕에서 보는 바와 같이 해협 출구 근방 현 거금대교 인근에 섬들이 위치하고 있기 때문이다. 100여 척이나 되는 왜

[그림 28] 거금도와 소록도 사이 해협

수군 전선이 해협 밖으로 나와 해협 내 기동 형태인 몇 개의 열과 행으로 해협 밖에서 재정비하여 기동했을 것으로 판단된다.

7월 18일 야간 대기 해역인 금당도 해역은 넓고 함대 기동에 장애 요소가 없는 지역이다. 이순신이 임진왜란 해전 중 주요 해전에서 보여준 근접전, 장사진, 일자진 및 학익진 등의 가능성에 대해 앞에서 검토한 절이도해전의 전장 환경 조건을 고려하여 살펴보도록 한다.

첫째로 근접전 형태의 해전을 고려해보자. 해전의 해역이 넓을 뿐 아니라 쌍방이 서로의 진격 방향을 향해 상당한 거리를 두고 이동했기 때문에 조우 시간과 공간 측면에서 볼 때 근접전의 가능성은 희박하다.

둘째로 장사진에 대해 살펴보도록 한다. 전방에서 접근해오는 적을 양현 측에 총통이 배치되어 있는 판옥선의 구조상 화력의 집중도가 떨어지는 장사진으로 공격했을 리는 없다.

셋째로 학익진의 경우다. 절이도해전이 치러졌을 것으로 추정되는 거금도해협 외해는 반경 2km가 넘는 해역으로 학익진을 형성하기에 좋은 여건을 갖고 있다. 특히 학익진을 형성하는 과정에서 한산도해전에서 학익진을 형성했던 경우에 비해 유리한 상황임에 주목할 필요가 있다. 즉, 이순신이 지휘한 해전 중 학익진 전술 진형으로 승리한 대표적인 한산도해전에서는 적을 유인하고 후퇴하는 도중 방향을 완전히 선회하여 진을 형성했기 때문에 시간이 지연되고 기동이 어려워 사실상 위험을 안고 있었다. 그러나 절이도해전의 전장 환경은 해전 당일 조선 수군이 〔그림 29〕에서 보는 바와 같이 금당도 서북쪽 해역에서 출동했고, 왜 수군은 해협을 빠져나와 금당도 쪽으로 이동하는 형국으로 쌍방이 마주 보며 기동한 상황이었다. 금당도에서 출항하여 진격 시 일반적으로 사용되는 첨자진 또는 첨자찰진으로 기동하다가 교전 시에는 유리한 전장 환경 조건을 최대한 살렸을 것으로 예상된

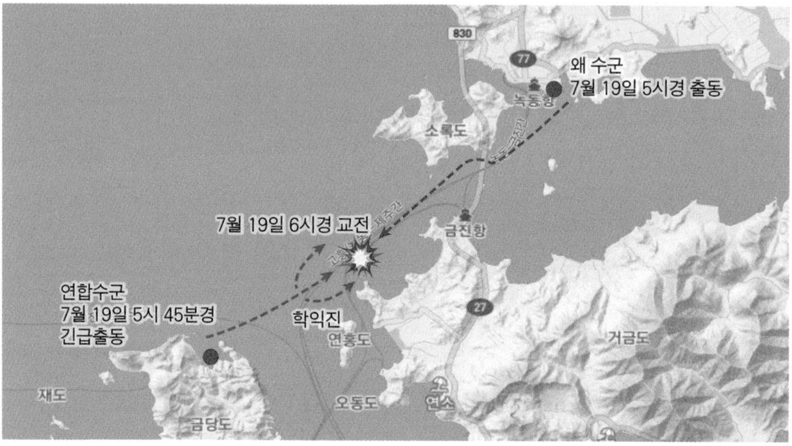

[그림 29] 절이도해전 1598년 7월 19일 교전 상황도
교전 과정 및 상황은 필자 고광섭의 시뮬레이션 연구 결과임.

다. 즉, 한산도해전처럼 전선을 완전히 선회할 필요 없이 빠르고 간편하게 자연스럽게 적을 조우하여 양옆으로 전진하면서 학익진을 형성했을 것으로 추정된다.

일자진은 학익진 기동 과정에서 일시적으로 나타날 수 있다. 이순신은 임진왜란 해전에서 주로 정박해 있는 적선을 쫓아가 찾아서 공격하거나 적선을 넓은 해역으로 유인해 포위하여 학익진 등으로 공격하는 전술을 주로 사용했다. 앞에서 분석한 바와 같이 임진왜란 해전사 중 절이도해전의 전장 환경은 적을 유인할 필요가 없었고, 자연스럽게 넓은 해역에서 조우하여 한산도해전처럼 함대 방향을 역침로로 바꾸어야 할 필요도 없이 학익진 전술을 펼치기에 양호한 전장 환경에서 전투를 치렀을 것으로 짐작된다. 결과적으로 절이도해전은 임진왜란 해전사에서 조선 수군이 학익진 전술을 이용하여 한산도해전에 이어 다시 한번 대승을 거둔 해전으로 평가할 수 있다.

4. 학익진으로 대승한 제2의 한산대첩

임진왜란 해전사에서 50여 척의 왜 수군의 전선을 분멸한 절이도해전은 한산도해전이나 명량해전과 대등할 만큼 비중 있는 해전임에도 임진왜란 해전이나 이순신 연구가 외에는 잘 알려지지 않은 해전이다. 이러한 이유로 일각에서는 절이도해전을 임진왜란 해전사에서 '이순신의 잊힌 해전'이라 표현하기도 한다. 절이도해전에 대한 상황을 알 수 있는《난중일기》기록이 미흡하고 사료가 부족하여 해전에 대한 연구가 활성화되지 못한 것이 큰 이유다. 절이도해전에 대한 사료를 비롯하여 당시의 교전 상황, 이순신의 해양전략과 전술 등을 종합적으로 검토하고 분석하여 절이도해전에 대해 좀 더 구체적이고 합리적인 상황을 그려낸 연구 결과 요약은 다음과 같다.

● 사료 분석 결과

1598년 7월 18일 고금도 조선 수군 통제영에서 이순신과 진린이 연회 중 적의 기습공격에 대한 보고를 받고, 조·명 연합수군이 금당도 해역으로 출동하여 적선 2척을 퇴각시킨 후 18일 야간 거금도(절이도) 해역에 조·명 연합수군 경계부대를 배치하고 본진은 금당도 해역에서 머물렀다. 7월 19일 교전에서 적선 50여 척 분멸, 수급 70여 개를 수거했다. 진린의 명 수군은 전투에 소극적이었고 전공만 탐했으나, 조선 수군의 배후에서 진을 치고 있는 것으로 추정되어 적에게 심리적 압박을 주는 역할을 했다고 평가된다.

● 이순신의 전략 및 전장 환경을 고려한 시뮬레이션 결과

([그림 29] 참조)

7월 19일 05시경 적의 출동을 인지한 경계부대는 금당도 해역에서 대기하고 있는 본진으로 이동하여 긴급보고를 했고, 조선 수군은 긴급출동을 하여 거금도(절이도) 고라금 해수욕장 앞 우동도 서북쪽 1~2km 해역에서 7월 19일 06시경 적과 조우하여 조총 사정권 밖에서 총통으로 위협사격을 가하며 교전을 시작했다. 양측의 추정 이동 경로와 이동 속도를 고려하여 시뮬레이션한 결과를 토대로 1598년 7월 18일 주·야간 조·명 연합수군과 왜 수군의 전황과 1598년 7월 19일 교전 상황도를 제시했다(상세한 내용은 필자의 연구 논문을 참조 바람).

● 전술 진형 분석 결과

절이도해전이 치러진 해역으로 추정되는 절이도 서북부 해역은 교전 공간, 함대 기동 방향 등 학익진 전술을 구사하기에 양호한 조건을 충족하고 있었고, 이순신이 임진왜란 해전에서 구사했던 대표적인 전술 진형들을 절이도해전 전장 환경에 각각 적용시켜 분석해본 결과 학익진 전술 진형이 가장 적합함을 알 수 있었다. 이순신은 절이도해전에서 전략적으로는 함대결전을, 전술적으로는 학익진을 구사함으로써 50여 척의 적선을 침몰시켰다. 결과적으로 절이도해전은 임진왜란 해전사에서 조선 수군이 학익진 전술을 이용하여 한산해전에 이어 다시 한번 대승을 거둔 해전으로 평가할 수 있다.

9장

정유재란 시기 선조의 출전명령과 이순신 항명의 진실

1. 개요

고니시와 심유경이 주동이 되어 추진한 1593년부터 1596년 사이 4년간 일본과 명나라 간의 지루한 강화회담은 실패로 끝났다. 도요토미 히데요시는 1597년 초 조선을 공격하라는 명령을 내렸고, 1597년 1월 12일부터 15일 사이에 가토군이 부산 해역을 침공함으로써 본격적인 왜군의 재침이 전개되었다. 조선 조정은 왜군이 쳐들어오는 것을 막지 못한 이순신을 탄핵하고 원균을 신임 삼도수군통제사로 임명했다. 이순신은 한양으로 압송되어 간신히 죽음을 면했다. 이순신의 탄핵 사유는 침공하는 왜군을 막지 못한 데 대한 사유가 가장 컸다. 이순신이 선조의 출전 명령에도 출전 불가 사유를 제기하면서 출전을 거역함으로써 사실상 이순신이 이적죄를 저지른 데 대한 탄핵으로 간주되어왔다. 이순신이 출전을 거역함으로써 항명행위로 해석되는 이러한 탄핵 사유는 이순신 사후 60여 년 후에 완성된 《선조수정실록》 1597년 2월 1일 기사에 근거를 두고 있다. 이 《선조수정실록》 기록은 최근까지도 반복 인용되면서 현재에 이르고 있다. 이러한 기록이 부당한 요구를 하는 상관에 대한 항명이라고 회자되기도 하지만, 한편에서는 전쟁 중에 적을 치라는 군통수권자의 명령을 실행하지 못한 비겁한 졸장이라고 볼 수도 있다. 이순신 사후 420여 년 이상 정유재란 시기 '선조의 출전 명령에 대해 이순신이 과연 거역했느냐'에 대한 연구는 거의 이루어지지 못했다. 이에 대해 필자는 최근 연구 결과를 논문으로 공개한 바 있다.

아래에서는 공개된 연구 결과를 중심으로 서술하고자 한다.

출전 중에 있는 한 국가의 해군 최고지휘관을 체포해 처벌한 사례는 세계 전사를 통해 흔하지 않다. 이러한 세계사적인 일이 1597년 정유재란 시기에 조선에서 일어났다. 도대체 어떠한 죄를 지었기에 조선 조정은 출전 중에 있는 해군 최고지휘관이던 이순신을 체포하여 처벌했을까?

이순신이 체포 및 파직되어 백의종군을 하게 된 배경에는 몇 가지 요인이 있었다. 이를 요약하면 다음과 같다. 첫째, 조정을 기망하고 임금을 무시한 죄는 '부산 왜 영화재 허위보고 사건'이다. 부하들의 허위보고를 사실로 알고 부하들의 공을 내세워 포상을 건의했으나, 훗날 부하들의 가짓말이 밝혀져 이순신이 비난을 받은 사건이다. 둘째, 적을 놓아주어 나라를 배신한 죄는 '요시라의 반간계 사건'이다. 요시라의 첩보를 이순신에게 알려주었으나 이순신은 출전할 수 없는 이유를 들어 출전하지 않았고, 결국 적을 바다에서 막지 못하여 놓아주었다는 것이다. 셋째, 남의 공을 가로채고 모함한 죄는 '원균이 자기의 군공을 이순신에게 빼앗겼다고 주장한 데서 야기된 사건'이다.

특히 이순신에게 덮어씌운 상기 세 가지 죄목 중에서 결정적인 죄목은 두 번째로, 바다에서 적을 막지 못한 것이었다.

이순신의 파직과 백의종군의 핵심 죄목인 요시라의 반간계 사건은 적장 고니시 측 첩자 요시라가 전해준 첩보를 입수한 선조가 적의 침공 날짜 및 적장의 동선 등이 포함된 첩보를 통제사 이순신에게 알려주었음에도 수군통제사 이순신이 출전 불가 사유를 들어 출전하지 않아 적의 침공을 막지 못했다는 것이다.

이순신의 출전 불가 사유는 첫째, 적의 간계일 것이고, 둘째, 해상에서 적에게 기습당할 우려가 있으며, 셋째, 대군을 동원하면 복병할 수 없고, 소군을 동원하여 복병을 많이 두면 만일의 경우 위험할 것이라는 데 있었다.

1597년 1월 27일 어전회의에서 적 침공에 대한 이순신의 책임을 묻는 탄핵 논의가 있었다. 이 자리에서 선조는 1월 초 '부산 왜영 화재 사건'도 거론하며 용서할 수 없음을 천명했다. 2월 6일 이순신 체포 명령이 내려졌고, 2월 26일 압송되어 3월 4일 구금된 이후 심문과 고문을 당하는 등 모진 고난을 받았으나, 다행히 사형을 면하게 되고 4월 1일 방면되어 백의종군하게 되었다.

이 과정에서 정탁의 간절한 이순신 구명 상소문이 선조를 감동시켜 극형을 면하게 되었다. 정탁이 이순신의 죄목을 항목별로 조목조목 논리적으로 설명하여 선조를 설득시키는 데 성공한 것이다. 일명 정탁의 '논구이순신차'에 근거한 신구차 내용은 다음과 같다.

> 요즈음 또다시 쳐들어왔는데 이모가 미처 손을 쓰지 못한 것에 대한 것도 거기에는 필시 무슨 그럴만한 사정이 있을 것입니다. 대개 변방의 장수들이 한 번 움직이려고 하면 반드시 조정의 명령을 기다려야 되고, 장군 스스로는 제 마음대로 못하는데, 왜적들이 바다를 건너오기 전에 조정에서 비밀히 내린 분부가 그때 곧바로 전해졌는지도 모를 일이며, 또 바다의 바람 사정이 좋았는지 어떠했는지, 그리고 뱃길도 편했는지 어떠했는지 또한 알 수 없는 일이옵니다.

또 다음 내용은 정탁의 《약포집》에 나와 있는 '이순신옥사의'에 근거한 신구차 내용이다.

왜노들이 준동하여 쳐들어올 적에 제때 차단하지 못한 것은 그사이 정세에 대해 논할 만한 것이 있을 수 있습니다. 조정의 명령이 제때에 전달되었는지 여부와 바다에서 바람의 형세가 순풍이었는지 역풍이었는지 모두 알 수 없습니다.

위 두 자료의 내용은 모두 정탁의 구명 상소문으로, 핵심 내용은 같다. 여기서 핵심 내용은 첫째, 당시 변방의 지휘관이 출전하기 위해서는 반드시 국왕의 허락이 있어야 한다는 점이다. 둘째, 적을 치라는 선조의 명령이 제때 이순신에게 전달되었는지 의문이 있다는 내용이다. 셋째, 조정에서는 당시 현장의 해상 상태를 알 수 없었다는 점이다. 정탁은 이순신이 출전할 수 없는 이유에 대해 상기 세 가지 이유를 들어 불가피하게 이순신이 가토군을 사전에 진압할 수 없었을 것이라고 강조했다. 정탁은 과거 많은 죄인들을 직접 문초해본 경험자로서, 또 상소문을 올리기 전에 많은 상황을 파악했기에 위험을 감수하며 선조에게 이순신 구명을 한 사람이다. 정탁이 이순신의 죄에 대한 진실을 누구보다 잘 알 수 있었던 사람이라는 점은 시사하는 바 크다.

한편 이순신이 선조의 출전 명령을 이행치 못한 일련의 과정에 대한 역사적 기록은 이순신 사후 다양한 서적이나 문서 등에 기록되었다. 그러나 현재까지 출간된 다양한 자료 내용 중 선조가 적의 침공 사실을 인지한 시점, 적의 침공 첩보와 출전 명령이 이순신에게 전달된 시점, 전달자, 적 첩보의 내용 및 출전 명령 접수 후 이순신의 조치 등이 자료에 따라 서로 다르게 기술되어 있는 경우가 있다. 이순신 사후 현재까지 출간된 대부분의 자료들이 이순신의 조카 이분이 쓴《이충무공행록》과 유성룡이 쓴《징비록》,《선조실록》,《선조수정실록》및《이충무공전서》등을 기반으로 하고 있지만, 같은 사건에 대해 이들 자료에 기록된 관련 내용들마저 다소 차이가 있다.

후세의 대부분 자료들도 선조의 출전 명령을 받고 출전 불가 사유를 들어 출전하지 않은 데 대해《선조수정실록》2월 1일 기록 또는《이충무공전서》내용을 인용하고 있다. 반면에 이순신이 출전하겠다는 강한 의지를 담은 출전 건의 내용이 실린《선조수정실록》1월 1일자 기록에 대해서는 언급이 없다. 보는 시각에 따라 1월 1일자 기록은 이순신의 강력한 출전 의지로, 2월 1일자 기록은 합리적 출전 거부 또는 항명으로 해석될 수도 있다. 선조의 출전 명령에 대해 서로 상반된 이순신의 행위로 해석될 수 있는 부분이지만, 이에 대한 실체를 파악하기 위한 연구 결과는 찾아보기 어렵다.

연구는 정유재란 직전 선조의 출전 명령에 대한 이순신의 출전 의지 및 출전을 거부할 만한 배경을 살펴보기 위한 연구로서 기존 사료 검토를 중심으로 추진했다.

2. 역사자료 분석

● 관련 기록 분석

이순신이 체포 및 파직되어 백의종군하게 된 배경의 큰 요소였던 '요시라의 반간계 사건' 등에 대해 기록한 역사 자료는 시대를 거듭하면서 많이 늘어났지만, 가장 핵심이 되는 자료들은《선조실록》,《선조수정실록》,《징비록》,《이충무공행록》및《이충무공전서》등이다. 본 연구에서도 이 자료에 기록된 내용을 중심으로 참고했다.

《징비록》,《이충무공행록》,《선조수정실록》및《이충무공전서》는 모두 이순신 사후 시차를 두고 저술된 자료다.《징비록》은 유성룡이 1604년경 임진왜란과 정유재란 시기에 자신의 경험과 사실을 기록한 책이다. 전쟁의 원인과 상황, 군국정무에 관한 문서와 기록, 류성룡 자신이 해결한 정책적 문제, 자신의 시절 논평으로 구성되어 있다.《이충무공행록》은 이순신의 조카인 이분이 쓴 이순신 전기의 성격을 띠고 있는 책으로, 저술 연도는 정확하게 알 수 없지만 이분이 사망한 1619년 이전으로 추정된다. 《선조수정실록》은 《선조실록》의 내용을 수정하기 위해 1641년 이식이 《선조실록》의 개수를 건의하면서 편찬 논의가 시작되었다. 1643년 음력 5월 본격적으로 편찬이 개시되었고, 중간에 중단되었다가 1657년 완성되었다. 《이충무공전서》는 1795년 정조의 지시에 따라 유득공, 윤행임 등이 편찬·간행한 충무공 이순신의 유고 전집으로, 총 14권 8책으로 구성된 이순신 연구 및 임진왜란 연구에 귀중한 문헌이다.

위의 역사자료 중 《선조실록》을 제외한 《징비록》, 《이충무공행록》, 《선조수정실록》 및 《이충무공전서》는 모두 이순신 사후 쓰인 기록물이다. 《징비록》, 《이충무공행록》, 《선조수정실록》에 기록된 이순신이 선조의 출전 명령을 이행하지 못한 기록을 살펴본 내용을 요약하면 다음과 같다.

《이충무공행록》의 경우 이분이 이순신의 《난중일기》에 근거하여 쓴 기록 및 이순신의 장계 등은 비교적 근거가 있으나, 선조의 출전 명령을 이행하지 못한 기록 등은 근거가 불분명하다. 《선조수정실록》의 경우도 관련 내용을 기록함에 있어 근거를 찾기 어렵다. 따라서 《선조수정실록》의 관련 내용을 그대로 수록한 《이충무공전서》의 기록도 관련 근거가 불분명하기는 마찬가지다. 《징비록》의 경우 유성룡이 어전회의 등에서 얻은 정보 등에 근거하여 기록한 것으로 추정된다.

반면에 정유재란 전후의 《선조실록》에는 전쟁지휘부였던 조정에 보고되는 다양한 군사정보를 분석하고 대응 방법을 결정하는 어전회의 기록이 포함되어 있다. 당시의 《선조실록》은 전시 전략회의 내용을 기록한 일지의 성격을 갖는다. 특히 정유재란 전 이순신 관련 기록은 당사자 생존 시의 기록으로 대부분 고위 관리 및 이순신이 올린 장계 등에 근거를 두고 있다. 따라서 사건 및 상황 발생 시점, 기록 시점, 처리 방법 등에 대한 사실 여부의 신뢰도가 《징비록》, 《이충무공행록》

및 《선조수정실록》 등과는 차이가 있다.

《징비록》의 기록

요시라가 김응서에게 은밀하게 말했다.

"우리 장군 고니시 유키나가는 지금 이 회의가 성사되지 못하는 것은 가토 기요마사 때문이라며 장군은 그를 무척 미워한다고 말했습니다. 아무 날에 가토가 바다를 건너올 것인데 조선은 수전에 능하니, 만약 바다에서 기다리고 있으면 그를 죽일 수 있을 것입니다. 부디 이 기회를 놓치지 마십시오."

해평군 윤근수는 이 기회를 놓칠 수 없다며 여러 차례 임금께 아뢰고 이순신에게는 나가 싸울 것을 재촉했다. 그러나 이순신은 적의 속임수일지도 모른다고 생각해 며칠 동안 주저하고 있었다.

이즈음 요시라가 다시 와서 말했다.

"가토가 이미 상륙했습니다. 조선은 어째서 그들을 공격하지 않았습니까?"

그리고 매우 안타까워하는 척했다. 조정 대신들은 모두 이순신을 비난하며 문책해야 한다고 주장했다.

《이충무공행록》의 기록

1596년 겨울 거제도에 진을 치고 있던 고니시 유키나가는 이순신의 위엄과 명망을 두려워해 온갖 계책을 짜내고 있었다. 궁리 끝에 그는 자신의 부하 요시라로 하여금 반간계를 꾸며 아군 사이를 이간질했다. 1597년 1월 21일 권율 도원수가 한산도에 이르러 이순신에게 머지않아 가토가 다시 온다고 하니 수군은 반드시 요시라의 말대로 따르라고 했다. 권율이 육지에 돌아간 지 겨우 하루 만에 웅천에서 보고가 들어왔는데, 1월 15일 가토가 장문포에 와 닿았다고 했다.

《선조수정실록》의 기록

《선조수정실록》 1597년 1월 1일 기록은 다음과 같다.

통제사 이순신이 치계하기를 "중국의 사신이 이미 통신하며 왕래했는데도 흉적이 그대로 변경에 있으면서 아직도 틈을 노리어 침략할 계책을 품고 있으니 참으로 분개스럽습니다. 신이 수군을 뽑아 거느리고 부산 근처로 진주하여 적이 오는 길을 차단하고 일사의 결전을 하여 하늘에 사무친 치욕을 씻고자 합니다. 만일 지휘할 일이 있거든 급히 회유를 내려주소서."

1597년 2월 1일 《선조수정실록》에 기록된 내용은 다음과 같다.

앞서 평행장(고니시)과 경상 우병사 김응서가 서로 통하여 요시라가 그사이를 왕래했는데, 그가 말한 바가 마치 가등청정(가토)과 사이가 좋지 않은 듯해서 우리나라는 그걸 믿었다. 이때에 왜적이 재침을 모의하면서 우리나라의 수군을 꺼려했고, 그중에서도 더욱더 순신을 꺼렸다. 이에 요시라를 보내서 말하기를 '강화하는 일이 이루어지지 않은 것은 실로 가등청정(가토)이 주장하고 있어서이다. 만약 그를 제거하면 나의 한이 풀리게 되고 귀국의 근심도 제거될 것이다. 모월 모일에 가등청정(가토)이 어느 섬에서 잘 것이니, 귀국에서 만약 수군을 시켜 몰래 잠복해 있다가 엄습하면 결박할 수가 있을 것이다' 했다. 응서가 이로써 보고하니, 상이 황신을 보내 순신에게 비밀히 유시했다. 그러나 순신은 '바닷길이 험난하고 왜적이 필시 복병을 설치하고 기다릴 것이다. 전함을 많이 출동하면 적이 알게 될 것이고, 적게 출동하면 도리어 습격을 받을 것이다' 하고는 마침내 거행하지 않았다.

역사자료 분석 결과

상기 네 가지 역사자료에 기록된 내용 중 이순신에게 선조의 출전 명령이 전달된 날짜를 명기한 자료는 1957년 1월 21일로 기록된 《이충무공행록》이 유일하다. 《이충무공행록》에는 권율이 출전 명령 전달자로, 《선조수정실록》에는 황신이 전달한 것으로 기록된 부분도 눈여겨볼만한 대목이다. 시차를 두고 저술된 저서에 기록된 출전 명령 전달자가 다르기 때문이다. 《선조수정실록》 1월 1일자 기록은 이순신이 출전하겠다고 선조에게 출전 허락을 해달라는 출전 건의 장계의 내용이다.

또 《선조수정실록》의 기록에 모월 모일이라고 기록된 내용은 이순신에게 전달된 첩보에 침공 전 가토의 동선도 포함되었음을 의미한다. 뒤에서 언급하겠지만, 기록상으로 조선 조정은 가토가 바다를 건넌 후에야 적의 침공 사실을 알았다.

《징비록》의 저자 유성룡은 임진왜란 및 정유재란 전후의 비상시국에 국왕과 함께 직접 전황을 논의하고 대책을 다룬 선조의 최측근 참모였다. 《징비록》의 기록에는 이순신에게 선조의 출전 명령이 전달된 날짜 및 전달자 등에 대한 언급이 없는 점, 이순신이 출전하지 못한 이유를 적의 속임수일지도 모른다고 생각해 며칠 동안 주저하고 있었다고 표현한 점에도 주목할 필요가 있다.

● 후세 연구자들의 관련 자료 분석

후세 이순신 연구자들의 연구물에도 이순신의 죄목 중 가장 큰 요인이던 '요시라의 반간계 사건'도 자료마다 다르게 기록되어 있음을 발견할 수 있다. 대부분 앞에서 언급한 역사자료를 토대로 서술했지만, 어떤 자료를 인용했느냐에 따라 다르게 기록된 것으로 보인다. 후세 이순신 연구자들이 저술한 자료들을 분석해본 결과 크게 다음과 같은 조합으로 나타난다.

이순신이 출전할 수 없는 사유에 대해서는 공히 1597년 2월 1일 《선조수정실록》이나 《이충무공전서》의 기록을 근간으로 하고 있다.

그러나 이순신에게 선조의 출전 명령이 전달된 날은 대부분 이분의 《이충무공행록》에 기록된 1월 21일, 이순신에게 선조의 출전 명령을 전달한 사람은 권율 또는 황신으로 서로 다르게 서술하고 있다. 또 일부 자료에는 이순신에게 선조의 명을 전달한 시기를 1597년 1월 14일로 기록하고 있으나 전달 과정 등 관련 근거가 분명하지 않다. 즉, 과거 자료들의 내용을 선택적으로 혼합하여 사용한 결과로 보인다.

이순신이 가토군 침공 전에 선조에게 강력한 출전 의지를 보이며 출전 허락을 요청한 1597년 1월 1일자 기록에 담긴 의미에 대해 조명하거나, 이순신이 왕명을 받은 시점에 주목하여 당시 이순신이 취한 상황 조치 등에 대한 직접적인 연구는 찾아보기 어려웠다. 대부분 《선조수정실록》 1597년 2월 1일 기록이나 《이충무공전서》를 근간으로 출전할 수 없었던 이유를 특별한 의문 없이 수용하고 있기 때문으로 보인다.

3. 문제 제기

앞에서 언급한 바와 같이 정탁은 이순신 구명 상소에서 선조의 출전 명령이 이순신에게 제때 전달되었는지에 대한 의문을 제기하면서 이순신이 가토군 침공 전 출전하지 않은 점에 대해 변호한 바 있다. 또 사료 분석 결과 이순신이 선조의 출전 명령을 받은 시점과 이순신에게 명령을 전달한 사람 등이 자료마다 다르게 서술된 사례들이 있음을 살펴보았다. 1597년 1월 1일자 《선조수정실록》에 가토군 침공 전 이순신이 선조에게 출전 허락을 해달라는 출전 건의 요청을 한 사실이 있음에도 《선조수정실록》 2월 1일자에는 선조의 출전 명령에 대해 출전 불가 사유를 들어 출전을 감행하지 않았다고 기록되어 있다. 출전 의지가 강했던 이순신이 왜 출전을 감행하지 않았는가에 대한 설명이나 자료는 찾기 어려웠다.

가토 침공 전 출전을 하지 않았던 이순신은《선조실록》1597년 2월 23일 기록에 따르면 시기적으로 가토군 침공 후인 2월 10일 육군 장수인 경상우병사 김응서와 함께 부산으로 출전했다. 이순신이 가토 침공 전 출전 불가 사유로 들었던 것 중 가장 우려했던 점은 부산으로 출병할 경우 안골포 등지에 주둔하고 있던 왜군의 후방 기습공격이었음을 감안한다면, 2월 10일경 안골포 등지에 주둔하고 있는 왜군의 위협이 현격하게 줄어들거나 소멸되었어야 한다. 그렇지만 당시 안골포에 적선 40여 척, 가덕도에 적선 20여 척이 포진하고 있는 것으로《선조실록》2월 23일 권율의 장계에서 확인된다. 가토군 침공 후인 점을 감안한다면 가토 침공 전보다 안골포나 가덕도에 주둔하고 있는 왜군의 전력이 보강되었을 수도 있는 상황에서 출전한 것이다.

그렇다면 가토 침공 전 선조에게 출전 허락 요청까지 한 이순신이 출전하지 않은 요인은 무엇일까? 이를 살펴보기 위해 선조가 출전 명령을 내린 시점, 출전 명령의 내용, 전달 과정, 전달 시점 등을 포함한 선조의 출전 명령에 관련된《선조실록》기록을 순차적으로 검토 및 분석할 필요가 있다.

4. 정유재란 발발 전후《선조실록》관련 기록 분석

● 1596년《선조실록》기록 분석

10월 5~21일

1596년 10월 5일 선조는 조정에서 도체찰사 이원익으로부터 적의 동태 및 일선 장수들의 실태에 대해 보고를 받았다. 적들은 여전히 부산, 안골포 및 가덕도에서 철수하지 않고 있었다. 이날 선조는 통제사 이순신의 근황을 물었고 임진왜란 발발 초기에는 전공이 컸으나 이후 군무에 태만하다며 이순신에 대한 부정적인 시각을 나타냈으나, 이원익은 경상도에 있는 장수들 중 가장 훌륭하다고 이순신을 높게 평가했다.

21일, 원균은 성질이 매우 거세어 절제하기가 어렵고 다투기는 하지만 전투에 임해서는 제법 기용할 만하다는 이원익의 보고에 선조는 "국사를 위하여는 일이 매우 정성스럽고 죽음을 두려워하지 않는다"라며 호의적인 태도를 보이기도 했다.

11월 1~27일

11월 1일, 왜적이 쳐들어올 경우에 대비하여 한산도의 수군통제영이 전략기지로서 적합한지에 대해 논의가 있었다. 이날 논의 중 관심을 끈 것은 왜군이 쳐들어왔을 때 거제도로 상륙하는 것을 어떻게든 막아야 한다는 것이었다. 따라서 왜군이 침입하기 전에 거제도의 물길을 끊고 거제도를 지켜야 한다는 의견이 제기되었다. 또 왜적의 침입에 대비하여 청야 작전이 논의되기도 했다.

11월 3일, 명나라와의 강화조약에 불만을 품은 도요토미 히데요시가 대군을 파병하여 조선을 치겠다는 내용이 알려졌다. 경상우병사 김응서가 명나라 사신들과 함께 도요토미를 만나러 간 조선의 통신사 황신에 대한 보고를 했다. 이날 보고 내용은 요시라의 수하 신시로에게서 입수한 내용이었다.

11월 5일은 수군통제영이 있는 한산도의 수군기지는 전선을 숨기기에 적합하여 섣불리 한산도의 수군을 거제도로 옮기기 어렵다는 대신들의 보고가 있었다. 그럼에도 부산으로 침범해오는 적을 경계하기 위해 거제도 장악이 전략적으로 매우 중요하다는 데는 공감했다. 선조는 추후 거제도로 수군을 진주시켜 왜군의 침입에 대해 제어하는 것이 옳은 것인지를 이순신에게 검토하여 보고하라고 했다. 정유재란 전 선조가 이순신에게 내린 첫 명령이었다.

11월 27일, 도원수 권율은 요시라에게 벼슬을 주자고 건의했고, 선조는 요시라에게 뇌물과 함께 벼슬을 주도록 했다. 국왕 스스로 요시라를 첩자로 공작하는 일은 두 번 다시 오지 않을 기회로 보았으며 극비에 추진되었다. 며칠 후 국왕의 지시로 비밀리에 요시라와 평경직에게 첨지 벼슬이 제수되었다. 이날 회의에서 1597년 1~2월 사이에 적이 바다를 건너 조선을 침공할 것이라는 데는 이견이 없었다.

12월 1~28일

12월 5일, 가토의 1~2월 사이 침공에 대비하여 통제사 이순신에게도 특별지시가 하달되었다. 이순신에게 내린 지시는 다음과 같다.

> 청정(가토)이 1~2월 사이에 나온다고 하니, 미리 통제사로 하여금 정탐꾼을 파견하여 살피게 하고, 혹 왜인에게 후한 뇌물을 주어 그가 나오는 기일을 말하게 하여 바다를 건너오는 날 해상에서 요격하는 것이 상책이다. 다만 바다를 건너오는 날을 알아내기가 어려울 따름이다.

이 기록은 정유재란 전 선조가 이순신에게 내린 두 번째 명령으로, 1597년 1~2월 적 침공이 예견되니 도해 날짜를 파악하여 적을 요격했으면 하는 바람을 전달했다.

12월 8일 어전회의에서는 "왜적 가토가 나올 때 해상에서 요격하라는 성상의 교지는 지극히 타당합니다"라고 훌륭한 교지라며 선조를 치켜세우기도 했다. 선조가 12월 5일 통제사 이순신에게 도해 차단을 지시한 사실을 두고 하는 말이다.

이날 대신들은 선조의 명을 받들어 도체찰사 이원익으로 하여금 수군의 여러 장수들과 의논하여 처리토록 했다고 결과 보고까지 했다.

또 12월 5일 국왕도 가토가 바다를 건너는 정확한 날짜를 아는 것이 중요하다고 한바, 왜인에게 뇌물을 주어서라도 가토가 바다를 건너는 일에 대해 정탐해야 한다는 논의가 이루어졌다. 이 일은 극비 사항으로 선전관을 파견하여 남쪽에 있는 도체찰사 이원익과 도원수 권율에게 알려서 때를 놓치지 말도록 해야 한다고도 했다. 조정에서는 적의 침공이 예견되는 상황에서 가토가 언제 바다를 건너 부산으로 진격하는지 그 날짜를 파악하는 일이 무엇보다 중요한 과제라는 것을 인식하고 있었다. 이중간첩 요시라를 잘 활용하라는 간접적인 메시지로 볼 수 있는 대목이다.

28일에는 사헌부 보고가 있었다. 핵심 요지는 다음과 같다.

> 선전관 조영이 통제사 이순신에게 유지를 가지고 갔다가 이순신으로부터 서장을 받아 온 일이 있는데 겉봉투에는 뜯어본 흔적이 뚜렷이 있고 서장 내에 기록한 월일의 숫자에 획을 고쳤다는 말을 듣고 그 서장을 가져다 보니, 겉봉투를 뜯어본 흔적은 알 수 없으나 날짜에 획을 고쳐 그은 흔적은 분명했습니다.

위 사헌부 보고 내용은 12월 5일 선조가 이순신에게 내린 하명에 대한 이순신의 비밀 서장이다. 이날 이에 대한 내용은 공개되지 않았다.

● 1597년 《선조실록》 기록 분석

1월 2일

1월 2일 선조는 이순신으로 보이는 장수로부터 올라온 출전 건의 요청에 대해 체찰사 이원익으로 하여금 편의에 따라 시행하도록 허성에게 전교했다. 기록 내용은 다음과 같다.

이 일은 조정에서 허락하느냐 허락하지 않느냐에 달려 있을 뿐 허다한 절차를 멀리서 지휘하기는 어려울 것 같다. 지금의 의논이 이러하니, 체찰사로 하여금 급히 편의에 따라 시행하게 하되 여러 장수가 협력해서 하고 공을 다투다가 일을 그르치는 일이 없도록 하라. 일을 성공하면 마땅히 김응서와 이순신을 함께 수공으로 삼을 것이다. 이런 뜻을 각별히 두 사람에게 내리는 유지에 써넣도록 하라.

여기서 주목해야 할 부분은 '이 일'이란 과연 무엇이냐 하는 것인데, '허락하느냐 안 하느냐'라는 표현으로 보아 이날 어전회의에서 논의한 내용은 하급자가 임금에게 허락을 건의한 내용임에 틀림없어 보인다. 그렇다면 언제 누가 건의한 내용일까? 불과 4일 전 1596년 12월 28일 이순신이 선조에게 보낸 비밀문서에 주목할 필요가 있다. 또 선조가 직접 나서서 지휘하기 어려우니 지휘절차에 따라 조치하라고 체찰사 이원익에게 지휘권을 위임했다. 육군 장수인 경상우병사 김응서와 수군통제사 이순신에게 특별히 상호 협조를 강조했다. 이로 보아 건의 요청서를 보낸 사람은 김응서 또는 이순신 중 한 명으로 보인다.

여기서 주목할 점은 4일 전 이순신으로부터 비밀문서가 도착했으나 내용이 공개되지는 않았다는 점이다. 또 당시의 상황은 바다를 건너는 적을 바다에서 막는 일이 최우선이었다. 그렇다면 이 건의 요청은 수군통제사 이순신이 보낸 비밀문서로 12월 5일 선조가 내린 지시에 대한 문서의 내용으로 볼 수 있다.

임진왜란 시기 이순신은 해전 출전 시 육군과의 합동작전을 중요시한 점, 또 선조가 육군 장수인 김응서와 수군통제사 이순신의 협조를 특별히 당부한 점 등으로 보아 이순신의 출전 건의 요청서에는 수륙합동작전에 대한 내용이 담겨 있었을 것으로 보인다. 특히 "공을 다투다가 일을 그르치는 일이 없도록 하라" 또는 "일을 성공하면 마땅히 김응서와 이순신을 함께 수공으로 삼을 것이다"라는 내용으로 보아 선조 역시 가토군을 치는 데는 수륙합동작전을 중요시한 것으로 추정된다.

1월 19일

이날 경상도 우병사가 요시라에게서 1월 11일 얻은 첩보 장계가 알려졌다. 핵심은 1월 4일 대마도에 도착하여 순풍이 불면 바다를 건널 것이라 했으나, 이 장계에 정확한 날짜는 명시되지 않았다. 요시라도 가토군이 바다를 건널 날은 모르고 있었다. 요시라는 조선 수군이 거제도에서 정박하고 있다가 가토군이 바다를 건너면 나가서 치라고 했다고까지 했다. 참으로 우스운 일이다. 조선의 적장의 한 사람인 고니시의 하수인 요시라가 고니시의 정적이며 같은 나라 장수인 가토를 치라고 첩보를 제공해준 것이다. 여기서 주목해야 할 점은 요시라가 조선 측에 준 첩보 내용에는 가토의 도해 날짜가 포함되지 않았다는 것이다.

1월 21일

가토군이 바다를 건넜다는 정보가 조정에 처음으로 보고됐음이 확인된다. 실제로 가토군이 바다를 건너 침공했다는 정보가 조정에 처음으로 보고된 충격적인 날이다.

도체찰사 의정부 우의정 이원익의 서장은 다음과 같다.

> 기장 현감 이정견의 치보에, 청정이 이달 13일에 다대포에 도착하여 정박했는데 먼저 온 배가 2백여 척이라 했고, 15일에 이정견이 또 치보하기를 '왜의 큰 배 1척과 왜노 70여 명 및 왜장 희팔이 즉시 부산에 도착하여 패문을 보냈다' 했습니다.

도체찰사 이원익이 남쪽 지방 순찰 중 기장 현감 이정견으로부터 획득한 정보다. 13일 다대포에 가토가 도착했다는 사실과 이보다 먼저 도착한 배가 200여 척 된다고 했다. 13일보다 앞서 이동 중인 가토군을 식별했다는 의미다.

조정에서는 가토가 조선 땅에 침공했다는 사실을 보고 받고 방어하는 일로 분주했다. 도체찰사 이원익의 보고에 가토군 침공이 사실로 확인된 이날 요시라의 첩보 내용도 보고되었다. 그런데 이날 공개된 요시라의 첩보에는 가토가 조선에 침공할 것이라는 예견된 이야기로 이전의 첩보와 비교하여 특별한 것은 없었다. 가장 중요한 가토의 도해 날짜는 포함되지 않았다.

1월 22일

이날 선조는 하루 전 체찰사 이원익에 이어 두 번째로 경상도 제진 위무사 황신에게서 입수한 가토군의 침공 사실을 보고 받았다. 황신의 보고에는 가토 관하 150여 척과 휘하 130여 척이 비를 무릅쓰고 바다를 건너 서생포로 향하고 있으며, 이에 대해 고니시가 조선이 바다에 나가 미리 가토를 치지 않은 것에 대해 애석하다고까지 했다고 했다. 고니시 측(요시라)이 첩보를 주었는데도 가토를 치지 않았다고 조선 조정을 힐책하며 이간질하는 내용이다. 고니시 측은 1월 13일까지도 가토 침공일을 알려주지 않았다. 가토는 1월 12~14일 침공했다. 고니시 측은 이동 중인 가토군을 식별하고 알려주었거나 이동 완료 후 알려주고 마치 미리 알려준 것처럼 생색을 내면서 내부 분열을 도모한 것이다.

1월 23일

김응서도 가토 침공 사실을 보고했다. 선조가 적의 침공 사실을 보고받은 세 번째 보고다. 김응서의 장계에 따르면 "12일에 풍세가 매우 순조로워서 가토 관하의 왜선 150여 척이 서생포로 나왔고, 가토가 거느린 관하의 왜선 130여 척은 출발한 뒤에 풍세가 동북에서 불어 거제도로 가지 못하고 가덕도에 유박하고, 14일에 다대포로 향하여 진을 친 것을 보았다"라는 내용에 더하여 고니시 측이 "그대 나라 일은 매양 그러하니 후회해도 소용없다. 가토가 이미 바다를 건너왔으니, 전날 내가 한 말이 가토의 귀에 누설될까 걱정된다. 모든 일을 비밀히 하도록 힘쓰자"라고 했다고 한다.

앞서 언급한 바와 같이 고니시 측은 사전에 가토의 침공 날짜를 알려주지 않았음에도 조선이 사전에 가토를 치지 못한 것을 질책하듯 비아냥거리며 술수를 부렸다.

이미 하루 전 장계와 가토가 부산에 도착했다는 내용이 담긴 황신의 반복되는 장계도 공개되었다. 이날 황신의 다른 장계도 보고되었다. 이것은 1월 15일 올린 것으로, 언제 누가 선조의 어떤 명령을 한산도에 있는 이순신에게 전달했는지 등의 사실을 입증하는 데 매우 중요한 내용이 포함되어 있어 시사하는 바 크다.

다음은 1월 15일 황신의 장계에서 발췌한 주요 내용이다.

> 이달 13일, 신이 삼가현으로 달려가 도착했는데, 길에서 도원수는 의령에서 이미 한산도로 향했고 도체찰사 역시 경주에서 안동으로 향했다는 말을 들었습니다. 신은 사기가 급한 듯하여 갈 길을 돌리어 면대하여 의논하지 못하고 할 수 없이 곧바로 의령에 도착해 병사 김응서와 함께 편의하게 처리하기를 의논하고 한편 도체찰사와 도원수가 있는 곳에 의논을 통했는데, 마침 요시라가 벼슬을 받는 일로 의령에 있어 신이 그와 상견했습니다. 요시라가 말하기를 '청정이 이미 대마도에 와 있으면서 바야흐로 바람을 기다리고 있으므로 행장 등이 조선의 회답을 기다리고 있는데 지금까지 가부간에 소식이 없어 매우 걱정하고 있다.'

이 장계에 따르면 황신은 1월 13일 삼가현(권율 도원수 지휘부가 있는

곶)으로 갔지만, 권율이 한산도로 떠났다는 소식을 들었다. 삼가현에서 의령으로 가서 김응서와 만났고, 함께 요시라에게서 가토 관련 첩보를 얻었다. 요시라는 황신에게 "가토가 이미 대마도에 와 있으면서 바야흐로 바람을 기다리고 있으므로 고니시 등이 조선의 회답을 기다리고 있는데 지금까지 가부간에 소식이 없어 매우 걱정하고 있다"라고 했다. 이 말은 요시라는 1월 13일까지도 가토군이 대마도에 있다는 것이다. 거짓말이다. 이날 가토군은 이미 서생포에 도착했고, 계속하여 이동 중이었다. 황신은 요시라의 말대로 조정에 1월 15일자 장계를 올렸다.

정유재란 전 고니시 측(요시라)이 조선의 고급관리와 지휘관들을 수없이 접촉하며 상당한 첩보를 제공했음에도 결정적으로 중요한 가토 침공 날짜를 제공하지 않았다는 것이 밝혀진 셈이다.

또 이 장계에서 시사하는 또 하나 주목해야 할 점은 황신이 삼가현에서 권율이 이순신을 만나러 한산도로 갔다는 소식을 접한 것이다. 한산도에 있는 이순신을 만나러 간 권율도 가토의 도해 사실을 모르고 갔음이 밝혀진 셈이다. 의령과 한산도 간 거리로 보아 권율이 한산도의 이순신을 만난 시점은 14일경으로 추정된다. 권율은 가토의 도해 사실을 모르고 이순신을 만나 선조의 출전 명령을 전한 것이다.

1월 23일부터 조정에서는 이순신의 책임론이 급부상한다. 선조는 고니시가 손바닥 보듯 상세한 정보를 주었는데도 가토를 막지 못했다고 대신들을 질책했다. 특히 이순신에 대한 비난은 극에 달했다. 원균을 지지하는 대신들을 중심으로 이순신의 책임론이 강하게 부각되었다.

1월 27일

선조와 대신들은 이순신이 거제도로 수군을 옮기지 않은 것에 대해 비난했고, 결과적으로 도해 차단에 실패했다고 책임론을 부각시키며 이순신의 탄핵을 논의했다.

유성룡은 고니시의 군사가 두치(섬진강 하류)의 지리를 정탐하고 있다고 보고했다. 훗날 남원을 치기 위해 상륙지점을 정탐한 것이다. 이 얼마나 간교한가? 불과 며칠 전까지 가토를 치라고 조정을 압박하던 자가 가토의 도해가 성공적으로 마무리된 시점에 조선의 남원성을 치려고 준비 중임이 확인된 것이다. 이처럼 고니시 측이 간간이 흘려준 첩보를 사실인 양 받아들이고 속아 넘어간 조선 조정의 전쟁 지휘 전략이 얼마나 허술한가를 알 수 있는 대목이다. 실제로 왜군은 1597년 8월 5일 섬진강 하류 두치진에 상륙하고 8월 16일 남원성을 함락했다. 앞에서도 언급한 바와 같이 군사 징집에 문제가 있음이 드러난다. 수군 징집 문제가 거론되었는데, 정부의 호령이 먹히지 않는다고도 했다.

이날 어전회의 논의 중 이순신 탄핵이 처음 공론화되었다. 판중추부사 윤두수가 아뢰기를, "이순신이 조정의 명령을 듣지 않고 전쟁에 나가는 것을 싫어해서 한산도에 물러나 지키고 있어 이번 대계를 시행하지 못했으니, 대소 인신이 누군들 통분해하지 않겠습니까." 여기에 앞서 선조의 전년도 11월 5일 첫 번째 지시에 주목해야 한다. 선조는 11월 5일 적의 침입에 대비하여 거제도로 수군이 이동하여 방어하기를 원했고, 이순신에게 거제도로 수군을 이동하는 문제에 대해 검토하라고 지시한 바 있다. 이날 윤두수는 이순신이 거제도로 수군기지를 옮기지 않아 한산도에서 주둔하고 있었기에 결과적으로 가토의 도해 차단을 못했다고 이순신 책임론을 부각시킨 것이다.

이날 이순신이 수군기지를 거제도로 옮기지 않아 결국 적을 막지 못했다는 책임론에 무게가 실리는 발언은 이뿐만이 아니었다. 유성룡과 이정형이 국왕에게 보고한 내용을 살펴보기로 한다. 유성룡이 선조에게 보고한 내용은 다음과 같다.

거제에 들어가 지켰다면 영등·김해의 적이 반드시 두려워했을 것인데, 오랫동안 한산도에 머물면서 별로 하는 일이 없었고 이번 바닷길도 역시 요격하지 않았으니 어찌 죄가 없다고 하겠습니까. 다만 체대하는 사이에 사세가 어려울 것 같기 때문에 전일에 그렇게 계달했던 것입니다. 비변사로서 어찌 이순신 하나를 비호하겠습니까.

더불어 "장수도 뜻이 차고 기가 펴지면 교만하고 게을러진다고 하며, 무장은 기가 교만해지면 쓸 수가 없다"라며 이순신의 후견인 역할을 해온 유성룡이 이순신을 비난하는 것으로 보아 정유재란 전 거제도 방어계획은 조정의 중요한 전략이었음을 짐작할 수 있다.

여기서 '계달'이란 신하가 왕에게 건의한다는 의미다. 즉 "전일에 그렇게 계달했던 것입니다"라는 말은 1596년 11월 5일 선조가 이순신에게 거제도 방어를 검토 지시한 것에 대해 이순신이 이미 보고한 것으로 추정되는 부분이다. 이러한 추정은 다음의 선조와 이정형의 대화에서 명확해진다.

다음은 이정형의 보고다.

"거제도에 들어가 지키면 좋은 줄은 알지만, 한산도는 선박을 감출 수 있는데다가 적들이 천심을 알 수 없고, 거제도는 그 만이 비록 넓기는 하나 선박을 감출 곳이 없을뿐더러 또 건너편 안골의 적과 상대하고 있어 들어가 지키기에는 어렵다'고 했으니, 그 말이 합당한 듯합니다." 이에 대해 선조가 하문하기를 "들어가 지키는 것이 어렵다고 했는데, 경의 생각은 어떤가?" 하자, 이정형이 아뢰기를 "신 역시 자세히 알 수가 없습니다. 그 사람의 말이 그렇습니다."

여기서 '그 사람'은 이순신을 말한다. 즉, 이정형이 보고한 내용은 바로 이순신이 선조에게 전략적 이유를 들어 한산도의 수군을 거제도로 이동시키기 어렵다는 것을 보고한 내용이다.

정유재란 전 전쟁지휘부의 핵심이라 할 수 있는 선조와 유성룡은 적의 침공에 대비해 거제도 방어를 매우 중요하게 생각했음을 알 수 있다.

적의 침공 사실이 밝혀진 후 이순신의 탄핵 논의 초기에 거제도 이진 불이행 건을 들어 이순신의 실책으로 몰아가며 책임론을 부각시킨 것은 눈여겨볼만한 대목이다.

결국 선조는 부산 왜군 진영 화재 사건에 대한 허위보고, 무장으로서 조정을 경멸한 점에 대해 지적하며 더 이상 용서할 수 없음을 천명하면서 원균을 등용해야겠다고 했다. 이에 좌의정 김응남, 유성룡, 윤두수 등이 선조의 하명에 동조했다. 이날 이덕형 및 김수가 원균의 문제점을 지적하기는 했으나 원균을 수군 선봉장으로 삼으려는 선조의 단호한 의사에 영향을 주지는 못했다. 이순신 탄핵에 대한 논의는 수차례 있었다. 정탁은 이순신에게 죄가 많으나 위급할 때 장수를 바꾸어서는 안 된다고 조심스럽게 건의하기도 했다.

1월 28일

선조는 통제사 이순신이 마음대로 기망하고 적을 토벌하지 않아 가토가 바다를 건넜으므로 용서할 수 없어 적과 대치하고 있는 상황에서 공을 세워 효과를 얻도록 해야 한다고 했다. 그러면서 원균을 경상우도 수군절도사 겸 통제사로 임명할 것을 지시했다. 원균을 경상우도 수군절도사로 임명한 지 며칠 만에 경상도 통제사로 임명하면서 이순신과 합심하여 서로의 갈등을 없애고 공을 세우라고 당부의 말도 전했다.

이날 선조는 원균을 경상도 통제사로 임명하라는 지시를 내렸으나 여전히 이순신의 삼도수군통제사 직책은 그대로 유지시켰다.

2월 4~23일

선조가 이순신과 원균의 인사문제에 대해 논의한 모든 일은 새로운 국면을 맞았다. 불과 며칠 전까지의 분위기와는 판이하게 달라졌다. 사헌부는 통제사 이순신을 잡아 법률에 따라 처벌해야 한다고 국왕에게 건의했고, 선조는 2월 6일 김홍미에게 이순신을 잡아오라고 지시했다.

2월 23일 권율의 장계가 보고되었는데, 주요 내용은 다음과 같다.

> 경상우병사 김응서의 치보에 10일은 일기가 온화했다. 저와 통제사·경상우수사가 일시에 전선 63척을 거느리고 해뜰 무렵에 장문포에서 배를 띄워 미시에 부산 앞바다에 정박하니, (중략) 부산에는 왜적의 무리가 7천여 명이나 되고, 가옥의 숫자는 1천여 좌이며, 배의 척수는 대·소선을 합하여 모두 70여 척이다. 안골포의 왜적 수는 1천여 명, 가옥 수는 2백여 좌, 선척 수는 40여 척이고, 가덕도는 왜적 수가 5백여 명, 가옥 수는 1백여 조, 선척 수는 20여 척이었으며, 죽도는 강의 어귀에서 멀리… (후략)

위의 기록으로부터 이순신은 2월 10일 육군 장수인 경상우병사 김응서와 함께 전선을 이끌고 부산으로 출전했다. 사실상의 수륙합동작전을 개시했다. 또 장문포에서 전선을 띄운 것으로 보아 거제도까지 조선 수군이 진입한 사실과 여전히 안골포와 가덕도에는 상당한 적이 주둔하고 있었음을 알 수 있다.

5. 종합분석

● **고니시(요시라) 측은 결정적인 순간 가토 침공 날짜를 알리지 않았다**

기록으로 살펴보면 일반적으로 알려진 바와 달리 정유재란 전 요시라는 가토 도해 전 침공 날짜를 조선 측 누구에게도 제공하지 않았다. 요시라가 1597년 1월 13일까지 이 사실을 몰랐거나 가토가 1월 12~14일 도해한다는 사실을 알고도 친분이 깊었던 김응서와 황신에게 알려주지 않았는지는 알 수 없다.

● **이순신은 가토 침공 전 선조에게 출전 허락 요청 장계를 올렸다**

《선조수정실록》 1597년 1월 1일자 가토 침공 전 이순신이 선조에게 올린 장계는 이순신의 출전 불가 사유와 출전 불이행 내용이 서술된 2월 1일 기록과는 다르게 지금까지도 조명을 받지 못했다. 앞에서 살펴본 바와 같이 이순신의 강력한 출전 의지가 담긴 출전 허락 요청 건의서가 《선조수정실록》 1월 1일자 기록에 확인된다. 《선조수정실록》 1월 1일자 이순신의 출전 허락 요청 건의를 1월 1일 전후 《선조실록》의 기록들과 함께 순차적으로 살펴보면 매우 흥미로운 점을 발견할 수 있다. 즉, 《선조실록》 1596년 12월 28일 기록에 따르면 어전회의에서 사헌부는 이순신에게 선조의 명령을 전달하고 이순신으로부터 답신을 받아온 사실을 보고했다. 또 1597년 1월 2일 어전회의에서는 이순신으로 추정되는 장수가 보낸 출전 건의 요청서가 보고되었다. 《선조수정실록》 1월 1일 기록에서 이순신의 출전 허락 요청이 확인된 점을 감안할 때, 《선조실록》 1월 2일 어전회의에서 선조가 출전 허락을 한 것은 이순신의 출전 건의 요청에 따른 것임이 더욱 명확해 보인다.

《이충무공행록》 기록 분석

한양에 소재한 조정에서 가토의 침공 사실을 인지한 날은 1월 21일이었다. 한양에서 직선거리로 338km 정도 떨어진 변방의 한산도에 있는 이순신에게 같은 날 선조의 명령을 권율이 전달했다는《이충무공행록》의 기록은 물리적으로도 어렵다. 권율이 이순신에게 출전 명령을 전달하러 한산도에 간 날은 앞의《선조실록》1월 23일에서 살펴본 바와 같이 1월 14일경으로 확인되었다. 따라서 1월 21일 출전 명령 전달일은 사실로 보기 어렵다.

선조의 출전 허락이 이순신에게 지연 도착했다

앞서 살펴본《선조실록》분석에 따르면 적이 조선을 치겠다는 첩보를 입수한 1596년 11월 3일부터 1597년 1월 가토군이 부산에 도착한 사실을 처음으로 조정이 인지한 날인 1597년 1월 21일까지 선조가 이순신에게 내린 지시는 총 3회로 나타난다. 첫 번째 내린 지시는 1596년 11월 5일 한산도 기지를 거제도로 이진하는 문제에 대해 검토하여 보고하라는 것이었고, 두 번째는 1596년 12월 5일 가토 침공에 대비하여 침공 날짜를 파악하고 조치하라는 지시였으며, 세 번째는 1597년 1월 2일 체찰사 이원익으로 하여금 편의에 따라 이순신과 김응서를 중심으로 작전을 추진하라는 지시였다.

첫 번째 지시에 대한 이순신의 결과 보고 내용은 1597년 1월 27일 어전회의 중 이순신이 거제도로 수군기지를 옮기지 않은 데 대해 비판하는 과정에서 나온 유성룡, 이정형 및 선조의 대화에서 명확하게 확인된다. 두 번째 지시에 대해 이순신이 선조에게 보낸 비밀보고서가 1596년 12월 28일《선조실록》에서 확인되고, 그 내용이《선조실록》1597년 1월 2일 기록과《선조수정실록》1월 1일자 기록에서 확인된다.

세 번째 지시는 이순신의 출전 요청에 대해 1월 2일 출전 허락을 한 것으로, 이순신과 김응서에게 서로 공을 다투지 말고 특별히 협조하라는 당부를 했다. 육군 장수와 수군 장수가 상호 협조하라는 것은 차질 없이 합동작전을 하라는 주문으로 볼 수 있다. 1월 2일 이원익에게 위임한 선조의 출전 허락 명령은 1월 14일경 권율에 의해 한산도의 이순신에게 전해졌다. 당시의 정상적인 물리적 소요 기간보다 늦게 도착한 것이다.

《선조수정실록》 1597년 2월 1일 기록 분석

《선조수정실록》 2월 1일 핵심 내용은 가토 도해 일자 및 가토의 동선을 사전에 인지한 황신이 이순신에게 선조의 출전 명령을 전달했고, 이순신은 출전이 어렵다고 사실상 출전 거부 의사를 전달했다는 내용이다.

2월 1일자 기록이 사실이라면 황신은 가토가 서생포 및 다대포에 부대를 이동시킨 1월 12~14일보다 먼저 이동 첩보를 알고 한산도에 있는 통제사 이순신에게 국왕의 비밀 유지를 전달하러 갔어야 한다. 《선조실록》 1월 23일 기록에서 살펴본 바와 같이 황신은 1월 13일 삼가현 및 의령에 있었던 것으로 확인된다. 이날 황신은 의령에서 김응서와 함께 요시라를 만났고, 이 만남에서도 요시라는 가토의 도해 일자를 알려주지 않은 것으로 확인된다. 1월 13일까지도 황신 역시 가토의 도해 날짜를 모르고 있었다. 황신은 이날 삼가현에서 권율이 1월 13일 이순신을 만나러 한산도로 갔던 사실도 인지했다. 《선조실록》과 비교할 때 한산도에 있던 이순신에게 선조의 명령을 전달하러 간 사람과 날짜가 다르다는 것을 의미한다. 이순신 사후 60여 년 후 완성된 《선조수정실록》 기록 내용의 신뢰성에 한계를 보여주는 사례라 할 수 있다.

● 이순신은 1597년 2월 10일 육군 장수 김응서와 함께 부산으로 출전했다

《선조실록》 1597년 2월 23일 기록에 따르면, 이순신은 적의 침공이 있던 1월에는 출전하지 못했지만 적 침공 후 2월 10일 경상우병사 김응서 등과 함께 부산으로 출전했다. 사실상 합동작전을 감행한 것이다. 2월 10일 출전 시 가덕도와 안골포 등지에 왜적이 여전히 주둔하고 있어 부산으로 출전한 후 적의 배후 공격이 우려되었음에도 이순신은 출전을 감행한 것이다. 가토가 침공한 시기인 1월 12~14일 출전을 감행하지 못한 것과는 다른 상황이 전개되었다.

가토 침공 전 선조가 출전 명령을 내리면서 수군통제사 이순신과 육군 장수 경상우병사 김응서에게 협조를 잘하라고 특별히 당부를 한 사실을 상기해볼 때, 2월 10일 부산 출전 시에는 수군인 이순신과 육군인 김응서 두 지휘관의 합동작전 준비나 협력이 원활하게 이루어진 것으로 추정된다.

6. 결론

이 연구는 정유재란 시기 적 침공 전 선조의 출전 명령에 대한 이순신의 출전 의지 조명 차원에서 시도되었다. 관련 내용에 대해《선조실록》 기록을 순차적으로 검토하고 분석했다. 이를 토대로《징비록》,《이충무공행록》 및《선조수정실록》 등에 기록되어 지금까지 전해 내려오는 내용에 대한 사실관계를 판단했다. 이렇게 하여 얻은 핵심 결과는 다음과 같다.

첫째, 정유재란 전 선조의 출전명령에도 이순신이 출전하지 않은 이유는 이순신 사후 60여 년 후 저술된《선조수정실록》 1597년 2월 1일 기록으로 지금까지 전해 내려온다. 그러나《선조수정실록》 1597

년 2월 1일 기록에 적시된 이중간첩 요시라가 조선 조정에 제공했다는 적장 가토의 부산 도착 시기, 적의 동선 및 출전명령 전달자 등 주요 내용이 《선조실록》 기록 분석 결과 사실과 다르다는 점을 확인했다. 《선조수정실록》 1597년 2월 1일 기록에는 이중간첩 요시라가 가토의 동선과 침공 날짜를 제공한 정보를 토대로 황신이 이순신에게 국왕의 출전 명령을 전달했다고 기록되어 있다. 앞에서 서술한 바와 같이 '요시라'라는 이중간첩이 조선 조정과 군 부대를 드나들고 조선의 관리들과 군 지휘관을 수시로 접촉하고 왜군의 정보를 전해준 것은 사실이다. 심지어 요시라는 가토군이 이미 대마도를 떠나 부산 해역으로 침공 중이던 1597년 1월 13일에도 경상우병사 김응서와 황신을 경상도 의령에서 만난 것으로 확인된다. 그러나 이 자리에서 "가토군이 대마도에서 출병을 기다리고 있다"라고 거짓말을 했다. 또 《선조수정실록》 2월 1일 기록에는 "한산도에 있는 이순신에게 선조의 출전 명령을 전달한 사람이 황신"이라고 기록되어 있으나 이는 사실이 아니다. 한산도에 간 사람은 도원수 권율이라는 사실이 황신 본인이 쓴 장계에서 밝혀진다.

둘째, 선조와 이순신 간에 주고받은 출전명령과 답신 등에 관한 기록분석 등을 통해 이순신이 선조의 출전명령을 거역할 입장이나 상황이 아니었음을 밝혔다. 《선조실록》 1596년 12월 5일 기록에 따르면 선조는 이순신에게 출전상황에 대해 지시했고, 또 12월 28일에는 이순신으로부터 온 비밀문서를 보고받았다. 이 비밀문서는 분석 결과 이순신이 보낸 출전 허락 요청 장계 내용으로 《선조수정실록》 1597년 1월 1일 기록에서 확인된다. 《선조실록》 1597년 1월 2일 내용에는 선조가 이순신의 출전 요청을 허락하면서 경상우병사 육군 지휘관인 김응서와 수군통제사 이순신의 협력을 특별히 당부하며 합동작전을 주문했다. 이 출전 명령을 체찰사 이원익에게 조치하라고 했고, 체찰사 이원익의 지휘를 받는 도원수 권율에 의해 1월 14일 한산도에 있는 이순신에게 전달되었다. 이때는 이미 왜군이 부산 해역에 진입했거나 진입 중인 시점이었다. 1월 2일 선조의 출전명령이 한양에서 한산도까지 당시의 교통편 고려 시 1주일 정도임을 감안할 때 지연되어 이순신에게 전달되었고, 이순신은 선조의 출전명령을 받기 전에 출전할 수 없는 상황이었다. 이와 같은 상황은 이순신을 죽음 직전에서 구출한 정탁이 선조에게 올린 상소문에서도 짐작할 수 있다. 정탁은 상소문에서 "변방의 장수들이 한 번 움직이려고 하면 반드시 조정의 명령을 기다려야 되고, 장군 스스로는 제 마음대로 못하는데, 왜적들이 바다를 건너오기 전에 조정에서 비밀히 내린 분부가 제때에 곧바로 전해졌는지도 모를 일" 이라고 적시했듯이 1월 2일 내린 선조의 출전명령이 제때에 한산도 이순신에게 정상적으로 도착하지 않았다는 점을 시사하고 있다. 실제로 앞서 언급한 연구 결과에서 보듯이 선조의 출전명령은 가토군 침공 전에 이순신에게 정상적인 기간에 전달되지 못했다. 가토 침공 전 선조의 출전명령을 전달받지 못한 시점에서 이순신의 출전은 거행될 수 없었다. 이순신이 선조의 출전명령을 받고도 이유를 대거나 핑계를 대고 출전하지 않았거나 출전을 거역할 상황이 아니었다.

셋째, 1월 14일 선조의 출전명령을 전달받은 후 이순신의 군사행동에 대한 검토를 통해 가토군 침공 전보다 오히려 작전환경이 어려운 상항에서도 부산으로 출전할 만큼 왜군에 대한 공격의지가 강했음을 알 수 있었다. 이순신이 2월 10일 개시한 합동작전이 어떤 상황에서 실시되었는지는 의미가 크다. 1597년 1월 13일 적선 200여 척이 부산 다대포에 정박했다는 정보가 1597년 1월 21일 처음으로 조정에 보고된 후, 이순신의 탄핵이 논의되고 2월 6일 이순신을 체포하라는 선조의 명령이 하달된 상황에서 이순신은 체포명령이 떨어진 사실도 모른 채 경상우병사 김응서와 함께 2월 10일 부산으로 출전하여 합동작전을 개시했다. 특히 이 시기는 이미 왜군이 대대적으로 침공한 후여서 안골포 및 거제도 등지의 기존의 왜군 세력이 가토군 침공 전보다도 강화되고 부산으로 출병 시 배후에 적의 협공이 우려되었음에도 출병한 것이다. 1월 14일 선조의 출전명령을 전달받은 후 이순신의 군사행동이 전개된 것이다.

본 연구를 통해 "정유재란 시기 선조의 출전명령을 이순신이 거부했다거나 이순신이 항명했다"라고 알려진 것은 사실과 다르다는 결론을 얻을 수 있다.

7. 군신관계에 대한 이순신의 생각

조선 시대는 신하가 군주를 섬기는 일이 당연한 군주 시대였던 만큼 국왕에 대한 이순신의 충성심도 절대적이었다. 이순신이 남긴 일기나 장계 등 기록들에는 선조에 대한 지극한 충성심을 엿볼 수 있는 대목이 많다. 그중에서도 1597년 10월 8일 일기 뒤에 남긴 송나라 역사를 읽고 쓴 독후감인 일명 '독송사'는 이순신의 충성심과 애국심을 동시에 읽을 수 있는 대표적인 기록이다.

다음은 이순신의 '독송사' 내용이다(박종평의 《난중일기》에서).

> 아, 슬프다. 때가 어느 때인데 이강은 가려고 했는가. 무릇 신하인 사람이 임금을 섬길 때에는 죽음만이 있을 뿐 다른 선택은 없다. 그때는 종묘사직의 위태로움이 마치 머리카락 한 올에 촌균(3만 근)을 매달고 있는 것과 같다. 이에 바른 신하라면 정의를 위해 몸을 던져 나라에 보답할 때이다. 떠나간다는 말이 마음에서 싹트게 해서는 안 되는데, 하물며 어떻게 감히 입 밖으로 낼 수 있는가. 그러면 이강을 위한 계책은 무엇일까. 몸을 상하게 하고 피눈물을 흘리며, 간을 꺼내고, 담을 쪼개 보이며, 일의 상황이 이렇게까지 되었기에 화친을 할 수 없는 이유를 분명히 밝혀 말할 것이다. 말해도 따라주지 않으면 죽음으

> 로 이어가야 했다. 또 그렇게라도 할 수 없다면 잠시라도 그들의 계책을 따르고, 몸을 그들 사이에 두어 억지로라도 메워가야 했다. 죽음 속에서 삶을 구했다면, 만에 하나라도 혹 성취할 수 있는 이치가 있었을 것이다. 이강은 이런 계책을 내지 않고 가려만 했으니 이 어찌 신하로서 몸을 바쳐 임금을 섬기는 정의라 할 수 있겠나.

송사는 중국 송나라 역사 중 하나다. 이강이라는 사람은 송나라 재상 겸 무신이었다. 이강은 왜적이 쳐들어왔을 때 강화에 반대했다. 그는 자신의 주전론이 받아들여지지 않자 실망이 커 관직을 내려놓겠다고 했다. 이러한 이강의 자세를 이순신은 올바른 신하의 자세가 아니라고 보았다. 나라가 어려울 때 공인으로서 몸을 던지고 죽음을 선택해서라도 임금 곁을 지키고 섬겨야 한다는 이순신의 평소 군신관계를 엿볼 수 있는 글이다.

1597년 10월 8일 일기 뒤에 첨부된 이 독후감이 송사를 읽은 직후 썼는지, 이전에 송사를 읽은 후 생각했던 바를 정리하여 10월 8일 일기 뒤에 남겼는지는 알 수 없다. 10월 8일은 9월 16일 명량해전을 치른 후 그날 저녁부터 왜 수군의 반격을 피해 군산 앞바다 고군산도까지 올라갔다가 남하하면서 신안군 어의도에 13척 전선을 정박시키고 밤을 새운 날이다. 작전 중이던 이순신이 해상에서 책을 읽을 만한 여유는 없었으리라는 합리적 추정을 할 수 있다. 이러한 상황으로 미루어 과거에 읽었던 것을 10월 8일 일기 뒤에 기록했을 가능성이 있다. 시기적으로 보아 죽음을 무릅쓰고 명량해전을 치른 후 전략적 후퇴를 하면서 본인의 구국 행적을 생각하며 송나라 시대 이강을 생각했을 수도 있다.

10장

시로 읽는 이순신의 혼

1. 백의종군 길과 구국의 항로

1597년 2월 10일 부산으로 출전했던 이순신은 2월 12일경 가덕도 해역에서 파직 소식을 듣고 한산도로 귀항했다. 신임 통제사 원균에게 업무인계를 하고 2월 26일 함거에 실려 3월 4일 한양에 도착했다. 심문과 고문 그리고 옥살이 등 천신만고 끝에 정탁의 상소로 극적으로 목숨을 건졌다. 4월 1일 옥문을 나오면서 시작된 처절한 백의종군 여정은 8월 3일 삼도수군통제사로 재임명되면서 종료된다.

1597년 4월 1일 옥문을 나온 이순신은 한양, 수원, 오산, 아산, 논산, 익산, 전주, 임실, 남원, 구례를 거쳐 1597년 4월 27일 순천에 도착했다. 한양을 떠나 순천까지 오는 동안 이순신은 모친을 잃었다. 백의종군 중이라 장례식도 못 치르고 길을 떠나야 했다.

도원수 권율은 순천에 도착한 이순신에게 사람을 보내 "상중에 몸이 피곤할 테니 회복되는 대로 나오라"라고 배려해주었다. 이순신은 5월 14일 구례로 떠나기 전까지 순천에 체류하는 동안 몸을 추스르면서 인근의 관리들과 소통했다. 종종 전라좌수영과 한산도 통제

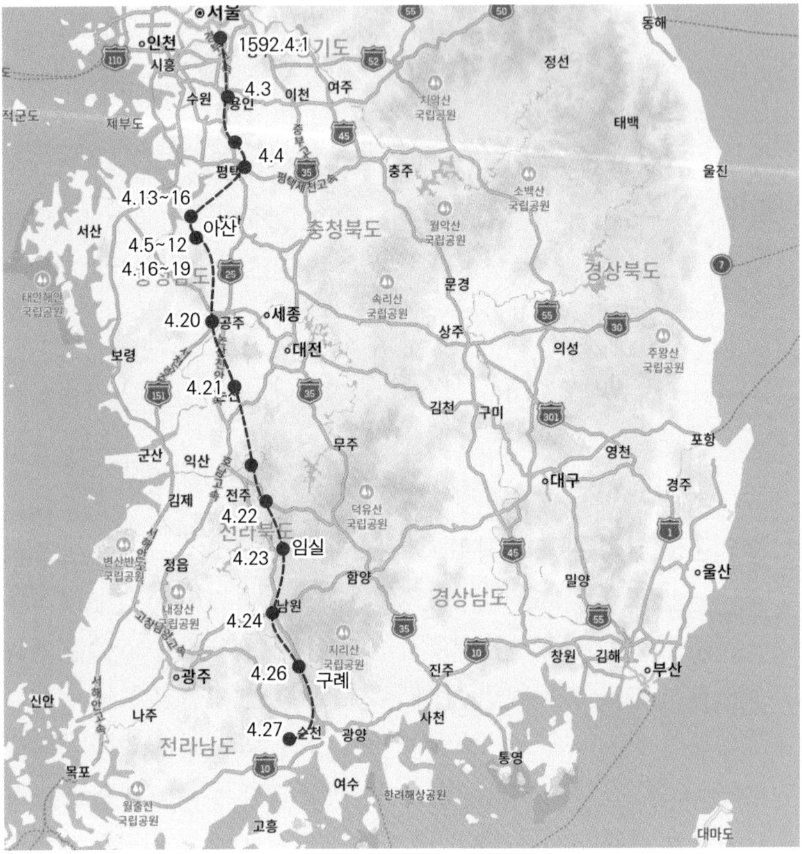

[그림 30] 백의종군로 I(한양~순천: 1597.4.1~27)

영 소식도 들었다. 특히 원균에 대한 소식도 종종 들었는데 대부분 좋은 소식은 없었고, 이순신 역시 원균에 대한 감정을 가감 없이 일기에 적었다.

이순신은 5월 25일까지 구례에서 머물다가 석주관(5.26), 악양(5.27), 두치(5.27~29), 청수역(6.1), 삼가현(6.1~3)을 거쳐 도원수 권율의 진이 있는 합천에 도착한 날은 1597년 6월 4일(7.17) 여름이었다. 이순신은 권율의 진 밖 민가에 거처하면서 도원수와 소통하고 도원수 진을 방문하기도 하면서 군사업무에 대해 의견을 나누었다. 6월 12일에는 한산도 통제영에 있는 14명의 장수에게 편지를 써보내기도 했다. 14명의 장수의 면면을 보면 과거 이순신이 통제사로 재임 시 주요 지휘관들이었다. 14명의 장수를 보면 전라우수사, 충청수사, 경상수사, 가리포, 녹도, 여도, 사도, 배동지, 김 조방장, 영등 만호, 거제, 남해, 하동 순천 등 주요 삼도 수군진의 지휘관들이 포함되어 있다. 위의 14인의 지휘관 중 전라우수사 이억기, 충청수사 최호 등은 칠천량해전에서 전사했지만 상당수 지휘관들은 생존하여 훗날 명량해전에서 이순신과 함께 싸웠다.

이순신이 한산도의 장수들에게 편지를 쓰던 날 "부산의 적은 창원 등지로 떠나려 하고, 서생포의 적은 경주로 진을 옮긴다"라는 소식도 접했다. 또 처소 주인이 육군 부대에 입대하는 것도 보았다. 적의 대대적인 공세가 다가오고 있음을 느낄 수 있는 대목이다.

6월 18일에는 원균의 수군과 육군이 합동작전을 하여 안골포의 적을 친 다음에야 부산으로 출격하겠다는 소식을 권율로부터 듣는다. 또 원균과 수군 제장들 간의 의견이 일치하지 않는다는 소식도 들었다. 이순신은 권율과 원균 간에 군사작전 의견 불일치로 상당한 갈등이 있음을 인지했다.

음력으로 7월은 가을 기운이 물씬 풍기는 계절이다. 천리 밖 타지에서 백의종군을 하는 이순신의 심정은 그의 일기에서 잘 나타난다.

7월 14일부터 이순신은 부산 해역에서 왜군에게 원균이 지휘하는 조선 수군의 패전 소식을 접하기 시작한다. "7월 7일 왜선 500여 척이 부산으로 나오고, 초 9일 왜선 1천 척이 합세하여 우리 수군과 절영도 앞바다에서 싸웠는데, 우리 전선 5척이 두모포에 표류해 대었고, 7척은 간 곳이 없다"라는 것이다. 7월 15일에는 수군 전선 20여 척이 적에게 패했다는 소식도 들었다.

7월 16일에는 부하를 시켜 칼을 갈게 했는데, "아주 잘 들어 적장

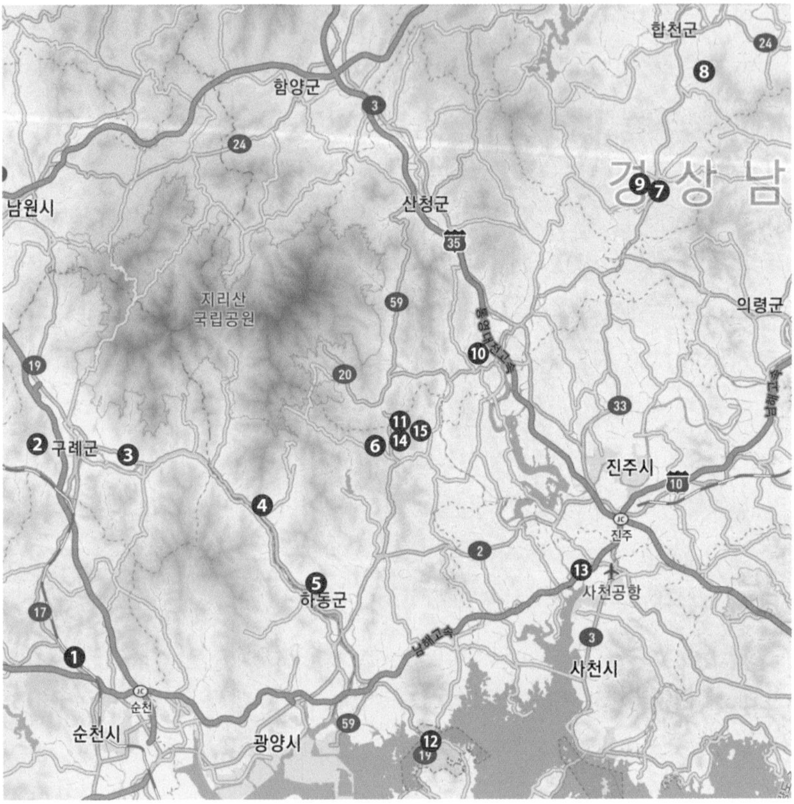

[그림 31] 백의종군로 II(순천~손경래 가옥: 1597.4.27~8.3)

❶ 순천(4.27~5.13), ❷ 구례(5.14~25), ❸ 석주관(5.26), ❹ 악양(5.27), ❺ 두치(5.27~29), ❻ 청수역(6.1), ❼ 삼가현(6.1~3), ❽ 합천(6.4~7.17), ❾ 삼가현(7.18), ❿ 단성현(7.18), ⓫ 굴동(7.20), ⓬ 노량(7.21), ⓭ 곤양(7.22), ⓮ 굴동(7.26), ⓯ 손경래 가옥(7.27~8.3)

의 맨 대가리를 벨 만했다"라고 일기에 적고 있다. 이순신의 굳센 신념을 잘 나타내주는 대목이다.

7월 18일, 이순신은 16일 새벽 조선 수군이 밤 기습으로 통제사 원균, 전라수사 이억기, 충청수사 최호 등 많은 장수이 전사했고, 수군이 대패했다는 소식을 듣고 통곡했다. 이순신은 권율과 논의 끝에 현황 파악을 위해 몇 명의 군관을 대동하고 합천을 떠나 삼가현(7.18), 단

성현(7.18), 굴동(7.20)을 거쳐 노량(7.21) 해역에 도착했다. 노량에서 통곡하면서 울부짖고 있는 안위, 영등포 조계종 등 10여 명의 장수와 백성을 만났다. 칠천량해전에서 퇴각한 사람들이었다. 이순신은 새벽까지 안위와 전선에서 이야기하면서 잠을 자지 못해 눈병에 걸리기도 했다. 이순신은 곤양(7.22), 굴동(7.26)을 거쳐 27일 손경래의 집으로 이동하여 수군 수습대책을 마련하던 중 8월 3일 선전관 양호로부터 삼도수군통제사 임명장을 전달받았다. 1597년 4월 1일부터 시작된 백의종군을 끝내고 삼도수군통제사로 복권된 것이다.

선조로부터 삼도수군통제사 교지를 받은 이순신은 한시도 지체할 수 없었다. 8월 4일 길을 떠나 압록강원, 옥과 등 곡성을 거쳐 8월 8일 순천에 도착했다. 이후 낙안, 보성을 거쳐 8월 17일 장흥 백사정(현재는 보성)과 군영구미에 도착했다. 손경래의 집을 출발하여 군영구미까지 오는 과정에서 임금으로부터 두 번의 교지를 받고 장계를 올렸다. 이 두 번의 임금의 교지 중 하나가 수군을 폐하고 육군으로 종사하라는 것으로 추정된다. 이순신은 이 교지를 받고 아직 12척의 전선이 남아있어 죽기를 각오로 수군에서 싸우겠다고 장계를 올렸다. 이순신은 1597년 8월 18일 칠천량해전에서 퇴각했거나 진에 대기하고 있다가 합류한 12척 전선이 정박된 회령포 진에 도착하여 19일 지휘권을 선포하고 삼도수군통제사로서의 해상작전을 시작하게 된다. 20일 회령포를 떠나 구국의 항로를 따라 결사항전의 해전지 울돌목으로 출항했다.

회령포를 떠난 조선 수군은 명량 해역까지 적의 추격을 피해 몰리면서 결전지 명량 해역에서 결사항전하여 대승을 거둔다. 대승의 기쁨도 잠깐, 적의 재추격을 피해 명량해전 승전 첫날부터 북쪽으로 작전상 후퇴를 해야 했다. 40여 일을 서남해에서 유랑하다시피 한 이순신 함대는 1597년 10월 29일 목포 고하도로 상륙하여 전시 삼도수군통제영을 차린다.

이 절에서는 이순신이 출전 중 파직 소식을 듣는 시점부터 압송,

투옥, 고문, 백의종군 길에서 겪은 일, 칠천량해전 패전 소식, 수군 수습, 명량해전 전후 과정 및 조선 수군 재건의 성지 고하도까지의 행적 일명 '백의종군로와 구국의 항로' 여정에 대한 이순신의 《난중일기》 기록을 토대로 필자가 틈틈이 적어놓은 서사시 해설과 함께 수록했다.

2. 이순신의 투옥

죄인 이순신을 잡아오라[1]

어허!
수군이 싸움을 꺼린다고
이 아무개는 한산도에서 편안하게 누워만 있고
임진년 싸움 이후 무얼 했단 말인가
임금을 능멸한 죄가 아니더냐

부산포가 무너지고 조선이 유린되고
백성들의 피눈물로 금수강산이 물들던 날
한양을 버리고 도망갔던 임금
조선왕 선조의 하문에
이순신을 잡아들여야 하옵니다
대역죄인 이순신을
대신들의 간언이 줄을 잇는다

죄인 이순신을 잡아오라는
서릿발 같은 어명에
하늘이 무너져 내리고
조선의 바다가 무너져도

어느 누구 하나
입을 열지 못하는구나
한산도 통제영 수군이 알 리 없는
당쟁의 화신들 간교한 술책에
통제사 이순신 반역죄인이 되는구나

---

❶ 오랫동안 끌어오던 명나라와 일본 간의 화의 교섭은 결렬되었다. 화의 교섭이 결렬된 원인은 명나라 화의단이 황제에게 도요토미의 조건을 허위로 보고하게 되고, 도요토미는 명나라 황제의 답이 자신이 제시한 조건에 대한 답이 아님을 확인했기 때문이다. 따라서 도요토미 히데요시는 정유년 1월 가토에게 대군을 주어 조선을 다시 침입했다. 왜군은 정규군을 상륙시키기 위해 남해의 제해권을 장악하는 것이 무엇보다 중요했다. 적장 고니시는 자신의 부하이며 이중간첩인 요시라를 이용하여 조선에 허위 정보를 제공하고 이순신 함대를 유인해 격파할 계획을 진행했다. 조정에서는 이중간첩의 불확실한 정보를 믿고 이순신에게 출동을 명령했으나, 1월 2일 출동 허락 명령은 권율에 의해 이순신에게 1월 14일 지연 도착했다. 이순신은 선조의 출전 명령 없이는 출전할 수 없었고, 선조의 출전을 기다리던 중 출전 허락 명령을 받았으나 왜군이 부산 해역에 침공 중인 상황에서 선조의 명령을 접해 곧바로 출전할 수 없었다.

아름다운 봄 미운 바다❷

세상이 잠든 정유년 봄
진달래 꽃잎 아침 문을 열기도 전에
항구의 배들이 떠난다
이순신과 조선 수군의 전선이 출동한다
사부들의 노 젓는 장단 소리에 뱃길이 열리고
바다는 어두운 뱃길을 내어준다
바다의 도적떼 왜적의 소굴
부산바다로 출동한다

싸움은 끝나고 도적떼 물러난
가덕도 조선 수군 해상진으로
죄인 이순신을 잡아오라는
어명을 싣고
연락선 한 척 다가온다

닻 올려 한산도로 가는 대장선 뱃길 따라
갈매기떼 구슬픈 울음만
남도의 바다를 적시는구나

봄은 저렇게 아름다운데
바다는 왜 이렇게 미운가
메아리 없는 통곡의 소리로
메워진 바다는
왜 이렇게 아픈 바다가 되었는가
대장의 마음을 아는지 모르는지
그저
봄빛에 찰랑거릴 뿐이구나

---

❷ 이순신을 경질하고 원균을 삼도수군통제사로 임명한 선조는 정유년 2월 6일 이순신을 체포하라는 압송명령을 내렸다. 조정에서 본인의 경질문제가 논의되고 있다는 사실을 알 바 없는 이순신은 정유년 2월 10일 왜적의 소굴인 부산 해역으로 출전했다. 이순신은 본인에 대한 체포명령을 출동 중 가덕도 해상에서 들었다. 가덕도는 진해만에 있는 오랜 기간 한국함대의 관문이며 해군사관학교 인근에 있는 섬으로, 역사적으로 과거나 현재나 군함 출입의 요충지다. 해상에서 작전 수행 중 체포명령을 듣고 곧바로 한산도 통제영으로 귀항한 이순신은 원균에게 삼도수군통제사를 인계한 후 2월 26일 한양으로 압송되었다. 조선의 바다를 호령하고 목숨을 걸며 바다를 사수해온 조선 수군의 최고 지휘관은 하루아침에 죄인 신분으로 바뀌었다.

바다의 별 무너지다❸

전직 삼도수군통제사 이순신이
나라를 속이고 임금을 무시한 죄
적을 놓아주고 나라를 배신한 죄
남의 공을 가로챈 죄
용서할 수 없는 대역죄로 형장에 끌려와
생사의 갈림에서 심문을 받고 있다

조선 수군 최고의 장수
삼도수군통제사 이순신
바다의 도적떼 쳐부수고자 했건만
임금의 출전명령 기다리고 있었건만
살이 찢기고 피를 토하며 항변한들
무슨 소용 있겠는가
한번 내린 어명인데
무슨 말이 필요하겠는가

진실을 무시해버린 절대권력 앞에
처절하게 무너진 바다의 별
통제사 이순신이 고개를 떨어뜨린다
정유년 봄 조선의 산야에
꽃피고 새 울고
푸른 잎 돋아나던 날
바다의 별은
그저
속절없이 무너지고 있었다

❸ 이순신은 한산도 통제영에서 죄인이 되어 한양으로 압송되었다. 3월 4일(음력) 한양에 도착한 이순신은 당일 저녁 감옥에 가두어졌고, 3월 12일(4.27) 혹독한 고문을 당했다. 며칠 전까지 조선의 바다를 수호하기 위해 바다를 호령하고 왜적과 싸우며 사선을 넘나들던 조선의 수군통제사는 절대권력 앞에 처절하게 무너졌다. 특히 이순신을 모함하고 제거하려는 세력들은 선조에게 이순신을 극형에 처해야 한다고 줄기차게 간언했다. 혹독한 고문을 당한 이순신의 죄목은 첫째, 조정을 속이고 임금에게 불경한 죄, 둘째, 적을 놓치고 반역한 죄, 셋째, 남의 공로를 가로챈 죄 등이었다. 기록에는 없으나 심문 중 세 가지 죄목에 대해 이순신은 억울함을 호소했을 것으로 짐작되지만, 이순신에 대한 선조의 불신은 쉽게 해소되지 않았고, 삼도수군통제사 이순신의 운명은 예측하기 어려운 상태에 이르렀다.

백의종군 명을 받다❹

하늘보다 더 높은 용상
서릿발 같은 임금의 면전에
무거운 침묵이 흐를 뿐
아무도 입을 열지 못하는데
떨리는 목소리 어전의 적막을 깬다

대역죄인 이순신은 성상의 말씀대로
국법에 따라 사형에 처함이 마땅하고
그 또한 죽기를 각오하고 있을 것인바
시국이 어렵고 한 번 잃은 인재는 다시 얻기 어렵고
지난 임진년 공로가 적지 않습니다

장군 스스로 군대를 출동시키지 못하며
반드시 조정의 명령을 받아야 합니다
적이 바다를 건너기 전 조정에서 내린 비밀 명령이

제때에 도착했는지 모를 일입니다

대역죄인 이순신에게 성상의 은혜를 내리시어 주신다면
죽기를 각오로 싸워
죽음으로써 은혜를 갚도록
하늘 같은 성상의 하명으로
이순신에게 기회를 주어
국란을 타개하는 것이 옳을 듯합니다

영웅은 쉽게 죽지 않는 법이던가
판중추부사 정탁의 호소에
서릿발 같은 어전에
온기가 돌고 봄기운이 든다
"죄인 이순신에게 사형을 면하고 백의종군토록 하라"
절대권력자 임금의 어명이 대전을 울린다
조선의 바다가 흐느낀다

---

❹ 영웅은 쉽게 죽지 않는다고 했던가. 한치 앞을 내다보기 어려운 생사의 갈림길에서 판중추부사 정탁의 명분 있는 '신구차' 상소문이 선조의 마음을 돌려 사형 직전의 이순신의 목숨을 구했다. 당시 이순신을 잡아들이는 과정에서 당파 세력 간의 갈등을 고려하고, 선조의 심기를 불편케 하지 않으며, 명분 있고 논리 있는 정탁의 탄원인 일명 '신구차'가 선조의 마음을 돌렸다. 결국 선조는 이순신을 삭탈관직하고 사면령을 내려 백의종군토록 했다.

이순신이 심문과 고문을 당하면서도 가토군 침공 전에 군대를 출전시키지 않은 이유를 설명했을 것으로 보이지만, 이순신의 직접 기록이나 이순신을 심문한 관리의 심문 내용이 기록으로 전해지지 않는다. 그럼에도 목숨을 건 정탁의 신구차 내용에 눈에 띄는 대목이 있다. 아직까지 필자가 논문에서 밝히기 전까지 신구차에 포함된 아래 내용을 주목하는 서적이나 글은 찾기 어려웠다.

정탁은 과거 직접 죄인들을 심문해본 경험이 많다. 이순신 심문 시 직접 참여했는지는 알 수 없으나, 모두가 꺼리는 이순신 구명운동을 위해 상소문을 직접 작성한 정탁의 위치로 보아 이순신 심문 과정에서 확인된 내용이 일부 포함되었을 것이라는 합리적 추정이 가능하다.

신구차의 내용에는 변방의 장군은 임금의 허락이 있어야 군대를 출동시킬 수 있다고 했다. 또 선조의 밀지가 제때 이순신에게 도착했는지 알 수 없다고 에둘러 말했다.

앞서 언급했지만, 선조는 이순신에게 1월 2일 최종 출전명령을 내렸으나 이 명령이 한산도의 이순신에게 전달된 시점은 1월 14일이었다. 왜군이 1월 12~15일 사이에 부산 해역에 침공한 사실로 보아 이순신에게 전달된 선조의 출전명령은 늦게 도착한 것이다. 조정에서의 명령은 가토군 침공 전에 바다에 나가 기다리고 있다가 적을 치라는 것이었음을 감안할 때, 이순신은 출전명령을 받고 곧바로 출전할 수 없었다. 이순신은 2월 10일 출전했다. 일각의 주장처럼 이순신이 항명을 했다거나 출전을 거역했다는 주장은 사실로 보기 어렵다.

3. 백의종군 길

감옥에서 나오다[5]

푸르름으로 가득 찬 삼각산 숲
뻐꾸기 울음 하늘로 퍼지던 해 맑은 오월 중순
계급 없는 군인 한 명
비틀거리며 옥문을 나온다
전직 삼도수군통제사 이순신
백의종군의 길로 들어선다

망가진 몸 뒤틀고 구부리고 몸부림치다
위로주 한 잔에 피눈물이 흐르고
임진년 바다가 술잔에 아른거린다
차라리 임진년 싸움에서 물고기 밥이 되었던들
이 고통과 불명예는 없었으리라

힘도 권한도 없는 삭탈관직 무등병 이순신
무엇을 어떻게 하여 공을 세운단 말인가
어떤 공을 세워야 억울한 누명을 벗는단 말인가
바다는 또
언제 어떻게 이순신을 부른단 말인가
야속하고 원통하고 한없는 눈물만 흐를 뿐
목멱산 소쩍새도 함께 울어주는 한양의 오월
무등병 이순신은 출소 첫날을 이렇게 보냈다

---

❺ 이순신은 정유년 4월 1일(5.16) 투옥된 지 28일 만에 감옥에서 나왔다. 감옥에서 나온 이순신은 남문(남대문) 밖에서 첫날을 보낸다. 1597년 4월 1일은 양력으로 5월 16일로 계절의 여왕이라는 5월의 중순이었고, 날씨는 맑았다. 옥문을 나온 첫날 가족을 만나고 위로 차 찾아온 지인들이 건네준 술을 억지로 마시기도 했다. 조정의 대신들은 사람을 보내 위로했다. 이순신을 극형 직전에 상소하여 구명한 정탁은 물론 영의정 류성룡, 도체찰부사 이정형, 대사헌 노직 등이 포함되었다. 이순신은 교차하는 출소 첫날밤을 이렇게 보냈다. 4월 2일 비가 온종일 내렸는데 조카들과 많은 이야기를 하고, 4월 3일(5.18) 금오랑 이사빈의 동행 하에 도원수 권율이 있는 합천을 향해 남쪽으로 길을 떠났다. 본격적인 백의종군의 길로 접어든 것이다.

어머니를 여의다❻

여수 떠나
아산으로 가는
서해 바닷길
사경을 헤매는 노인의 신음에
노 젓는 격군들의 장단마저 침묵을
지킨다

백발의 팔순 노모

이순신의 어머니
마지막 남은 기력으로 아들을 부르다가
장군 이순신을 찾다가
영혼으로 승화되어 하늘로 오른다
이제
주검으로 아들을 찾는다

---

❻ 출소한 이순신은 고문으로 망가진 심신을 추스를 여유도 없이 의금부 관리들의 안내를 따라 본격적인 백의종군 길을 떠났다. 1597년 4월 3일 한강을 건너 해질 무렵 수원에 도착했다. 다음 날 오산, 평택 등 남으로 길을 재촉했다. 4월 5일 이순신은 아산의 선영과 장인, 장모, 형님 등 가족들의 신위에 곡을 하는 등 가슴 아픈 예를 갖추었다.

아산에 체류 중이던 이순신은 4월 13일(5.28) 병든 노모가 여수에서 뱃길로 아산으로 오다가 사망했다는 소식을 듣고 지금의 아산시 인주면 해암리 바닷가로 뛰쳐나갔다. 관을 짜고 입관하여 노모를 상여에 메고 아산 집으로 도착한 것이 4월 16일이다. 빈소를 차리고 울부짖다가 금오랑의 재촉에 어머니의 영전을 지키지도 못하고 통곡의 하직 인사를 하고 다시 백의종군 길로 출발했다.

불효자식 하직인사❼

백의종군의 길 떠나야 하는
불효자식 이순신
어머니 영전에 통곡하며 올리는 하직인사
소리쳐 불러도 하늘도 무심할 뿐
한번 떠난 모친은 대답이 없다

악몽이 할퀴고 간 가슴 한편이
다시 또 천 갈래 만 갈래 찢긴다

일찍이 죽었어야 할 몸
천하의 불효자식이
무슨 말을 할 수 있단 말인가
빨리 죽기만 기다릴 뿐
통곡의 하직인사 끝나기도 전에
금오랑은 남으로 길을 재촉한다

소쩍새 울음[8]

백의종군 복무 중이라
어머니 장례도 못 치르고
길 떠나는 불효자식 이순신
동서고금 어느 하늘 아래
이런 예가 또 있단 말인가
무슨 죄를 어떻게 지었기에
이런 갚음을 받아야 한단 말인가

상중 백의종군 길
공주 논산 익산 전주 임실
남원 구례 순천 남도길
백의종군 길 위에 뿌려진
이순신의 피눈물이
6월 초록빛 남도 길을 적신다

천리 땅끝 다와가는 날 밤
천국의 형님들은 꿈속에 나타나
영연 지킬 자식 하나 없다며
흐느끼며 울어본들

무슨 소용이 있단 말인가

죽지 못해 가는 길
백의종군 길 위로
소쩍새 울음만 내려앉는다

무등병 이순신의 죄[9]

백의종군 중 돌아가신 어머니
영연도 지키지 못하고
백의종군 길로 떠나야 했던
불효자식 이순신

해가 지고 달이 뜨고
비 내리고 그치고
산천의 색이 바뀌어도
남도길 따라 걷는
계급 없는 장수
눈물과 한숨을 멈추지 못하는구나

어떤 죄를 저질렀기에
삭탈관직 무등병 죄인이 되었단 말인가
군왕을 믿고 바다를 지킨 죄
부하를 믿고 사랑한 죄
군율에 따라 공을 나눈 죄가 아니던가

하늘도 무심할 뿐
서럽고 슬프고 아픈

백의종군 길
무등병 이순신의 날이 또 지새는구나

---

❼❽❾ 노모의 영연을 지키지도 못하고 4월 19일(6.3) 다시 백의종군의 길로 떠나던 이순신은 어머님 영연 앞에 하직을 고하고 울부짖었다. "어찌하랴, 어찌하랴." 통곡하며 불효자식 된 죄책감을 토로하면서 무거운 발길을 재촉했다. 공주, 논산, 익산, 전주, 임실, 남원, 구례를 거쳐 4월 27일(6.11) 순천에 이른다. 중간중간 지방의 숙소에 묵을 때마다 각 고을의 관리들이나 지인들이 상을 당하고도 백의종군에 임해야 하는 이순신을 위로했다. 어머니 영연을 지키지 못하고 아파하는 이순신의 심정은 그의 일기에 잘 나타나 있다. 일기의 내용 일부를 소개한다.

5월 4일(6.18): 어머님 생신이라 슬프고 애통함을 참을 길 없었다. 닭이 울자 일어나 앉아 눈물만 흘렸다.

5월 5일(6.17): 천리 밖에 멀리 종군하여 어머님 영연을 멀리 떠나 장례도 못 모시니 무슨 죄로 이런 갚음을 당하는 것인가. 나와 같은 사정은 고금을 통해 짝이 없을 것이니 가슴이 찢어지는 듯 아프구나. 때를 못 만난 것을 한탄할 따름이다.

5월 6일(6.18): 꿈에 돌아가신 두 분 형님을 만났다. 서로 붙들고 우시면서 하시는 말씀이 "장사를 지내기 전에 천리 밖으로 떠나와 군무에 종사하고 있으니, 대체 모든 일을 누가 한단 말이냐. 통곡한들 어찌 하리"라고 했다. 아침저녁으로 그립고 서러운 마음에 눈물이 엉기어 피가 되건마는 아득한 저 하늘은 어째서 내 사정을 살펴주지 못하는고. 왜 어서 죽지도 않는 것인가.

무전유죄 유전무죄⑩

지난날 수군 본영에도
돈 있고 힘 있는 자 군에 없고
돈 없고 힘 없는 자 군에 있더라
피는 백성이 흘리고
누리는 것은 고관대작이더라

시절 탓을 할 것인가
조상 탓을 할 것인가
돈 없으면 죄가 되고
돈 있으면 죄가 없는
시절이라 한다

중죄 저지른 죄인 이순신
가까스로 목숨만은 건졌지만
어느 세월에 어떤 공을 쌓아
이 중죄를 벗어날 수 있을까
기약 없는 미래에
죽기만을 기다릴 뿐이구나

---

⑩ 이순신은 백의종군 중 불행히도 어머니 상을 당하고 영연을 지키지 못한 아픈 심정에 대해서는 솔직하게 기록했지만, 본인의 억울한 심정을 허심탄회하게 표현한 기록은 찾기 어렵다. 그럼에도 백의종군 일기 기록 중 당시 관리들의 부정과 잘못된 사회 현상에 대해서는 우회적으로 비판하고 자신의 심정을 처절하게 표현했다. 또 평소 친분이 두터운 도체찰사 이원익을 만나 그릇된 시국에 대해 이야기하고 본인은 죽을 날만 기다린다고 했다. 다음은 일기 내용을 요약한 것이다.

5월 21일(7.5): 박천 유해가 서울에서 내려와 한산으로 가서 공을 세우겠노라고 했다. 또 말하기를 "은진현에 이르니, 은진원이 뱃길에 대한 것을 이야기하더라"라고 했다. 유가 또 말하기를 "중한 죄수 이덕룡이라는 자를 고소한 사람이 잡아 갇혀 세 차례 형장을 맞고 다 죽어간다"라고 하니 놀라지 않을 수 없었다. 또 과천 죄수 안홍제 등이 이 상궁에게 말과 스무 살짜리 계집종을 바치고 놓여 나갔다고 했다. 안은 본시 죽을죄도 아닌데, 여러 번 맞아 거의 죽게 되었다가 물건을 바치고서야 석방이 되었다는 것이다. 안팎이 모두 바치는 물건의 다소로 죄의 경중을 결정하다니, 이러다가는 결말이 어떻게 될지 모르겠다. 이야말로 돈만 있으면 죽은 사람의 넋도 찾아온다는 말인가.

5월 23일(7.7): 아침에 정사룡, 이사순이 와서 보고 원공의 말을 많이 전했다. 늦게 배 동지는 한산으로 돌아갔다. 체찰사가 사람을 보내어왔기에 가서 뵙고 조용히 의논했는데, 시국의 그릇된 것을 무척 분히 여기며 다만 죽을 날만 기다린다고 했다.

바다여, 이제 어쩌란 말이냐[11]

바다여 어쩌란 말인가
조선의 수군이 궤멸되고
조선의 바다가 무너졌다 한다
바다여
이제 어쩌란 말이냐

하늘이여 어쩌란 말인가
원수들이 또다시
조선의 바다를 유린하고
수군은 왜적에게 무너지고
흔적도 없다 하는데
하늘이여
이제 어디서 무엇을 할 수 있단 말인가

칠천량 바다에 수장된 수군의 넋은
누가 위로해주고
깨어져 부셔진 수군의 전선은
어디서 구한단 말인가
하늘을 탓하랴
사람을 탓하랴

하늘이여
바다에서 싸우다가
바다에서 죽을 기회를 주소서

다시 한번 조선의 바다를 구할
기적을 내리소서

---

⑪ 이순신이 도원수 권율의 진에 도착한 날은 1597년 6월 4일(7.17) 여름이었다. 이순신이 4월 1일 옥에서 권율의 진에 이르기까지 남으로 이동하면서 비록 무등병이었지만 지방의 많은 관리로부터 예우를 받았다. 또한 한산도의 소식을 접하고 과거 부하 장수들에게 안부 편지를 보내기도 했으나 그동안 그가 심신으로 겪은 고통과 아픔은 헤아릴 수 없었을 것이다.

이순신이 권율의 진에 도착한 때는 시기적으로 왜 수군이 부산 앞바다부터 한산도 인근 남해안의 제해권을 장악하고 있었고, 조선 수군은 이에 맞서 진해 안골포 등을 공격할 것인가에 대해 고심하고 있었을 뿐 아니라 조선 수군의 통제사와 권율 간의 갈등이 있었던 시기다. 이순신이 권율의 진에서 조선 수군의 패전 소식을 접하기 시작한 것은 7월 14일(8.26)이었다. 조선 수군의 패전 소식은 연이어 이어지고, 결국 7월 18일 칠천량 패전(8.30) 소식을 듣게 된다. 이 해전에서 통제사 원균은 물론 전라우수사 이억기, 충청수사 최호가 전사했고, 조선 수군이 대패하여 회생 불가능하다는 상황을 접했다. 이에 이순신의 좌절과 슬픔은 극에 도달했고 한없이 통곡했다. 찾아온 권율 도원수에게 본인이 직접 상황을 파악한 후 대책을 강구하자고 건의한 후 바다로 상황 점검 차 떠나며 다가올 미래에 대해 각오를 다졌다.

4. 선조의 반성문과 구국의 바닷길

국왕 선조의 반성문⑫

어허!
무슨 말을 하겠는가
우리가 믿을 것은 오직 수군뿐인데
삼도의 수군이 모두 없어졌다니
어쩌란 말인가

이것 또한 하늘의 뜻이거늘
무슨 말을 하겠는가
그대 백의를 입혀 험한 길로
내보낸
어질지 못한 임금의 탓이거늘
그대 없는 바다에 하늘이 벌을 내린 것 아니던가

무슨 말을 하겠는가
나랏일이 어려워 이제 다시 그대를
전라좌수사 겸 충청·전라·경상
삼도수군통제사로 임명하노니
그대
다시 바다로 나가 수군을 재건하고
왜적을 무찔러
나라를 건져주기를 바라는 마음뿐이오
어허!
국왕 선조는
이렇게 이순신에게 반성문을 썼다

이순신, 다시 바다로 가다⑬

왕명이다
백의종군 복무 중인 이순신에게 왕명이 내려왔다
이순신을 조선의 삼도수군통제사에 임명한단다
큼직한 교지에 지엄한 옥새만 선명할 뿐
전선도 병사도 무기도 없는
수군통제사!
이순신이 조선 수군이고

조선 수군이 이순신이다

목숨은 바다와 하늘에 맡긴 지 오래고
원통하고 고통스런 지난 일들 사무쳐오건만
지독히도 질긴 나라와 바다의 인연인가!
외로운 수군 장수
삼도수군통제사 이순신!
촌각을 지체할 수 없구나

하늘 길 바다 길 따라
궤멸된 조선 수군을 찾아
길을 재촉한다
하늘의 뜻을 따라 길을 떠난다
잃어버린 조선의 바다로

⓬⓭ 백의종군 중 칠천량 패전 소식을 들은 권율은 비록 지휘권은 없지만 이순신에게 해전 패배 후 조선 수군의 실태를 점검토록 했다. 칠천량 소식을 들은 날 7월 18일 곧바로 현지 상황을 파악하기 위해 곧바로 길을 떠난 이순신 일행은 하동, 곤양을 거쳐 노량에 도착하여 확인한 현황을 권율에게 서신으로 보고하고, 진주 손경래의 집에 머물던 8월 3일 선조의 삼도수군통제사 임명의 교지를 받았다. 위기 상황에서 삼도수군통제사 임명을 받은 이순신! 지난날 한산도에서 체포되어 오늘에 이르기까지 본인이 겪은 수난은 물론 궤멸된 수군의 지휘관 임무를 생각하면 가슴이 먹먹했을 것으로 짐작된다. 다음은 선조가 내린 교지의 일부다.

"왕은 이와 같이 이르노라. 어허, 나라가 의지하여 보장을 삼는 것은 오직 수군뿐인데, 하늘이 아직도 화를 거두지 않으사… 3도 수군들이 한번 싸움에 모두 없어지니 근해의 성읍을 누가 막으며 한산진을 이미 잃었으니 적이 무엇을 꺼릴 것이랴? 생각하건데 그대는 일찍이 수사 책임을 맡기던 그날 벌써 이름이 났고, 또 임진년 승첩이 있은 뒤부터 업적을 크게 떨치어 변방 군사들이 만리장성처럼 든든히 믿었는데, 지난번에 그대의 직함을 갈고 그대로 하여금 백의종군하도록 했던 것은 역시 사람의 모책이 어질지 못함에서 생긴 일이었거니와, 그리하여 오늘 이같이 패전의 욕됨을 당하게 된 것이라 무슨 할 말이 있으리오. 이제, 특히 그대를 상복을 입은 그대로 기용하는 것이며, 또한 그대를 백의에서 뽑아내어 다시금 옛날같이 전라좌수사 겸 충천, 전라, 경상 3도 수군통제사로 임명하노니 그대는 도임하는 날 먼저 부하들을 불러 어루만지고 흩어져 도망간 자들을 찾아내어 단결시켜 수군의 진영을 만들고, 나아가 요해지를 지켜 군대의 위풍을 다시 한번 떨치게 하면 이미 흩어졌던 민심도 다시 안정시킬 수 있으려니와 적도 또한 우리 편의 방비가 있음을 듣고 감히 일어나지 못할 것이니 그대는 힘쓸지어다. … 그대는 충의의 마음을 더욱 굳건히 하여 나라를 건져주기를 바라는 소원을 풀어주기 바라면서 이에 조치를 내리노니 그렇게 알지어다."(조성도 교수의 《충무공 이순신》 에서 발췌)

5. 12척 전선을 만나다

신이여, 바다를 지켜주소서![14]

믿을 것은 수군뿐이라
사라진 수군을 재건하여 바다를 되찾고
나라를 구하라고 왕명을 받은 지 열흘 남짓
이제 수군을 폐지하고 육군에 가서 싸우라는 임금의
명령은 또 무엇인가

지난날 왜적이 전라도와 충청도를 침범치 못한 이유
남해바다 길목을 수군이 지켜온 탓이거늘
어찌하여 바다를 포기하라는 말인가

수군을 폐지할 수는 없소이다
바다 길목 무너지면 도적떼 왜적 무리
서해 뱃길 한강으로 가는 순항길이거늘
이 몸 죽기를 각오로 싸워
이 바다를 지킬 것이외다

임금에게 올리는 장계 붓끝이
떨어지지 않는 이순신!
신에게는 아직 12척의 전선이 있습니다!
하늘이여!
이 바다와 조선을 지켜주소서!

---

⑭ 8월 3일 삼도수군통제사로 재임명된 이순신은 곧바로 하동, 구례, 곡성(8.4), 순천, 보성(8.9)에 이르러 패전의 실상을 더욱 상세하게 파악했다. 지방관리들은 도망가고 창고는 불태워졌으며, 많은 백성이 피난을 가 비어있는 마을이 많았다. 더욱이 이 과정에서 칠천량해전에서 싸웠던 장수들을 만나 수군의 실태를 파악했다. 또 일기에는 기록이 없지만 선조로부터 수군을 폐지하고 육군에 종사하라는 청천벽력 같은 지시를 받고, 수군을 없애서는 안 되는 이유를 소신껏 보고하고 수군을 수습하는 데 총력을 기울이는 등 군인으로서 투철한 국가관으로 소임을 다했다. 그때까지 이순신이 확인한 수군의 세력은 12척 전선이었고, 임금에게 보고하는 장계에 12척 전선이 있음을 처음으로 기록했다(今臣戰船尙有十二). 8월 4일부터 8월 17일 장흥 회령포에 도착하기 전까지 통제사로서 지휘권 행사 중 8월 7일(9.17), 8월 15일(9.25) 두 차례 임금의 유지를 받았다. 또 장계는 8월 14일(9.24), 8월 16일 올려 보냈다. 수군 폐지에 대한 임금의 지시가 8월 7일 유지인지, 아니면 8월 15일 유지인지는 불분명하지만 둘 중 하나인 것만은 분명해 보인다.

다음은 이순신의 조카 이분이 쓴 《이충무공행록》에 있는 장계(박종평의 《난중일기》)에서 발췌했다.

"임진년부터 5~6년 동안 적이 감히 전라도와 충청도로 곧바로 돌격할 수 없었던 것은 수군이 그 길목을 누르고 있었기 때문입니다. 지금 신에게는 아직 전선이 12척 있습니다. 사력을 다하여 싸운다면 할 수 있습니다. 수군을 지금 없앤다면 적은 이를 행운으로 여길 것입니다. 그렇게 된다면 전라, 충청을 거쳐 한강에 이를 것입니다. 신은 이것을 두려워할 뿐입니다. 전선 수가 비록 적더라도 신이 죽지 않는다면 적은 감히 우리를 업신여기지 못할 것입니다. 비록 전선은 적지만 신이 죽지 않는 한 적이 감히 우리를 업신여기지 못할 것입니다. 바다에서 오는 적을 막는 데 수군이 아니고 누가 한단 말입니까? 수전, 육전의 어느 한쪽인들 없앨 수 없습니다."

12척 전선을 만나다⑮

바다를 떠나던 날
한산도를 떠나 한양으로
압송되던 날
그날
하늘은 맑고 산에는 꽃 피고
산새들도 울고 있었다

천리 먼 길 한양으로 끌려가던 날
함거에 갇힌 이순신
거리마다 줄지어 통곡하는 백성들을 보고
결코 돌아올 수 없는 길이기에
그저 눈만 감고 있었다

사선을 넘어 백의의 몸으로 종군하던 장군에게
몸을 추슬러 나라를 구하라는 하늘같은 임금의 명령
감사의 눈물인지 분함의 눈물인지
알 수 없는 눈물만 흘리며
북쪽 하늘을 보고 숙배했던
무등병 이순신

바다를 떠난 지 언제던가
삼도수군통제사 되어 다시 찾은 조선의 바다
12척 전선과 초라한 조선 수군만
이순신을 기다리고 있었다

다시 또 구국의 전선으로[16]

산천은 그대로
하늘도 바다도 지난날 그대로인데
수백 전선, 수만 수군은 보이질 않고
하늘과 바다는 말이 없구나
칠천량 싸움에서 깨지고 부셔지고 수장되고
쫓겨 도망나온 12척 전선만이 회령포구를 채우고 있네

죽음의 감옥에서 나와
사무친 백의종군 길 어버이 상중에도
장군은 왜적 무리 쳐부수기만을 기원했건만
그 많던 전선과 전우는 어디로 가고
살아남은 장수와 군졸은 공포와 두려움에 떨고만 있구나

조선과 수군의 운명인 것을 어쩌란 말인가
이제 어쩌란 말인가
원통하고 분한 피눈물만
회령포 바다를 적시는구나

조선 수군 마지막 남은 12척 전선 있는데
가야 할 바닷길, 지켜야 할 바다가
조선 수군을 기다리는데
피눈물만 흘릴 수 없지 않은가
여기서 지체할 수 없지 않은가
나라를 구하는 싸움터로 출전해야 한다
군사들아 떠나자
가자, 명량 바다로!

⑮⑯ 장흥 회령포는 이순신이 2월 26일(4.12) 한산도를 떠난 이후 1597년 8월 18일(9.28) 삼도수군통제사의 지휘권을 갖고 처음으로 조선 수군의 전선을 만나게 된 수군진이다. 그러나 조선 수군의 현실은 과거와 완전히 달랐다. 칠천량해전에서 후퇴한 전선과 흩어져 있는 전선의 합이 12척뿐이었다. 병사들은 물론 장수들도 전쟁 공포에 심리적으로 불안하기는 마찬가지였다. 이순신은 비록 패잔병에 불과한 초라하기 짝이 없는 수군이었지만, 이 세력이 마지막 남은 조선의 수군 전부이기에 비장한 각오로 전열을 다질 필요가 있었다. 따라서 이순신은 임금이 내린 교서에 장수들과 함께 숙배하는 의식을 가졌다. 오늘날에 비유하자면 군에서 지휘관 임명식과 지휘권 선포 같은 의식이었다. 그러나 경상우수사 배설은 숙배하지 않는 불경을 저질렀다. 이에 대한 벌로 이순신은 그의 부하에게 곤장을 치고, 군율을 어긴 회령 만호 민정봉에 대해서도 곤장을 치는 등 전시에 군기확립을 위한 강력한 리더십을 발휘했다.

회령포는 칠천량해전에서 패하고 도망 나오거나 후퇴한 조선 수군이 결집한 장소라는 것과 탄핵 이후 이순신이 지휘권을 발동한 실질적인 진이었다는 데 의미가 크다.

칠천량해전에서 대승을 거둔 왜 수군은 그들의 목표인 전라도 해역 등 서남 해역의 제해권을 완전히 장악한 후 서해를 따라 한강으로 진출하고자 혈안이 되어 있었다. 따라서 이순신은 한 곳에 머물러 있을 수도, 정면승부를 할 수도 없었다. 조선 수군은 후퇴하면서 수세적 방어 및 경계를 하면서 결정적인 장소에서 결사항전으로 맞서는 최후의 작전을 추구할 수밖에 없는 안타까운 처지에 직면해 있었다. 이순신은 참으로 비장한 각오로 회령진을 출항하여 울돌목으로 이동했다.

가을하늘 남도바다⑰

가을하늘 높고 푸르고
바다엔 살찐 물고기떼
뱃길 따라 가득하다
돌고래 새끼들 전선을 친구삼아
경주하는 남도바다

바다의 도적떼 왜군을 피해
이진에서 어란포로

어란포에서 장도로
장도에서 벽파진으로
이 포구 저 포구 들락거리는
가엾은 조선 수군의 신세를
아는지 모르는지
가을을 노래하고 즐기는 철없는 생물들이
어찌 수군 장수 이순신의 속마음을
헤아릴 수 있겠는가
운명의 바다 명량 바다는
다가오는데

13척 전선이 되다[18]

어란포 앞바다로 전선 1척
다가온다
어디에 숨어 있다가
무기도 군졸도 보잘것없는
전라우수사 김억추의 전선이 다가온다
소리 소문도 없더니
12척 조선 함대로 합세한다

바다가 무너져 나라가 위태로운데
못난 장수, 겁먹은 군졸들 탓할 수 있겠는가
결전의 바다로 함께 가야지
가서 왜적을 몰아내고
조선의 바다를 찾아야지

조선 수군 마지막 남은 13척 전선

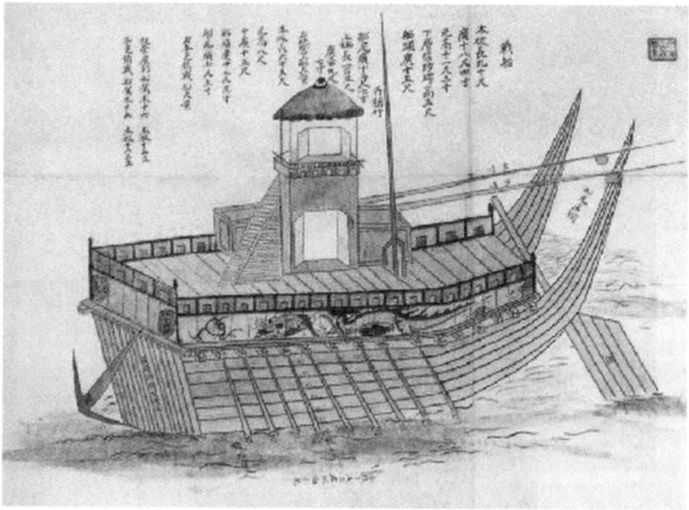

[그림 32] 조선 수군의 주력함 판옥선

자료: 한국민족문화대백과사전.

조선의 바다와 운명이 달린 것을
하늘은 알고 있을까

⑰⑱ 이순신은 조선 수군을 이끌고 최후의 결전지인 전라우수영 앞바다로 이동하면서 구국의 항로인 회령포, 이진, 어란진, 장도, 벽파진에 들렀다. 이 시기는 양력 10월로 구름 한 점 없는 전형적인 가을 날씨가 지속되었으나 왜 수군의 위협은 끊임없이 지속되고 있었다. 과거와 달리 쫓기는 신세가 된 이순신의 심정은 어떠했을까.

수백 척의 전선과 수만의 병력을 지휘하던 이순신은 회령진 출항 시 12척의 전선뿐이었으나, 결전의 장소로 이동 과정 중 어란진 해상에서 새로 전라우수사로 임명된 김억추의 전선 1척이 합류함으로써 13척으로 증가했다.

이순신은 김억추의 인사를 못마땅하게 생각했다. 깊은 속사정은 알 수 없으나, 어란 바다에서 합류한 것으로 보이는 김억추에 대한 이순신의 서운한 감정은 그의 일기에 잘 나와 있다. 이순신이 어란진 해상에서 8월 26일(10.6) 확보한 1척의 전선을 추가한 13척의 전선은 훗날 명량해전에 모두 참전하게 된다. 회령진에서 출발한 조선 함대를 왜 수군은 끊임없이 해상 추격을 한다. 결전의 날이 다가오고 있다는 징후다. 다음은 이순신의 일기를 요약한 내용이다.

8월 26일(10.6): 그대로 어란 바다에 머물렀다, 늦게 임준영이 말을 타고 달려와서 보고하기를 "적선이 이미 이진에 도착했다"라고 했다. 전라우수사가 왔다. 배의 격군과 기계가 규모의 형태를 이루지 못했다. 기가 막힐 일이다.

8월 28일(10.8): 적선 8척이 뜻밖에 들어오니 여러 배들이 겁을 집어먹고 달아나려 하고 경상우수사(배설)도 달아나려고 했다. 나는 꼼짝도 하지 않고 있다가 적선이 다가오자 기를 흔들어 뒤쫓으니 적선은 물러갔다. 갈두까지 쫓다가 돌아왔다. 저녁에 장도로 옮겨 머물렀다.

벽파진에서[19]

여기가 어딘가
수백 년 남도의 뱃길을 열어주던
명량바다 입구 벽파진이 아닌가
간사한 왜적의 추격은 그칠 줄 모르고
이제는 서해 길목 울돌목 턱밑까지 쫓아온다

칠천량 싸움 이래 쫓기는 신세가 되어
겁먹은 배 아무개 장군마저 도망가고
끈질긴 왜적의 추적에 술렁거리던 군사도
장군의 기개에 힘을 얻는다

바다 건너 해남 땅
푸른 하늘 아래 가을 산
평화롭기 그지없는데

전선에 몸을 실은 바다의 전사들이
결사항전의 싸움터로 떠난다
구국의 뱃길 따라 울돌목으로 출항한다

[그림 33] 진도군 향토문화유산 제8호 벽파정
자료: 진도군.

⓳ 칠천량해전에서 격멸당한 조선 수군을 수습한 이순신이 삼도수순통제사의 지휘권을 발동하며 회령진을 출발한 지 20여 일 동안 왜 수군의 염탐을 피해 서남해의 바다와 진 및 포구를 드나들다가 최후의 결전지 명량수로 문턱인 벽파진에 이른 것은 8월 29일(10.9)이었다. 벽파진은 고려 시대부터 한양이나 기타 지역으로 뱃길이 열린 서남해의 중요한 교통의 요충지였다. 이순신은 수군을 수습하여 해상에서 20여 일 수세적 작전을 구사하면서 조만간 왜 수군의 대대적인 기습이 있을 것으로 판단하고, 명량수로 입구인 벽파진에서 전열을 가다듬으며 최후의 항전을 준비했다.

그러나 벽파진에서 해전을 피하여 칠천량해전 시부터 소극적이었고 이순신의 지휘를 탐탁지 않게 여기던 경상우수사 배설은 결국 도망가는 등 임전을 앞둔 이순신의 심정은 참으로 착잡했을 것으로 짐작된다. 이순신은 결전을 앞두고 벽파진에서 군사의 결속을 다지고 사기를 올리기도 했다. 벽파진에서 왜선과 공방전을 벌이기도 했으나, 왜 수군의 대공격이 임박함을 인지하고 결전지인 전라우수영 바다의 피난민들을 대피시키고 결전 하루 전 우수영 앞바다로 진을 옮겼다.

다음은 벽파진 체류 동안의 일기 내용이다.

9월 2일(10.12): 정자에 내려가 앉았는데, 보자기 점세가 제주로부터 보러 왔다. 이날 새벽에 배설이 도망갔다.

9월 7일(10.17): 오후 10시께 적선이 포를 쏘면서 밤 습격을 해오자 여러 배가 겁을 집어먹은 것 같았으므로 다시 엄하게 영을 내리고 내가 탄 배가 곧바로 적선을 향해 달리면서 포를 쏘니 적도는 능히 당해내지 못하고 자정께 달아났다.

9월 14일(10.24): "적선 55척이 벌써 어란 앞바다에 들어왔다"라고 했다. 우수영으로 전령선을 보내어 피난민들을 뭍으로 올라가게 하도록 일렀다.

9월 15일(10.25): 밀물이 들었다. 여러 배를 거느리고 우수영 앞바다로 들어가 거기서 잤다. 꿈에 이상한 징조가 많았다.

6. 명량해전과 전략적 함대이동

명량해전[20]

번개같이 빠른 밀물을 타고
까마귀떼 몰려오듯 울돌목을 덮치는
헤아릴 수 없는 적선
배수진이라 결사항전이라
물러설 곳 없는 해남 우수영 바다

보름달 훤히 비친 바닷가에서
죽기를 각오로 싸우자고
하늘에 맹세한 장수와 병사들
싸움은 시작되었건만 겁에 질려 진격을 못 하네

대장선이 앞선다
나를 따르라
장군의 호령이 양도 앞바다에 울려 퍼지고
하늘과 바다를 울리는 포격과 화염에
불타고 수장되는 적선은 부지기수

수장되는 왜적 수백 수천이라

하늘이 열리고 물길이 바뀌고
바닷물에 휩쓸려 허둥대고 부서지는
적선이 물러난 피로 물든 우수영 앞바다에
하늘이여 감사합니다
하늘이여 이 바다를 지켜주시어 감사합니다
장군의 기도소리에
울돌목 거센 울음마저 그치는구나

회상㉑

명량바다 언덕 위 붉은 단풍나무 가족
휘몰아치는 소용돌이 울돌목 바다로
고개 숙이고 있다
만추의 계절에 울돌목 썰물 따라
사라진 조선 수군의 명복을 빌며
구국의 영혼들을 추억하고 있다

그날 1597년 양력 10월 26일
가을하늘 높고 맑은 날
처절하게 싸우던 용사들을 바라보고만 있었을
단풍나무 가족들
대를 이어 오늘도 명량 언덕을 지키고 있구나

하늘 높고 바다 푸른
2013년 10월 26일 정오
바다의 벗 한 명

[그림 34] 울돌목 해상을 지키고 있는 이순신 장군 동상

홀로 서서
구국의 영혼들을 추억하고 있었다
명량바다에서

---

⑳㉑ 명량해전은 세계 해전사에서도 찾아보기 어려운 극적인 해전이었다. 불멸의 해전으로 평가되는 가장 큰 이유는 상대적으로 턱없이 열세한 전력으로 대군을 격멸했기 때문이다. 작전 측면에서 보면 수로가 협소하고 조류가 빠를 뿐 아니라 일정한 주기로 바닷물 흐름의 방향이 바뀌는 등 지리적 특성을 잘 활용하고 이순신의 뛰어난 전략으로 승리한 해전이었음에도 사실상 보통의 작전 측면에서 보면 매우 무리한 전투였다. 명량해전 이외에 대부분의 해전에서 이순신은 적보다 우세한 세력으로 공세적인 전략·전술로 적을 압도했다. 그러나 명량해전의 경우는 이전의 이순신이 취한 해전의 방식과는 달랐다. 이순신이 전투가 끝난 후 일기에도 기록한 것처럼 천운이 따르지 않았다면 해전의 결과는 달라질 가능성도 있었다. 그럼에도 사즉생의 각오로 싸움을 피하지 않고 결전에 임한 데는 첫째 이순신의 구국의 정신이 있었고, 둘째는 적의 서해 진출 길목인 명량수로를 기필코 막아야 하는 전략적 목적이 있었으며, 셋째는 공을 세워야 하는 절박한 상황에 처해 있었다.

이순신은 불과 수개월 전 사형 직전에서 본인을 사면하고 백의종군토록 한 선조와 조정의 의도를 잘 알고 있었을 것이다. 그렇기 때문에 목숨을 건 전투를 할 수밖에 없었으리라 생각된다. 명량해전은 이러한 이순신의 심리적 및 실질적 상황 논리가 크게 작용했다고 본다. 이순신의 뛰어난 전략과 전술은 물론 조선 수군의 목숨을 건 임전무퇴 정신 등이 뒷받침되어 승리했다. 다음은 긴박했던 이순신의 명량해전 당일의 일기 내용을 요약한 것이다.

9월 16일(10.26) 맑음: 여러 장수를 불러 전략을 세운 다음 닻을 올리고 바다로 나가니, 적선 133척이 우리 배를 에워쌌다. 대장선이 홀로 적선 속으로 들어가 포환과 화살을 풍우같이 쏘아대건만 여러 배들은 바라보면서 진군하지 않아 사태를 헤아릴 수 없게 되었다. 군사들이 질려 있기로 "적이 비록 천 척이라도 감히 곧바로 우리 배에 덤벼들지 못할 것이니 조금도 동심 말고 힘을 다해 적을 쏴라"라고 했다.

나는 뱃전에 서서 친히 안위를 불러 "네가 군법에 죽고 싶으냐" 하고 다시 불러 "안위야, 군법에 죽으려느냐. 물러가면 살 듯싶으냐"라고 했더니, 안위가 황급히 곧바로 들어 싸우려 할 때, 적장의 배와 다른 두 적선이 안위의 배에 달라붙고 안위의 격군 칠팔 명이 물에 뛰어들어 헤엄을 치니 거의 구하지 못할 것 같았다. 나는 안위의 배가 있는 데로 갔다. 안위 배 위의 군사들은 죽기를 한하여 마구 쏘아대고 내 배의 군관들도 빗발같이 쏘아대어 적선 2척을 남김없이 모조리 섬멸하니 천행, 천행이다.

당사도의 밤[22]

왜적을 쳐부수고 대승했건만
기쁨도 순간
북서류 물길 따라
명량수로 달빛 타는 13척 전선
북으로 북으로 항진한다

명량수로 떠난 조선 함대
힘겨운 전선들
장산도 안좌도 팔금도 남도 뱃길 따라
명량대첩 승리 후 첫날밤에
암태도와 압해도 사이 당사도에 닻을 내린다

바다 건너 암태도 닭 우는 소리에
다음 뱃길은 또 어딘가
장군의 한숨 깊어만 간다

㉒ 명량해전에서 대승을 거둔 이순신과 조선 수군은 승전의 기쁨도 누릴 겨를이 없었다. 해전은 끝난 게 끝난 게 아니었다. 이순신은 비록 왜 수군이 명량싸움에서는 대패했지만, 아직도 수백여 척이 넘는 주력부대가 명량수로 밖에서 진을 치고 있을 것으로 판단했다. 따라서 날이 새면 전열을 정비한 왜군의 보복공격이 있을 것으로 판단한 조선 수군은 해전을 승리로 이끌고도 우수영에서 체류할 수 없었고, 해전을 했던 우수영 앞바다에서 진을 치고 밤을 지샐 수도 없었다. 이순신과 조선 수군의 전략적 후퇴는 불가피한 선택이었고, 후일을 위해 조선 수군을 재정비할 전략적 선택을 했다. 결국 조선 수군은 주간의 사즉생 전투로 인해 극도로 심신이 지쳤지만, 보름달이 훤히 비친 바닷길을 따라 북으로 이동하여 안전한 곳으로 판단한 당사도에 닻을 내리고 해전 승리 후 첫날밤을 보냈다. 하지만 왜군에 쫓기는 처지였고 구체적인 계획도 사실상 없는 상황이었기에 마지막 남은 조선 수군을 이끌고 있는 이순신의 심신은 참으로 말로 표현하기 어려운 처지였을 것이다.

하늘만이 알겠구나[23]

살찐 물고기 넘치는 서해 바닷길
고기 잡는 어부는 어디로 가고
고깃배 사라진 서해바다
갈매기만 떼지어 있는가

증도 병풍도 지도 바닷길 따라
어의도에 도착하니
포구엔 피난선들로 가득하구나

칠산도 물길 헤쳐 법성포 선창에 이르러도

왜놈들 분탕질 끝나지 않고
바다도 포구도 원성과 고통뿐이로구나

바닷바람 거세지고 겨울은 다가오는데
갈 곳 없는 수군은 어디에 둥지를 틀고
가엾은 피난민들은 어디서 겨울을 난단 말인가
위도를 거쳐 고군산도에 이르러도
어디 한 곳 안전한 포구가 없구나

우수영으로 돌아가는 아침 뱃길 거센 파도에
노 젓는 군사들 한숨소리 높아가고
초라한 조선 수군 앞날 생각하는
수군 대장 이순신의 한숨도 길어져만 간다

흉악한 왜적 무리 이 바다에서 몰아내고
언제 다시 바다는 조선의 품으로 되돌아올 것인가
하늘만
하늘만이 알겠구나

㉓ 이순신의 서남 해역 항해는 일본 수군을 피하고 새로운 진을 찾아야 했다. 불멸의 명량대첩을 승리로 이끈 이순신과 조선 수군은 당사도(신안군 암태면 당사리)에서 하룻밤을 보내고 다음 날 증도, 병풍도, 지도 등의 서해 뱃길을 따라 어의도(신안군 지도읍 어의리)에 도착해서 수많은 피난선을 만나게 된다. 또한 이어서 법성포 진, 위도, 고군산도까지 북으로 이동하면서 안전하게 진을 치고 겨울을 보낼 수 있는 장소를 물색했으나 적당한 곳을 찾지 못했다. 더욱이 가는 포구마다 피난선이 가득했다. 고기잡이를 해야 할 어선도 물고기는 잡지 않고 왜적의 분탕질을 피해 포구에 정박하고 있었다. 왜군을 남의 땅과 바다를 불법으로 침략한 바다의 도적떼로 규명한 이순신의 가슴은 무너졌을 것이리라.

실제로 위도와 고군산도는 현재도 파도가 심하고 거칠어 선박이 항해하는 데 주의하는 장소인데, 당시 노를 저어 겨울 항해를 한 수군의 애로는 매우 컸을 것으로 짐작된다.

이렇게 전라도 서해 해역에서 수군의 진을 찾아 항해하는 동안 계절은 급하게 변하여 눈이 내리고 차가운 바람과 궂은 날씨가 계속되어 이순신과 조선 수군의 걱정은 커져갔다. 결국 명량해전 이후 북으로 이동하여 고군산도까지 항해하면서도 안전한 곳을 찾지 못한 이순신과 조선 수군은 다시 항로를 남쪽으로 바꾸어 법성포, 어의도를 거쳐 명량해전이 있던 해남의 전라우수영까지 내려오게 되었다.

사라진 전라우수영㉔

명량 대첩 끝난 후 스무 날이 넘도록
서해 바다 떠돌다 돌아온 해남 우수영
백성은 간 데 없고 불타고 텅 빈 성안에
타다 남은 곳간과 주인 잃은 개들만
어슬렁거릴 뿐
폐허된 전라우수영 보잘것없구나

철천지원수 몰아낼 조선 수군 재건을 위해
군사와 군량을 얻고 전선을 만들어야 할
마지막 남은 우수영에 돌아왔건만
어느 한 곳 조선 수군 몸 붙일 곳이 없어
지친 수군 이끌고 다시 떠나야 하는
통제사 이순신의 외로운 심정을
그 누가 알겠는가

㉔ 명량해전 이후 왜군을 피해 서해안 바다와 섬을 떠돌며 20여 일 이상 조선 수군의 안전한 곳을 찾던 이순신은 적절한 임시 수군진을 찾지 못하고 10월 9일 다시 명량해전이 있던 우수영으로 돌아왔다. 이순신은 우수영이 더 이상 수군진으로 적합하지 않다고 판단하고 새로운 진으로 안편도를 선택한다. 우수영 도착 다음 날인 10월

10일 새벽, 일찍이 닻을 올리고 바다로 나가 해남 정세를 살핀 후 10월 11일 미지의 섬 안편도로 출발했다.

7. 통곡의 섬 안좌도와 부활의 섬 고하도

안편도(안좌도)의 첫날[25]

정유년 10월 열하루 우수영 바다를 떠나
안편도(안좌도) 상륙 후 전선을 숨기고
해상진을 친 통제사 이순신
미지의 섬에 둥지는 틀었지만
비단결 같은 초저녁 달빛에 끌려
봉창에 홀로 앉아 생각할수록
가슴이 무너져 내린다

명량해전 승전 첫날부터 피난살이 수군 신세에
어디서 군사와 군량을 얻고 전선을 만들어
왜적 몰아낼 수군을 재건해야 할지
회포가 천 갈래 만 갈래로구나

누워도 잠은 오질 않고
이리저리 뒤척거리다
앉았다 누웠다를 반복하는
전선의 노병
갈매기 울음에 선잠을 깬다

---

[25] 우수영에서 '안편도'라는 섬으로 항해한 후 상륙한 장군은 산 위에 올라 맨 먼

저 전선 숨길 곳을 찾고, 이어 올라온 참모들과 오후까지 군사업무를 논의하고 하산했다. 본격적인 섬 체류를 시작했으나, 전시에 한 국가의 수군 전체를 이끌고 오지의 섬에 상륙했지만, 향후 무엇을 어떻게 해야 철천지원수들을 바다에서 몰아내고 이 나라를 위기에서 구할지 이순신의 가슴은 답답하고 먹먹했다.

'안편도'라는 이름을 가진 섬은 우리나라에 존재하지 않아 《난중일기》를 번역한 노산 이은상부터 최근까지도 밝혀지지 않고 몇 개의 섬으로만 추정해왔다. 이렇게 반세기 이상 동안 잠자고 있던 안편도라는 섬이 2019년 필자 고광섭과 이순신 항로 탐사단 교수들의 끈질긴 연구 논문으로 신안군 안좌도로 밝혀진 바 있다. 이순신이 상륙 첫날 올랐던 산은 현 안좌도 마명리 매봉산으로 추정된다.

다음은 《난중일기》 10월 11일과 13일 내용이다.

10월 11일(11.19): 낮에 안편도에 이르렀는데 바람도 좋고 날씨도 화창했다. 배를 내려서 제일 높은 산봉우리 위에 올라가서 배를 감추어둘 만한 곳을 살펴보았다. 동쪽은 앞에 섬이 있어서 멀리 바라볼 수 없으나 북쪽으로는 나주와 영암의 월출산까지 터졌고, 서쪽으로는 비금도까지 통해 눈앞이 시원했다. 이윽고 중군장과 우치적이 올라오고 조효남, 안위, 우수가 잇달아 왔다. 날이 저물어 산에서 내려와 언덕에 앉았는데, 조계종이 와서 왜적의 정세를 말하고, 또 왜들이 수군을 몹시 겁낸다고 말했다. 저녁엔 따뜻한 날씨가 마치 봄과 같아 아지랑이가 하늘에 아른거리고, 비가 내릴 징조가 많았다. 초저녁에 달빛이 비단결 같아 홀로 봉창에 앉았으니 회포가 만 갈래였다. 밤 10시께 허한이 몸을 적셨다.

10월 13일(11.21): 이날 밤 달빛은 비단결 같고 바람 한 점 없는데, 혼자 뱃전에 앉아 심회를 달래지 못했다. 이리 뒤척 저리 뒤척 앉았다 누웠다 밤새 잠을 이루지 못한 채 하늘을 우러러 탄식할 따름이었다.

통곡 통곡 통곡[26]

청천벽력!
통곡!
통곡!
통곡!
흉악한 도적무리 피해 바다를 떠돌다가

외로운 섬에 진을 친 지 나흘째 되는 날

고향의 첫 소식이 막내아들 전사소식이라니
하늘이 무너지고 땅이 꺼지는구나
어찌하여 하늘은 이렇게도 잔인하단 말인가

누구보다 영특한 막내아들
“너의 죽음이 아비 노릇 못한 애비 탓 아니더냐
너를 따라 저세상 함께 가고 싶지만
이승 가족 눈에 밟혀 죽지 못해 한이로구나”
잠 못 이루고 통곡의 날이 이어지고
코피를 되 남짓 흘려도 비통한 마음
찢어지는 마음
달랠 길이 없구나

㉖ 백의종군 길에 잠깐 아산에 들렀으나 모친의 장례식도 치르지 못하고 떠난 이순신은 가족들과 회포도 풀지 못했다. 만신창이가 된 몸으로 백의종군을 하다가 삼도수군통제사가 되어 명량해전을 치르고, 왜적을 피해 서남해를 떠돌다가 오지의 섬 안좌도에 상륙한 이순신은 상륙 나흘째 되던 날 막내아들이 왜적의 칼에 무참히 살해되었다는 소식을 듣는다. 가슴으로 처절한 심정을 일기에 간단하게 적었으나, 그의 처절한 심정은 어떠했을까.

그의 일기를 요약한 내용을 살펴본다.

10월 14일(11.22): 봉함을 뜯기도 전에 뼈와 살이 먼저 떨리고 정신이 혼란해졌다. 겉봉을 대강 뜯고 열의 글씨를 보니 거죽에 ‘통곡’ 두 글자가 씌어 있어 면의 전사를 알고, 간담이 떨어져 목 놓아 통곡했다. 하늘이 어찌 이다지도 인자하지 못하신고. 간담이 타고 찢어지는 것 같다. 천지가 깜깜하고 해조차 빛이 변했구나. 슬프다, 내 아들아, 나를 버리고 어디로 갔느냐. 네 형, 네 누이, 네 어머니가 의지할 곳이 없으므로 아직은 참고 연명이야 한다마는 마음은 죽고 형상만 남아 있어 울부짖을 따름이다. 하룻밤 지내기가 일 년 같구나.

10월 19일(11.27): 죽은 아들을 생각하여 통곡하는 꿈을 꾸었다. 어두울 무렵

코피를 되 남짓이나 흘렸다. 밤에 앉아 생각하고 눈물 짓고 했다. 어찌 다 말하랴. 이제는 영령이라 불효가 여기까지 이를 줄을 어떻게 알았으랴. 비통한 마음과 가슴이 찢어지는 듯하여 누를 길이 없다.

아, 고하도[27]

명량바다 떠난 지 언제던가
서해바다 방랑하던 조선 수군
이제야 고하도에 상륙하는구나

바다 건너 유달산 바위에 새긴
구국의 혼
영산강 줄기 생명선 삼아
전선을 짓고 군량을 쌓고

[그림 35] 충무공 이순신 수군통제영 터 팻말
2006년 10월 해군과 공동저자 최영섭이 통제영 추정터를 찾아 목조 팻말을 세웠다.

무기를 만들어
철천지원수 바다의 도적떼
조선의 바다에서 몰아낼
궁리였으리라

수군 장수 이순신
서산에 달 기우는 줄도 모르고
바다 건너 유달산 노적봉 바위에
구국의 혼을 새기고 있구나

㉗ 이순신은 안좌도 수군기지에서 18일간 머물다가 새로운 전략기지로 고하도를 택했다. 안좌도는 육지로부터 멀어 전황을 파악하고 전력을 강화하는 데 불리한 환경이었다. 따라서 이순신은 조선 수군의 재건 거점으로 육지와 가깝고, 호남의 곡창지대가 가까워 군수물자를 얻는 데 유리할 뿐 아니라 전선을 숨기기에 알맞고 겨울을 나기 양호한 고하도를 택하고 10월 29일 상륙했다. 이순신은 고하도에 상륙하자마자 막사와 창고를 짓고 전선 계류장 등을 확보했다. 고하도에 주둔하면서 해안 관리들은 물론 조정과도 소통하면서 전력 증강에 힘썼다. 왜적의 출몰이 잦은 완도 등의 전방 해역까지 경계를 강화하고 적의 동태를 살폈다. 명 수군의 도착에 대비한 연합수군의 작전해역을 전방으로 이동시키고, 진 확보를 위한 사전 준비였다.

이순신은 고하도에서 106일간 체류하는 동안 인근 해역의 행정 기관의 도움, 백성의 지원과 피눈물 나는 수군의 노력으로 전선 40여 척을 추가로 건조하여 전선 53척으로 전력을 증강했다. 1598년 2월 16일 고하도 통제영을 떠나 임진왜란 조선 수군의 마지막 삼도수군통제영 고금도로 이진했다.

8. 진중 이순신의 효심

《난중일기》의 기록으로만 분석해보면 이순신은 모친과 부인 등 가족을 1593년 3월 23일부터 5월 초 사이에 여수로 이동시킨 것으로 추정된다. 이러한 판단은 1593년 2월 24일 아산과 온양에 보낼 편지를 써보냈다는 기록이 있고, 1593년 5월 4일은 모친의 생신날이었는데 이순신이 해상 작전 중이어서 직접 축하해 드리지 못했다고 아쉬워하는 기록으로 추정이 가능하다.

실제로 이순신은 모친이 아산에 있을 때 편지로 안부를 주고받았고, 모친이 여수로 내려온 뒤에는 틈틈이 시간을 내어 직접 뵈었다. 그러나 1593년 5월 모친이 여수로 내려온 이후에도 경상도 해역으로의 장기출전 또는 한산도 체류 시에는 탐후선이나 여수 본영을 드나드는 선박 편으로 모친의 안부를 듣고 소식을 전했다.

이순신이 삼도수군통제사 임명장을 받은 날은 1593년 10월 1일이다. 따라서 통제사직을 수행하면서부터는 여수에 있는 모친을 직접 가서 뵙는 일은 극히 드물었다. 그럼에도 이순신이 전라좌도 수사를 겸하고 있었기 때문에 한산도 통제영에서 여수 본영으로 출장을 가는 경우가 있었다. 이때가 이순신이 모친을 직접 만날 수 있는 유일한 시기였다.

이순신이 한산도 체류 이래 여수에 있는 모친과의 첫 만남은 1594년 1월 1일부터 1월 17일 사이에 있었다. 삼도수군통제사라는 막중한 임무를 수행하는 통제사 이순신이 어떻게 통제영을 떠나 여수 모친을 만날 기회가 있었을까.

한산도에서 여수 본영으로 이동하여 일정 기간 군사업무를 보겠다고 올린 1593년 윤11월 17일 장계를 살펴보자. 이 장계에 따르면 전라좌도에서 한산도 전진기지로 장기간 출동 중인 군사들이 피로와 질병 등으로 사기가 심각하게 떨어져 있었고, 각종 군수지원 및 전선 확보 등에도 어려움이 있었다. 따라서 당시 교대로 장기 출동 중인 전라우수군을 먼저 해남의 전라우수영으로 보낸 후 우수군이 복귀한 다음 전라좌수군이 여수로 이동한다는 계획이었다. 이 계획에 따라 이순신은 전라좌수군과 함께 여수 본영으로 잠시 복귀했다. 비록 전시였지만 작전환경을 고려하여 한산도 배치군의 근무 교대를 한 것이다.

이순신의 전라좌도 본영에서의 1월 체류기간은 오래가지 못했다. 이순신이 1594년 1월 12일 여수에서 한산도로 떠나기 전 여수 고음천에서 모친께 작별인사를 했다. 이때 모친은 이순신에게 군인으로서의 자세를 당부했다. 노모는 이순신에게 "잘 가거라. 나라의 치욕을 크게 씻어라"라고 몇 번이고 당부하면서도 조금도 서운해하는 모습을 보이지 않았다고 일기에 기록했다. 전선으로 떠나는 아들에게 나약한 모습을 보이지 않기 위해 어머니는 애절한 작별의 심정을 절제했을 것이다. 세상의 모든 부모의 마음이리라. 이순신은 1594년 1월 17일 여수를 출발하여 전라좌도 수군들과 함께 1월 19일 한산도로 복귀했다.

이순신은 1594년 1월 이후부터 1595년 연말까지 2년 동안 모친을 직접 만나지는 못했다. 오직 여수에 계신 모친의 소식은 배편으로 전해 들었다. 이 기간 중 배편으로 모친의 소식을 전해들으면서 직접 모시지 못한 애석한 심정을 수시로 일기에 남겼다.

1595년 5월 4일 일기에는 "진중에서 어머니 생신을 맞아 홀로 바다에 앉아 어머니를 그리워했다"라고 노모를 그리워하는 심정을 쓰기도 했다. 5월 16일 오전 탐후선이 통제영에 들어와 모친의 소식을 전해왔는데, 고음천 모친의 집에 큰불이 나 아내의 천식이 심해졌다는 것이다.

이순신은 한산도 통제영에 체류하는 동안 일정한 간격을 두고 척후선을 보내 여수의 전라좌수영 소식을 들었다. 이 척후선 편에 고음천에 있는 모친과 부인의 소식을 들은 것이다.

이순신의 일기에 모친에 대한 기록은 많으나 부인에 대한 기록은 찾기 어렵다. 그래서 5월 16일 부인에 대한 기록은 특별하다. 아마도 집에 불이 나 아내의 건강에 이상이 있어 특별하게 일기에 적은 것으로 추정된다. 6월에는 모친이 이질에 결렸다는 소식을 듣고 흐느껴 울기도 했다.

1596년 들어 1월 1일부터 1월 3일까지 잠깐 한산도에서 전라좌수영에 업무 차 들러 모친을 만났다. 참으로 오랜만에 모친을 직접 만났다. 1월 1일 저녁 모친을 만난 후 "심회가 몹시 산란하여 밤새도록 잠을 이루지 못했다"라고 일기에 썼다. 1월 3일 전선까지 따라온 동생 및 조카들과 작별하고 전라좌수영에서 한산도로 출항했다.

이후 1596년 윤8월 12일~8월 13일 및 9월 27일~10월 10일 여수 전라좌수영 체류 시 모친을 직접 만날 기회가 있었다. 이 기간은 한산도에 있는 통제사 이순신이 윤8월 14일부터 9월 28일까지 장기간 전라도 내륙지방 전쟁준비 태세 시작 전과 종료 후 시기였다.

1596년 윤8월 12일~8월 13일 및 9월 27일~10월 10일 이 기간에 이순신과 모친이 만난 과정은 매우 이례적이었다.

한산도에 근무 중이던 이순신은 1596년 8월 지휘체계상 상관인 체찰사 이원익에게 병환 중인 노모를 만나고자 휴가를 청하는 편지를 썼다. 이 편지는《이충무공전서》에 수록되어 있는데, 여기서는 박종평의《난중일기》기록을 인용했다.

체찰사 이원익 공에게 올리는 편지

엎드려 올립니다. 일에는 형세가 있고, 정에는 더할 수 없이 급한 형편도 있습니다. 더할 수 없이 정으로 인해 그칠 수 없는 일을 만났기에, 형세상 어쩔 수 없이 나라를 위한 의리에 죄를 짓게 되었습니다. 어버이를 위한 사적인 행동으로 나라에 대한 의리를 굽혔기 때문입니다.

모(이순신)에게는 늙은 어머님이 계십니다. 올해 81세이십니다. 임진왜란이 일어난 초기에 모두들 재앙을 당할까 두려워했습니다. 운 좋게도 구차히 몸이라도 보존하고자 마침내 온 가족이 배를 타고 남쪽으로 내려와 순천 땅에 임시로 머물게 되었습니다. 그때는 어머님과 아들이 서로 만날 수 있다는 것만도 영광으로 여겼고 다른 것은 계획할 틈이 없었습니다.

(중략)

비록 모(이순신)는 못나고 어리석은 재주로 외람되어 막중한 임무를 맡고 있기에 할 일을 소홀히 할 수 없는 책임이 있어 몸이 자유롭지 못합니다. 한갓 어머님을 그리워하는 마음만 더하며 우러를 뿐 자식을 걱정하시는 마음을 위로해 드리지 못하고 있습니다. 어버이는 자식이 아침에 나가 돌아오지 않으면 언제나 문밖에 서서 자식이 돌아오는지 어떤지 바라본다고 했습니다.

그런데도 하물며 어머님을 뵙지 못한 지 3년이나 되오니 어떻겠습니까.

최근에 집안의 심부름꾼이 왔습니다. 어머니께서 다른 사람을 시켜 편지를 써서 보내셨습니다. 편지에 말하기를 '늙은 병이 날로 깊어지니 얼마나 더 살 수 있으랴. 죽기 전에 네 얼굴을 다시 한번 보는 것이 소원이다'라고 하셨습니다.

아아! 다른 사람이 들어도 펑펑 눈물을 흘릴 이야긴데, 하물며 그 어머니의 자식인 사람의 마음은 어떻겠습니까. 그 말씀을 읽은 뒤부터는 마음이 어지러워 해야 할 일에 관심이 일지 않았습니다.

오늘은 또한 해가 서산에 기운 듯합니다. 만약 하루아침에 또 느닷없이 어머니께서 돌아가시는 비극을 당하게 된다면, 이는 모(이순신)가 또다시 불효를 저지르는 자식이 되는 것입니다. 어머니 또한 황천에 가셔서도 눈을 감지 못할 것입니다.

이번 겨울에 가서 뵙지 못하면 봄철의 방어준비가 또한 급하기에 결코 진을 떠날 수 없게 됩니다. 어머님의 은혜에 보답하려는 저의 아주 작은 정성을 합하께서 살펴주시면 다행이겠습니다. 며칠 동안 휴가를 주시면 배를 타고 가서 어머님을 한번 뵐 수 있습니다. 그렇게 할 수 있다면 늙으신 어머님의 마음이 조금은 위로가 될 듯합니다.

체찰사 이원익의 답장

> 지극한 정이 일어나는 것은 그대나 나나 마찬가지입니다. 보내신 편지가 사람의 마음을 감동시킵니다. 그러나 공적인 의리와 관계된 것인 까닭에 감히 경솔히 임금님께 보고하고 결재를 받을 수 없습니다.

이순신이 체찰사에게 병석에 있는 여수의 모친을 오랜만에 가서 문안드릴 수 있도록 휴가를 청하는 편지를 보냈지만, 체찰사는 어렵다는 답신을 보낸 것이다. 이 편지 하나에 이순신의 효심이 어느 정도였는지 짐작된다. 《난중일기》에서도 이순신의 효심을 잘 읽을 수 있지만, 이 편지 내용이야말로 이순신의 효심을 알 수 있는 중요한 자료가 아닌가 생각한다. 또 체찰사 이원익의 공직자로서의 자세도 엿볼 수 있다.

이순신의 편지는 1596년 8월 11일 다른 공문과 함께 체찰사에게 보냈고, 그 이후 체찰사가 청원 휴가 불가 입장 편지를 보냈다. 그런데 서신을 보낸 지 약 한 달 후 윤8월 12일 이순신은 한산도에서 여수로 모친을 만나러 갔다. 이날은 현장 검열 차 당포에 내려온 체찰사 이원익을 만난 다음 날이었다.

체찰사는 한 달 전 이순신의 편지를 받고 휴가는 어렵다고 했지만 당포에서 이순신을 만나 여수로 떠나도록 한 데는 이유가 있었다.

적의 재침공에 대비하여 전라도 내륙지방의 전비태세 점검 차 점검 출발지인 여수 본영에 들르도록 한 것이다. 이순신은 하루 종일 항해한 끝에 밤 10시쯤 여수에 도착하여 고음천에 있는 모친을 만났다. 윤8월 12일 일기에 "백발이 부스스한 채 나를 보고 놀라 일어나시는데, 기운이 흐려져 아침저녁을 보전하시기 어렵다. 눈물을 머금고 서로 붙들고 밤이 새도록 위로하여 그 마음을 풀어 드렸다"라고 썼다.

이순신은 그날 밤 모친 곁에서 잠을 자고 "아침상을 올리니 어머니가 대단히 즐거워했다"라는 소회를 일기에 남겼다. 다음 날 본영으로 온 이순신은 윤8월 14일부터 장기간의 내륙지방 군사 시설을 점검하며 전쟁준비 태세를 검열하러 먼 길을 떠났다.

모친 생전의 마지막 효도

이순신이 전라도 내륙지방 검열을 마치고 여수 본영으로 돌아온 날은 9월 28일이었다. 여수 본영에서 10월 10일 한산도 통제영으로 출발하기 전까지 모친에 대한 이순신의 효성은 다른 날들과 달랐다. 10여 일간 여수에 체류하면서 어머니를 본영으로 모시고 종일토록 직접 즐겁게 모시기도 하고 잔치도 베풀면서 그동안 하지 못한 효성을 다했다. 10월 10일 한산도로 떠나기 전까지 여러 차례 뵙고 모셨다. 이 시기 이순신이 직접 베푼 효성이 생전 마지막일 줄을 이순신은 알고 있었을까. 이날 이후 이순신은 생전 모친을 다시는 만나지 못했다.

이순신의 일기는 1596년 10월 12일부터 1597년 3월 그믐날까지 전해지지 않고 있다. 1596년 10월 10일 한산도 복귀 후부터 이순신이 체포되어 압송되는 1597년 2월 26일까지는 정유재란 전후로 통제영을 비울 상황이 못 되어 여수 본영 방문은 어려웠을 것으로 추정된다.

훗날 이순신은 1597년 2월 26일 한산도에서 한양으로 압송되어 수난을 받다가 4월 1일 감옥에서 나와 백의종군 중 4월 13일 모친이 여수에서 배편으로 아산으로 올라오는 중 배 안에서 사망했다는 부음을 들었다. 이순신은 부음을 듣고 바다로 뛰어나가 통곡하고 모친의 시신을 아산 집으로 모셨다. 이순신은 영연을 끝까지 지키지도 못하고 한 많은 백의종군의 길로 떠났다.

나가면서

충무공 이순신은 1545년 3월 8일(4.16) 한양 건천동(인현동)에서 태어나 1598년 11월 19일(12.16) 노량해전 참전 중 관음포 바다에서 54세의 일기로 전사했다. 이순신은 임진왜란 7년 동안 1592년 음력 5월 7일 옥포해전 승리를 시작으로, 한산도해전, 부산포해전 및 명량해전 등 크고 작은 많은 해전을 승리로 이끌며, 전략적 요충지인 남해의 제해권 확보 또는 적의 해양활동을 억제함으로써 왜군의 서해 진출을 차단했다. 서해 진출을 위한 해상교통로를 확보하지 못한 왜군은 내륙 깊숙한 곳까지 원활한 군수물자 공급로를 확보하지 못함으로써 전쟁에 막대한 타격을 입었다. 이는 궁극적으로는 왜군의 전쟁 의지를 꺾고 철군의 요인이 되었다. 충무공 이순신은 철수하는 왜적을 상대로 노량바다에서 전투 중 임진왜란 마지막 해전인 노량해전을 승리로 이끌며 장렬히 전사했다.

이 책《우리가 몰랐던 이순신》에서는《난중일기》를 기반으로 해전 과정을 좀 더 알기쉽게 표현하려고 노력했다. 현대 지도 위에 해전 과정을 순차적으로 도시함으로써 독자들에게 오늘날의 지리적 감각으로 이순신이 거쳤던 바다와 전투를 간접 경험토록 노력했다.

많은 시대를 거쳐오면서 충무공 이순신에 대한 기록 또한 다양한장르로 이어져 내려온다. 시대가 흐르면서 이순신 생전의 기록이나 행적 등이 새롭게 발굴되기도 하고, 때로는 좀 더 명확하게 보완되기도 한다. 이 책에서도 이순신 생전의 행적 중 사실 여부에 대한 합리적 의문 또는 합리적 논란이 있었던 몇몇 사안에 대한 필자의 오랜 연구 결과를 담았다.

군인으로서 공직 임무를 수행하는 동안 충무공 이순신의 날들은 순탄한 날이 많지 않았다. 특히 임진왜란 당시 백의종군 시기 및 정유재란 전후 시기는 이순신의 생애에서 눈물, 통곡 및 한숨으로 점철된 고난과 역경의 시기였다. 이 책에서는《난중일기》에 기반한 이순신의 행적과 심정을 스케치한다는 심정으로 필자의 다듬어지지 않은 서사시로 표현했다.

군인으로서 결코 길지 않은 인생을 살았던 이순신이 전사한 후 422년이 지난 오늘날까지도 우리 국민의 한결같은 사랑과 존경을 받는 이유는 무엇일까. 보는 시각에 따라 표현의 차이는 있지만, 그분이 생전에 한결같이 보여준 사즉생의 자세, 고난극복의 자세, 구국의 리더십 등 '나라 사랑과 희생정신 그리고 정의를 실천하려는 공인으로서의 숭고한 자세'가 돋보였기 때문이라 생각한다.

우리가 영웅으로 부르기에 주저함이 없는 이순신 함대의 승리 뒤에는 늘 이 충무공과 함께 목숨을 담보로 함께 싸웠던 격군과 사부 등 작은 영웅들이 있었다. 이순신과 함께 싸웠던 군사와 백성들도 기억해야 하는 이유다. 충무공 이순신이 살았던 과거와 오늘날의 시대는 정치, 경제, 문화, 사회 및 과학기술 등 세상의 제반 환경이 다르다. 그럼에도 한 가지 변하지 않는 것이 있다면 '우리나라가 있어야 우리도 존재한다'라는 것이다. 충무공 이순신이 우리에게 남긴 불변의 교훈임과 동시에 숙제가 아닐까.

언제부터인가 임진왜란 시기 이순신이 치른 해전 횟수를 23전, 26전 또는 45전 등 산술적 방식으로 표현함으로써 일반인은 물론 전문가들 사이에도 다소 혼란스러운 경우가 있다. 이순신이 치른 해전 또는 참전 횟수가 수치로 표현됨에 따라 진위 여부를 떠나 일각에서는 이순신의 참전 횟수를 폄훼한다는 불필요한 논란을 야기하는 경우도 생긴다. 어느 시점에서 23전이라는 해전 횟수가 유행하기 전까지만 해도 이순신이 참전한 해전 횟수가 논란거리가 된 적은 없었다. 필자가 기억하기로는 23전이라는 횟수가 등장하게 된 시기는 과거 이순신 관련 인기 드라마가 우리 안방을 차지한 시기로 추정된다. 이후 많은 각종 매체 및 자료 등에서 '23전 23승'이라는 용어가 대중화된 것으로 보인다. 이어서 이순신 연구가인 최두환에 의해 26전, 제장명에 의해 45전으로 제기되기도 했다. 모두 해군 예비역 장교로서 이순신 연구에 큰 족적을 남긴 분들이다.

이순신의 해전 횟수가 다양하게 확산됨으로써 일반인들은 물론 전문가들 사이에도 다소 혼란스럽다는 의견이 있다. 왜 이런 차이가 날까?

그것은 해전이 일어났던 장소, 시기, 전투 종류, 출전 횟수 등 이순신이 참전한 전투 또는 작전 등 횟수 셈법이 다르기 때문이다. 세 경우를 비교하기 위해 이순신이 참전한 전투 또는 작전 횟수를 가장 상세하게 제시한 제장명의 45전을 기준으로 살펴보고자 한다. 우선 23전의 경우 1598.9.15~10.9 시기 조·명 연합합동작전의 전투 및 절이도해전 등을 포함한 일부 해전 및 조·명 연합합동작전 시 치러졌던 전투 횟수를 포함하지 않은 것으로 나타난다. 26전의 경우 일부 지역에서 치러졌던 전투 또는 작전 및 조·명 연합합동작전 시기 치러졌던 전투 또는 작전 중 일부 횟수를 포함하지 않았다.

〈부록 1〉에서 보더라도 일각에서 주장하듯 23전의 셈법은 문제가 있음이 분명하다.

반면에 26전 셈법의 경우 절이도해전과 조·명 연합합동작전 전투를 포함함으로써 해전 셈을 하는 데 더욱 진전된 느낌을 준다. 이 경우 부산포해전, 조·명 연합합동작전의 경우 횟수가 45전과 비교하여 감소하고, 잘 알려지지 않은 일부 지역의 횟수는 셈하지 않았음을 눈여겨볼만하다.

45전의 경우 이순신이 다른 장수들과 함께 참가한 것은 사실로 확인된다. 그럼에도 일부 셈에는 해전으로 볼 것인가, 단순 해상작전으로 볼 것인가 하는 다소 해석의 차이가 있다. 쌍방 간의 교전이 없고, 조선 함대의 무기발사 없이 조선 함대의 일방적인 추격이나 기동으로 적을 퇴각시킨 일부 해상작전이 해전 횟수를 셈하는 데 포함되었기 때문이다.

그렇다면 이순신이 참가한 해전 또는 해상작전을 횟수로, 하나의 수치로 일원화할 수는 없을까?

필자의 생각으로는 사실상 어렵다고 생각한다.

예를 들어 제2차 세계대전을 종결시킨 결정적 작전인 노르망디 상륙작전을 생각해보자. 노르망디 상륙작전은 1944년 6월 6일 연합군 총사령관인 미국의 아이젠하워 지휘하에 지상군 사령관인 영국의 몽고메리 장군 등 연합국의 지휘관들이 독일군과 맞서 싸워 승리한 세기의 상륙작전이었다. 이 상륙작전이 있기 전에 교란작전, 공수부대의 침투작전 등 많은 전투가 선행되었고, 이어서 시차를 두고 각국의 상륙군이 노르망디에 상륙했다. 이어서 6월 30일경 노르망디를 완전히 장악했다. 이 과정에서 수많은 전투가 있었다.

그러나 역사는 이 작전을 '노르망디 상륙작전'으로 칭한다. 상륙작전 이전에 치러진 침투작전, 공중폭격 및 상륙 후 수많은 지상 전투를 모두 셈하여 횟수를 셈하지는 않는다.

즉, 이순신이 참가한 해전 또는 작전을 단일화한 수치로 표현한다거나 다양한 셈법으로 수치화된 것을 두고 소모적 논란을 거듭하는 것은 본질에 어긋난다고 생각된다.

필자의 생각으로는 광의의 해상작전 개념을 셈법으로 적용한다면 이순신이 참가한 작전은 45회보다 훨씬 많을 수도 있을 것이라 생각한다.

26전이면 어떻고 45전이면 어떤가? 모두가 틀린 셈법은 아니다. 그러나 23전이라는 수치는 어울리지 않는다.

이순신은 임진왜란 시기 모든 해상작전 또는 실전에서 적을 앞두고 물러서지 않았으며, 목숨을 아끼지 않은 명장이었을 뿐이다.

편집 후기

이 책은 30년 터울 두 해군 예비역 대령의 공동 저서다. 한 명은 6·25 해전 영웅으로, 이 책의 출판 준비 중에 세상을 뜬 최영섭 님이다. 다른 한 명은 최영섭 님의 30년 후배로 현재 국립목포해양대학교(현재 '해양국립대학'으로 개명 절차를 밟고 있다) 해군사관학부 교수로 재직 중인 필자다.

이 책의 출판에 앞서 2007년 출판된 최영섭 님의《민족의 성지 고하도》의 이순신 해전 부분과 필자가 그동안 7년 가까이 집필해온 자료를 가제본하여 2020년부터 '충무공 정신' 강의 교재로 사용했다.

이와 병행하여 2021년 3월 최종 출판을 목표로 추가 집필을 했으나, 원고 마무리가 덜 되어 불가피하게 출판 목표 시기를 미루어야 했다. 최영섭 님께 연락을 취해도 전화를 받지 않는 횟수가 늘어나 혹시나 하는 조바심에 알아본 결과 최영섭 님의 건강이 좋지 않다는 소식을 접했다.

최대한 집필 속도를 내 생전에 출판하려고 혼신의 힘을 다하고 있을 때, 입원 중인 최영섭 님의 건강이 악화되고 있다는 소식이 들려왔다. 이 무렵 원고 마무리가 막바지에 이르러 직접 올라가 어떻게라도 직접 뵙고 말씀드리려고 했으나, 면회가 불가능하다는 막내아들 재완 씨의 전언이 왔다. 그 대신에 재완 씨에게 전화로 '출판 준비가 완료되었음'을 알렸고, 이 소식을 재완 씨가 직접 전해드렸다 했다. 이때가 작고하시기 1주일 전쯤의 일이다.

이어서 7월 6일 목차를 만들어 재완 씨와 만나려고 약속했으나 급거 상경해야 한다기에 메일로 '책 제목과 저자 소개 및 목차' 등을 작성하여 재완 씨에게 보내 컬러로 출력하여 보여드리라고 당부했으나, 이 소식은 듣지 못하고 최영섭 님은 2021년 7월 8일 새벽에 운명하셨다.

필자는 7월 8일 출판사에 원고를 보내기 위해 대학으로 출근한 후 인터넷 뉴스로 최영섭 님의 운명 소식을 들었다. 참으로 가슴 아픈 일이 벌어진 것이다. 최영섭 님의 운명 소식을 듣고 무거운 마음으로 원고를 재검토한 후 당일 16시경 출판사로 최종 원고를 메일로 보냈다.

필자가 한두 달만 더 서둘렀으면 출판된 책을 보셨을 것이라 생각하니 더욱 가슴이 저려왔고 죄스러운 생각마저 들었다. 최영섭 님은 대한민국의 영웅으로서 존경받는 어른이기 전에 필자의 해군사관학교 30년 대선배님으로서 필자에게 충무공 이순신 연구에 대한 영감을 심어준 분이었다. '나라 사랑, 바다 사랑, 해군 사랑, 이순신 사랑'의 근본을 몸소 실천하신 분으로 필자가 해군사관학교 교수로 재직하던 시절부터 20년 이상의 인연을 맺어왔다.

전역 후 해군사관학교 교수에 이어 해양대학교 교수로 재직하면서 학생들 강의 교재에 당신께서 과거에 쓰셨던 서적에서 '해전' 일부를 필자가 집필 중인 서적에 삽입하여 책을 완성하여 사용하면 좋겠다는 요청을 드린 적이 있었다. 그러자 "야, 그거 아주 좋은 생각이구만. 내가 쓴 거 사장도 안 시키고 말이야. 고 대령이 부분이든 뭐든 수정 보완하여 후배들 교육에 함께 활용하면 좋을 것 같아"라고 하시며 쾌히 승낙해주셨다.

거동이 불편하신 가운데도 전화 목소리 하나만은 카랑카랑하던 분이었는데, 출판의 기쁨을 맛보지 못하시고 세상을 뜨신 것이다. "이

제 남은 것은 세월이 아니라 시간입니다." 2020년 11월 10일 해군 창설 75주년 기념식에 가시려고 서울역에서 열차를 타시면서 느낀 소감을 회고록에 쓰신 최영섭 님의 글귀가 떠오른다. 필자는 원고를 인쇄하여 2021년 7월 9일 조문차 들러 최영섭 님의 영전에 바쳤다.

이렇게 해서 이 책《우리가 몰랐던 이순신》이 탄생했다.

2021년 8월

고광섭 쓰다

부록 1. 이순신의 해상작전 및 해전 참가 횟수 분석표

순번	기간	장소	전투 횟수			대표 해전	적함 격파 수
			45전	26전	23전		
1	1592.5.4~7	옥포, 합포, 적진포	3	3	3	옥포해전	42척
2	1592.5.29~6.10	사천, 당포, 당항포, 율포	4	4	4	당포해전	66~72척
3	1592.7.5~13	견내량, 안골포	2	2	2	한산도해전	76~101척
4	1592.8.24~9.2	장림포, 화준구미, 다대포, 서평포, 절영도, 초량, 부산포	7	6	6	부산포해전	134척
5	1593.2.3~3.8	웅포 해역	7	1	1	웅포해전	20~50척
6	1593.6.26	견내량	1	◆	◆		
7	1594.3.3~6	당항포	4	1	1	당항포해전	31~40척
8	1594.9.29~10.4	장문포	3	1	2	장문포해전	2척
9	1598.8.28~9.9	어란진	1	1	1		
10	1598.9.7	벽파진	1	1	1		
11	1597.9.17	명량 해역	1	1	1	명량해전	31척
12	1598.2	고금도	1	1	◆		
13	1598.3	흥양	1	◆	◆		
14	1598.7.19	절이도	1	1	◆	절이도해전	50척
15	1598.9.15~10.9	광양만 해역(장도, 유도 등) 일원	6	2	◆	연합합동 수륙작전	
16	1598.11.13	장도	1	◆	◆		
17	1598.11.9~19	노량 해역	1	1	1	노량해전	200여 척
계			45	26	23		

주: 1. 적함 격파 수는 자료마다 다소 차이가 있다.
2. 이 표에서 제시한 수치는 다양한 인용 자료를 토대로 최소~최대 영역으로 표시했다.

자료: 조성도, 최두환, 박종평, 김주식, 최영섭, 이민웅, 제장명 등의 자료를 참고로 함.

부록 2. 충무공 이순신 및 임진왜란 연표

1545년 3월 8일: 이순신 탄생(양력 4월 28일)

1565년 결혼

1576년 2월: 무과 합격, 12월 함경도 동구비보 권관으로 첫 부임

1579년 2월: 훈련원 봉사 부임

10월: 충청병사 군관으로 부임

1580년 7월: 전라좌수영 발포 만호 부임(첫 수군 부임)

1582년 5월: 훈련원 봉사로 재부임

1583년 7월: 함경도 병마절도사 군관으로 부임

10월: 건원보 권관으로 부임

11월: 훈련원으로 전출

1584년 부친상으로 귀가

1586년 1월: 함경도 조산보 만호로 부임

1587년 8월: 녹둔도 둔전관 겸무

10월 함경병사 이일 모함(백의종군)

1588년 1월: 전투 전공으로 백의종군 해제, 윤8월 귀가

1589년 2월: 전라도 순찰사 이광의 군관 발령

12월 정읍 현감 겸 태인 현감 발령

1590년 7월: 고사리진 병마 첨사 발령 및 취소

9월 만포 수군 첨사 발령/취소

1591년 1월: 도요토미 히데요시, 조선침공 작전지침 시달

2월 2일: 진도 군수/가리포 첨사 발령 및 취소
2월 13일: 전라좌도 수군절도사 부임

3월: 통신사 황윤길, 부사 김성일 귀국 보고

12월 1일: 선조가 각 도 감사에 해민금지 시달, 방비공사 금지시킴

1592년 4월 12일: 이순신, 거북선 사격훈련
4월 13일: 왜군 선봉부대 부산 침공, 임진왜란 발발,
경상좌수사 박홍과 경상우수사 원균 전선수장 후 도주
4월 14일: 부산성 함락
4월 15일: 동래성 함락
4월 26일: 왜군, 문경새재 통과
4월 28일: 왜군, 충주 점령, 신립 장군 전사
4월 30일: 선조, 한성 떠남

5월 2일: 왜군, 한강 도하
5월 4일: 이순신 첫 출전(전선 24척)
5월 7일: 옥포해전(적선 26척 격파, 적장 도도),
합포해전(적함 5척 격파, 적장 와키자카),
선조, 평양 도착
5월 8일: 적진포해전(적선 11척 격파)
5월 26일: 왜군, 임진강 도하
5월 29일: 사천해전(전선 23척, 거북선 3척 출전), 적선 13척 격파, 적장
가메이, 이순신 부상

6월 2일: 당포해전(적함 21척 격파)
6월 5일: 당항포해전(합동함대 51척), 적함 26척 격파,
이억기, 원균 합동함대 합류
용인 전투(왜장 와키자카, 1,500여 명 병력으로 근왕군 5만 명 대파)
6월 7일: 율포해전(적함 7척 격파, 적장 구루시마 미치유키)

6월 9일: 조선과 왜군, 대동강 회담
6월 11일: 선조, 평양 떠나 북으로 이동
6월 14일: 왜군, 평양성 함락
6월 17일: 가토 기요마사군, 함경도 함흥 침공
6월 19일: 명나라 조승훈군 1,300명 입국
6월 22일: 선조, 의주 도착

7월 8일: 광주 의병장 고경명, 아들과 함께 금산 전투에서 전사
견내량해전(한산도해전), 아군 53척, 적군 73척, 적함 47척 격파, 12척 나포, 적장 와키자카
7월 10일: 안골포해전(적함 42척, 적장 구키)
7월 19일: 두 왕자(임해군, 순화군), 가토 기요마사에 포로로 잡힘
7월 25~29일: 의병장 곽재우(의령, 현풍, 양산 전투에서 왜군 대파)

8월 1일: 이원익군 평양성 공략 실패
8월 29일: 장림포해전(적함 6척 분멸)

9월 1일: 부산포해전(아군 전함 74척 등 173척, 적함 470여 척, 적함 128척 격파, 정운 장군 전사)
명나라 심유경과 일본 고니시 평양성회담, 50일간 휴전 합의
9월 7일: 가토 기요마사 군사, 함경도 접경 경성에서 안변으로 철수

10월 6~7일: 왜군, 진주성 공략 실패, 김시민 승리

12월 25일: 명나라 이여송 5만여 명 압록강 도하 조선 입국

1593년

1월 6~9일: 명군, 평양성 탈환
1월 18일: 고니시, 한성으로 퇴각
1월 18일: 선조, 의주행
1월 27일: 명 이여송 군대, 벽제관 전투에서 패배

2월 6~8일: 웅천상륙작전(적 100명 이상 사상)
2월 12일: 행주대첩
2월 18일: 명 이여송 군대, 평양으로 퇴각

2월 29일: 가토 기요마사, 한성으로 퇴각

3월 7일: 명·일 용산회담

4월 7일: 히데요시의 한성 철수 지시를 한성 주둔 왜군이 받음
4월 18일: 왜군, 한성 철수 시작
4월 20일: 명 이여송 제독 한성 입성

5월 23일: 히데요시, 나고야성에서 명나라 사신 접견
두 왕자, 부산 도착

6월 21일: 이순신 전라좌수군 사령부 한산도 망하응포로 사령부 이동

7월 14일: 이순신 전라좌수군 사령부를 한산도 두을포로 이동
7월 22~29일: 진주성, 왜군에게 점령

8월 10일: 명군, 철수 시작
8월 15일: 이순신 삼도수군통제사 임명(임명장 받은 날짜는 10월 9일)

10월 1일: 선조, 한성 귀환
10월 25일: 유성룡, 영의정으로 임명
10월 30일: 왜군, 일부 철수 시작

1594년 2월 7일: 명나라 심유경, 항표 한성으로 갖고 옴

3월 4일: 2차 당항포해전(적함 31척 격파, 적장 와키자카)
3월 18일: 조선 잔류 왜군 병력 5만 7천여 명

4월 6일: 이순신, 한산도에서 무과 설치

9월 29일: 장문포해전(적선 2척 격파)

10월 1일: 영등포해전
10월 4일: 장문포해전(전과 없음)

12월 1일: 원균, 충청병사로 임명
12월 30일: 명 이종성 책봉정사, 양방형 책봉부사로 임명

1595년 강화기 왜군, 대진작전으로 전환

1596년 4월 3일: 책봉사 이종성 도망

5월 3일: 양방형을 책봉정사에 임명

9월 2일: 히데요시, 오사카성에서 명 사신 접견

9월 중: 명·일 강화협상 결렬

12월 5일: 선조, 이순신에게 왜 침공 대비 관련 비밀 지시

12월 28일: 이순신 장계 선조에게 보고

1597년 1월 1일: 부산 왜 병영 방화 사건

1월 2일: 선조, 이순신 출전 건의 요청 장계(전년도 12월 28일 도착) 확인, 이순신과 김응서에게 출전명령(체찰사 이원익에게 조치 지시)

1월 13일: 가토 기요마사군 서생포 도착(150여 척)
의령에서 황신, 김응서, 요시라 만남(요시라는 가토군이 대마도에 대기 중이라고 거짓 진술)

1월 14일: 가토 기요마사군, 다대포 도착(120여 척)
권율, 선조의 출전명령을 한산도 이순신에게 전달(이순신은 선조의 출전명령을 받기 전에는 출전 불가)

1월 21일: 선조, 가토군 부산 해역 침공 사실 첫 인지(이원익 장계)

1월 27일: 선조, 이순신 탄핵과 원균 삼도수군통제사 임명

2월 6일: 이순신 체포령 떨어짐

2월 10일: 이순신, 김응서와 함께 부산 해역으로 출전

2월 12일: 이순신, 가덕도 근해에서 압송 소식 접함

2월 26일: 이순신, 삼도수군통제사 원균에게 인계 후 한양으로 압송

3월 4일: 이순신 투옥

3월 12일: 이순신 고문당함

4월 1일: 이순신, 감옥에서 나옴(백의종군 시작)

4월 13일: 이순신 모친 여수에서 배편으로 아산으로 오는 중 배 안에서 사망

4월 27일: 이순신, 백의종군 중 순천 도착

- 6월 4일: 이순신, 백의종군 최종 목적지 합천에 있는 권율의 진에 도착
- 7월 8일: 왜군, 대거 부산 상륙(600여 척)
- 7월 14일: 원균 함대 절영도 해역에서 패배(34척 유실)
- 7월 16일: 조선 함대 칠천량에서 궤멸(원균, 전라우수사 이억기, 충청수사 최호, 조방장 배홍립 등 조선 수군 전멸 수준 대패)
- 7월 18일: 이순신, 백의종군 중 조선 함대 대패 소식 접하고 통곡함
- 8월 3일: 이순신, 손경래 집 체류 중 삼도수군통제사 임명장 받음(선조의 임명일은 7월 22일)
- 8월 19일: 전라도 장흥 회령포진에서 삼도수군통제사 지휘권 선포식 개최, 수습된 12척 전선 참가
- 8월 20일: 회령포에서 이진진(해남군 북평면 이진리)으로 이동
- 8월 24일: 아란포 앞바다로 이동
- 8월 26일: 어란포 해역에서 신임 전라우수사 김억추가 전선 1척 타고 합류, 전선 13척으로 늘어남
- 8월 28일: 왜선이 쳐들어오자 퇴각시킴, 교전은 없었음, 장도(해남군 황산면)로 이동
- 8월 29일: 벽파진으로 이동
- 9월 2일: 벽파진 체류 중 경상우수사 배설 탈영
- 9월 7일: 적과 2회의 전투가 있었음, 쌍방 교전
- 9월 15일: 벽파진에서 전라우수영으로 이동
- 9월 16일: 명량해전(아군 13척, 적군 333척, 전투 참가 적선 130여 척, 적함 31척 격파, 적장 도도, 야간에 당사도로 이동, 전략적 후퇴)
- 9월 17일~10월 10일: 서해 오지의 섬 어의도, 법성포, 위도, 고군산도, 법성포, 어의도, 전라우수영 등으로 항해(전략적 함행동)
- 10월 11~18일: 안편도로 상륙(안편도는 고광섭의 2018년 연구논문으로 현 안좌도 매봉산이 소재한 과거 기좌도로 밝혀짐, 현 안좌도는 과거 기좌도와 안창도 2개의 섬이었음), 임시 수군사령부로 활용, 14일 막내아들 '면' 전사 소식 접함, 18일간 체류
- 10월 29일: 안좌도 임시 수군기지에서 목포 고하도로 이동, 수군사령부 설치, 조선 수군 재건, 106일간 체류

12월 1일: 고니시, 왜교성 축성 완료

12월 22일: 시마즈, 사천신성으로 이진

12월 23일: 조·명군, 울산성 공략 실패

1598년 2월 17일: 이순신, 수군사령부를 목포 고하도에서 완도 고금도로 이동

7월 16일: 명나라 진린 함대 고금도 도착, 조명 연합함대 구축

7월 19일: 절이도해전, 적선 50척 격파, 학익진으로 대승(2020년 고광섭의 연구 논문)

8월 18일: 도요토미 히데요시 사망

9월 19일: 조·명 사로병진작전 개시

9월 19일~11월 17일: 조·명 연합함대 광양만 봉쇄작전, 적함 30척 격파, 진린 함대 39척 침몰

11월 18~19일: 노량해전, 적함 200여 척 격파,

11월 19일: 이순신 전사(양력 12월 16일)

11월 21일: 이순신 유해 고금도 이동

부록 3. 충무공의 노래

이은상 작사
김동진 작곡

참고문헌

I. 이순신의 해전과 전술

고광섭, 〈왜구 후손격파기 1〉, YouTube, 2020.

______, 〈왜구 후손격파기 2〉, YouTube, 2020.

______, 〈왜구 후손격파기 3〉, YouTube, 2020.

______, 〈왜구 후손격파기 4〉, YouTube, 2020.

고광섭·최영섭, 《충무공 이순신》, 국립목포해양대학교 해군사관학부, 2020.

김성우, 《조선중기 국가와 사족》, 역사비평사, 2001.

김주식, 《이순신: 옥포에서 노량까지》, 교우미디어, 2015.

김훈, 《칼의 노래》 1·2, 생각의 나무, 2001.

루이스 프로이스(1957), 오만·장원철 역, 《루이스 프로이스의 '일본사를 통해 본 임진왜란과 도요토미 히데요시'》, 국립진주박물관, 2003.

시바 료타로, 《사카노우에노구모》 1~8권, 일본문예춘추사, 1999.

이기백, 《한국사 신론》, 일조각, 1999.

이민웅, 《임진왜란 이순신》, 청어람미디어, 2004.

이은상, 《이충무공전서(국역주해)》 상·하, 충무사, 1960.

이형석, 《임진왜란사》 상·중·하, 신현실사, 1974.

정광수, 《신에게는 아직 열두척의 배가 남아 있나이다, 이순신과 임진왜란》, 비봉출판사, 2005.

조성도, 《충무공 이순신》, 동원사, 1976.

최덕원, 〈고하도의 유적연구〉, 조선대학교 대학원 석사학위논문, 1975.

최두환, 《충무공이순신 전집》 1~6권, 도서출판 우석, 1999.

카카오맵, https://map.kakao.com/

해군교육사령부, 《충무공 이순신》, 해군교육사령부, 2004.

II. 이순신의 리더십 · 전략 · 정신

강영오, 《해양전략》, 한국해양전략연구소, 1998.

고광섭, 〈이순신의 잊혀진 해전 절이도해전의 교전 상황 및 학익진 연구: 이순신의 해양전략·전술을 중심으로〉, 《한국해군과학기술학회 논문지》 제3권 2호, 2020, 075-087.

______, 〈정유재란 시기 선조의 출전 명령과 이순신의 출전 의지 및 출전 불가 사유에 대한 연구〉, 《한국해군과학기술학회 논문지》 제4권 1호, 2021, 001-013.

고광섭·박태용·김득봉, 〈《난중일기》에 기록된 안편도(발음도)의 지리적 위치에 관한 실증 연구〉, 《한국항해항만학회지》 제42권 6호, 2018, 469-477.

______, 〈이순신 장군의 안좌도 수군기지에 대한 해양전략적 분석〉, 《한국해군과학기술학회 논문지》 제3권 1호, 2020, 001-007.

김일상, 《임진왜란과 이순신 제독의 전략》, 해군사관학교 박물관, 1991.

김종기, 《해양전략 입문》, 해군본부, 1995.

김해경, 《이충무공행록》(이분 원저 번역판), 가갸남, 2019.

노승석, 《난중일기》, 여해, 2014.

박종평, 《난중일기》, 글항아리, 2018.

신경림, 《시인을 찾아서》, 우리교육, 2003.

오세진·신재훈·박희정, 《징비록》(유성룡 원저 번역판), 홍익출판사, 2015.

이민웅, 《이순신 평전》, 성안당, 2012.

이봉수, 《순신: 천문과 지리 전략가》, 가디언, 2018.

이은상, 《난중일기》(이순신 원저 번역판), 마당미디어, 1996.

______, 《이충무공 전서(국역주해)》 상·하, 충무사, 1960.

제장명, 《이순신 백의종군》, 행복나무, 2011.

조선왕조실록(선조수정실록), 국사편찬위원회, 1596-1597, http://sillok.history.go.kr

조선왕조실록(선조실록) 번역본, 국사편찬위원회, 1596-1597, http://sillok.history.go.kr

조성도, 《충무공 이순신》, 연경문화사, 1986.

해군본부, 《해군 전쟁의 원리》, 해군본부, 2007.

최영섭

- 해군사관학교 3기 졸업 및 임관(이학사)
- 단국대학교 정법학부 졸업
- 서울대학교 행정대학원 졸업(행정학 석사)
- 육군대학 졸업
- 미국 국방산업대학원 수료
- PCS-201 정장, PC701함(백두산함) 함장, PCEC-53 함장, DD-91함(충무함) 함장
- 한국함대 51전대 사령관 역임
- 대한해협해전 참전(1950.6.25), 인천철수작전, 여수철수작전, 진동리 정찰작전, 덕적도·영흥도·탈환작전, 인천상륙작전, 원산·함흥·성진 진격작전, 제2인천상륙작전 참가
- 월남전 병참지원전대장
- 한국해양소년단연맹 고문으로 활동(1994~2021.7)
- 저서: 《민족성지 고하도》(2007), 《바다를 품은 백두산》(회고록, 2021)

고광섭

- 해군사관학교 33기 졸업 및 임관(이학사)
- 한국해양대학교 대학원 졸업(공학석사)
- 미국 Clarkson University, Electrical & Computer학과 대학원 졸업(공학박사)
- 해군사관학교 항해학과 교수
- 한국함대 DD-98(인천함) 구축함 승조, 해사 실습함 정장
- 해군대령 예편
- 해군대학 교수부장
- 한국해군과학기술학회 회장, 한국정보통신학회 부회장
- 해군사관학교 명예교수, 해군대학 명예교수
- 현재 국립 목포해양대학교 해군사관학부 교수, 이순신 칼럼니스트 및 이순신 구국의 항로 탐사단 활동
- 저서 및 논문: 《현대전자항법》(대학교재) 외 2권, 〈현대(인공위성)항법 및 이순신 연구〉 국·내외 전문학회지 100여 편 발표